es 1291

edition suhrkamp
Neue Folge Band 291

»Diese Szenen entstanden aus dem Wunsch heraus, schneller mit der Arbeit auf Ereignisse reagieren zu können. Ein normales Stück, geschrieben in konventioneller moderner Dramaturgie, ist ungeeignet, die verschiedenen Aspekte der Wirklichkeit *schnell* einzufangen, *schnell* wiederzugeben.

Man muß lang beobachten, alles genau hin und her wenden (um allen beteiligten Figuren gerecht zu werden), lange skizzieren und noch länger planen, damit wirklich ein Stück, das spielbar ist, heraus kommt. Die Wirklichkeit ist so widersprüchlich, wenn man sich auf ihre einzelnen Teile – Nachrichten – einläßt, daß kaum eines für sich genommen ein ›ganzes‹ Stück verdient oder zuläßt. Andererseits ist schnell reagieren eben auch ein Teil der Lust am Schreiben und Darstellen. So kam ich auf die Idee, unter Zuhilfenahme eines alten Plans, einen Einakterabend zu schreiben. Kurz und genau, unter Zuhilfenahme einer Minutendramaturgie Zustände aufreißen, die man mit einer andern Dramaturgie nicht so deutlich und *kurz* hätte darstellen können. Und *kurz* ist wichtig: weil es ermöglicht, *viele* Aspekte dieser BRD im Jahr 84 zusammen auf die Bühne zu bringen, weil es historisch stimmt: die BRD 84 wird nicht von einem großen übergreifenden Gedanken und seiner Gegenrede zusammengehalten. Sie besteht aus vielen kleinen Teilen, an ihr ist gar nichts Großes, gar nichts Übergreifendes, gar nichts Ewiges! Die BRD ist ein zerrissener, ungenauer, verwaschener Zustand. Die BRD 84 ist kein großes Stück, aber viele kleine?

Mag sein. Es wurden mehr und mehr Szenen, seit ich mich mit der dramaturgischen Methode angefreundet hatte. Jetzt reicht das Ganze für ein halbes Dutzend Studenten auf der Bühne und ist trotzdem noch unvollständig.« *Franz Xaver Kroetz*

Franz Xaver Kroetz
Furcht und Hoffnung der BRD

Das Stück, das Material,
das Tagebuch

Suhrkamp

edition suhrkamp 1291
Neue Folge Band 291
Erste Auflage 1984
© der Buchausgabe Suhrkamp Verlag Frankfurt am Main 1984
Erstausgabe
Das Recht der Aufführung durch Berufs- und Laienbühnen,
des öffentlichen Vortrags,
der Verfilmung und Übertragung durch Rundfunk und Fernsehen,
auch einzelner Abschnitte, liegt beim Autor.
Satz: Leingärtner, Nabburg
Druck: Nomos Verlagsgesellschaft, Baden-Baden
Umschlagentwurf: Willy Fleckhaus
Printed in Germany

1 2 3 4 5 6 – 89 88 87 86 85 84

Inhalt

Furcht und Hoffnung der BRD

Furcht und Hoffnung der BRD

*Ein Stück in 15 Szenen
aus dem deutschen Alltag*

*Mitarbeit:
Alexandra Weinert-Purucker*

Szenen und Personen

Bühnenbild:
In meinem begleitenden Tagebuch aus der Entstehungszeit von *Furcht und Hoffnung der BRD* heißt es: ich habe oft das Gefühl, alle Figuren stehen am Fenster und wollen wegfliegen.

Schritte

In einer kleinen, normalen Wohnung; sauber alles. Hinten raus vielleicht ein Balkon, Wohnung im dritten Stock, Wohnblock, man sieht auf andere Häuser.
Früher Morgen vermutlich. Willi im Schlafanzug, hektisch, zerfahren, zwischendurch still, weiß nicht was tun, rennt rum »wie bestellt und nicht abgeholt« an diesem frühen Morgen. Martha schon angezogen, nette, saubere Frau, ein bißl rundlich, sie hat es eilig, sie macht alles routiniert und schnell, sparsam. Bloß frühstücken tut sie kräftig, wenn auch schnell. Und er schaut ihr zu. Vielleicht Frühmusik aus dem Radio, oder etwas Ähnliches. Er ist ihr oft im Weg während der Szene, aber sie beachtet ihn zu wenig. Sie kennt das alles wohl schon. Jeden Morgen das gleiche?

WILLI *schaut ihr beim Frühstücken zu, verschränkt die Hände, spannt sie, bis die Knöchel krachen, haut auf den Tisch, wischt den Schlag entschuldigend wieder weg, schweigt, steht auf, setzt sich wieder, schaut, steht wieder auf, geht zum Balkon, leise:* Guten Morgen Unglück. Die Nacht is vorbei, die Träume ausgeträumt, darfst weitermachen! Schönen guten Morgen, Verzweiflung und Scheiße! *Schaut seine Frau an, nickt.* Die Tiere im Käfig erwachen und rütteln. Hallo? Hallo! *Er rüttelt an der Balkontür.* Ist da noch wer außer mir? Ich will mich unterhalten! Guten Morgen. Hallo, ich heiß Willi Gerngroß. Ich bin ein kleiner Mann in einer kleinen Wohnung mit einer kleinen Frau *haut seiner Frau schnell auf den Hintern,* die ich liebe. Genau. *Pause.* Hallo? *Er geht an die Wand, horcht, klopft, horcht.* Morsezeichen der Versuchstiere. *Hochdeutsch:* Wie bringt man die Pferde zum Saufen? Die wollen nicht. Die deutsche Wirtschaft hat keinen Durst. Weil sie keinen Durst hat, kriege ich keine Luft mehr, ich, der Gerngroß Willi mit dem Audi 80, bin als Arbeitsloser das Versuchstier der Wirtschaftslenker und Herren Politiker. Am guten Willen für den Willi fehlt es ihnen nicht. Man will die Investitionstätigkeit der trägen Pferde anregen. Mit allen Mitteln, wenn es sein muß! Man spart sogar bei meiner Unterstützung, wenn gar nix anderes mehr hilft, und schenkt das Ersparte den Unternehmern, vielleicht daß sie mir von meinem Ersparten einen Arbeitsplatz schenken. Allerdings nur, wenn ich ein Einsehn zeige! Und darauf verzichte, daß ich *laut* jeden Tag ein Fleisch im Teller haben muß, und der Kaffee immer ein echter sein muß, und im Fall einer Krankheit nicht die Krankenkasse belaste, sondern die Zähne zusammenbeiße, und im Falle eines Todes auf einen pompösen Sarg verzichte, kann sein *kleine Pause* kann sein: Die Rettung ist nah. Ich muß *laut* verzichten lernen, ich muß den Gürtel enger schnallen, ich muß einsehen, daß ich über meine Verhältnisse gelebt habe und faul war. Ich, der Gerngroß Willi, lebend im Jahr 1983, habe zuviel. *Er geht in die angrenzenden Zimmerchen, zeigt sie her.* Ich habe zuviel. Ich habe zuviel! Ich habe viel zuviel! Und das Schlimme ist, ich habe mich an dieses Vielzuviel gewöhnt. Das geht ins Uferlose! Ich habe momentan 825 Mark Arbeitslosenunterstützung. Das ist zuviel. Auch meine Frau hat viel zuviel! Sie heißt Martha und arbeitet im Kaufhof. Sie verdient netto einen guten Tausender im Monat für die Tätigkeit einer Verkäuferin bei den Strampel- und Strumpfhosen. *Zu seiner Frau:* Du hast zuviel. Du hast über deine Verhältnisse gelebt, du mußt den Gürtel enger schnallen. *Laut:* Das sieht doch ein jeder, der Augen im Kopf hat, daß wir zuviel haben. *Kleine Pause.* Wie ich noch der Ehre für würdig befunden worden bin, eine Arbeit tun zu dürfen, habe ich in manchem Monat sogar 1700 Mark nach Hause gebracht. Ich sollte mich schämen! *Schreit sich an.* Schäm dich! *Kleine Pause.* Ich hab Polsterer gelernt und 1967, als ich in diesem Beruf wegen Konkurs »meiner« Firma nicht mehr hab arbeiten können, kurzfristig auf Lagermeister umgesattelt. Lagermeister in einer Papierwarenfabrik. Vor anderthalb Jahren hat die Firma den Direktverkauf eingestellt und mich ausgestellt. Seitdem bin ich im Wartestand und Versuchstier in der vom Staat nach Kräften geförderten Versuchsserie Wirtschaftspolitik: man testet, wieviel man mir zumuten kann, bis ich mich umbring. *Größere Pause, er schaut sie an, sie frühstückt weiter, er fällt ein bißl zusammen, lächelt verlegen, setzt sich zu ihr, haut wieder auf den Tisch, wischt den Schlag wieder entschuldigend weg.*

MARTHA Tust vorher noch frühstückn, mit vollem Magen stirbt es sich leichter.

Pause

WILLI Hab kein Hunger. *Kleine Pause, dann laut:* Gikeriki, der Hahn bin i, kochn tust du und essn tu i.

MARTHA *nickt.*

WILLI Bin kein Hahn mehr, gell?

MARTHA Doch.

WILLI Lüge. *Kleine Pause, schaut wie sie ißt.* Mir hättn nicht heiratn solln.

MARTHA *lacht:* Genau.

WILLI Spät, die Einsicht!

MARTHA Besser spät wie nie.

Pause

WILLI Guten Morgen.

MARTHA Ham mir schon dreimal gsagt.

Pause

WILLI Guten Morgen allerseits. Das Tagwerk beginnt: Im Schweiße deines Angesichts sollst du dein Brot essen. *Kleine Pause.* Wo nimm ich den Schweiß her? *Kleine Pause.* Ich hab schon lang nimmer geschwitzt. *Pause, dann ehrlicher, ruhiger:* Entschuldigung. Es tut mir leid. Aber ich hab einen ganzn Tag vor mir und denk jetzt schon, daß ich wahnsinnig werd.

MARTHA Genau. *Kleine Pause.* Willst kein Kaffee, noch is er heiß!

WILLI Nein.

WARTHA Tust nachher frühstückn, hast Zeit.

WILLI Genau.

MARTHA Mir schmeckts, obwohls mir pressiert. Leider.

WILLI Jawoll. *Nickt, steht wieder auf, nimmt seine ›Wanderungen‹ im Raum wieder auf, horcht, klopft etc.* Hörst sie?

MARTHA Wen?

WILLI Die andern. *Kleine Pause.* Schreie, Tränen, Klopfen.

MARTHA *nickt:* In deim Kopf.

WILLI *stur:* Schreie, Tränen, Klopfen.

Pause

MARTHA *ruhig, ehrlich, gut:* Man darf sich ned abdrängen lassen, Willi, und zum eigenen Narrn machen.

WILLI Weil ich horch? *Kleine Pause.* Im Gegensatz zu dir hör ich was.

MARTHA *nickt:* Iß wenigstens was.

WILLI Hab keinen Hunger.

MARTHA Wenn man hinter sich die Tür zusperrt und keinen mehr hereinläßt, geht man unter.

WILLI Wer das Klopfzeichen kennt, darf herein.

MARTHA Zieh dich wenigstens an, daßd ausschaust wie ein Mensch.

WILLI So.

MARTHA *mit dem Frühstück fertig, räumt ein bißl ab, geht ins Bad, etc., macht sich zum Fortgehen fertig.* Schau dich an!

WILLI *rennt ihr überallhin nach.* Schau dich an! – Was die Frau redt. *Pause, dann wie eine große Entdeckung:* Soll ich dir was verraten? Wo ich durch Nachdenken drauf kommen bin? Ein Geheimnis?

MARTHA *nickt.*

WILLI *wie einen Trumpf ausspielend:* Ein Arbeitsloser ist automatisch aus der Gewerkschaft draußen, weil er keine Arbeit mehr hat.

MARTHA Is er ned.

WILLI Das wirst du wissen. *Laut:* Is er schon!

MARTHA Dann is es ungerecht.

WILLI Mach was dagegen. *Penetrant:* Du zahlst ein Prozent von deim Lohn Gewerkschaftsbeitrag im Monat. Das is seit alters her so, oder?

MARTHA *nickt.*

WILLI Eben. Wennst keinen Lohn mehr hast, weilst keine Arbeit mehr hast, dann zahlst du ein Prozent von nix, und drum bist du nimmer Gewerkschaftsmitglied. So einfach is das. *Kleine Pause.* Der Arbeitende is sogar der natürliche Feind des Arbeitslosen, genau!

MARTHA Zahlst den Beitrag von der Unterstützung?

WILLI Das is verboten, das is Betrug. Wenns dir da drauf kommen, dann wirst du bestraft. Vortäuschung von Arbeit ist verboten.

MARTHA *trocken:* Spinnst du?

WILLI Eine Gewerkschaft hat nur einen Sinn, wenn jemand eine Arbeit hat. *Kleine Pause.* Hast du schon einmal einen Arbeitslosen streikn gsehn?

MARTHA *lacht.*

WILLI Ebn, ich auch nicht. Gibt es Tarifverhandlungen für die Arbeitslosen? *Deutlich:* Manteltarifverhandlungen? Nicht einmal einen Mantel-Vertrag gibt es, wo jeder Arbeitslose für den Winter einen solchen kriegt. *Pause.*

MARTHA Du siehst am frühen Morgen schon wieder alles schwarz.

WILLI Ich seh es so, wie es ist. Das is der Unterschied. Ein Arbeitsloser fallt heraus aus alle andern, wenn er arbeitslos wird, und keiner haltet ihn. Ohne Werkausweis kommt er ned einmal am Pförtner von seiner alten Firma vorbei. Er wird dem Werkschutz übergebn, wenn er die alten Kollegn besuchn will.

MARTHA Zerfleisch dich doch ned selber, Willi, das hat doch keinen Sinn.

WILLI Tust mit?

MARTHA Bei was?

WILLI Beim Zerfleischen.

MARTHA Nein. *Kleine Pause.* Wie spät is es?

WILLI *nachmachend:* Beim Gongschlag ist es sieben Uhr neunzehn.

MARTHA Ebn, höchste Zeit für mich.

WILLI Genau. *Kleine Pause.* Das is es: ein Arbeitsloser ist allein. Das ist das Geheimnis.

MARTHA Als ob ich zu meinem Vergnügn gehn tät!

WILLI Nimmst mich mit?

MARTHA *lacht.*

WILLI *nickt.*

MARTHA *kommt hergerichtet aus dem Bad.* Schau mich lieber an, und sei froh, daßd eine saubere Frau hast. Gfall ich dir?

WILLI Ja.

MARTHA *lächelt.*

WILLI Ein paar Minuten hast noch Zeit. Laß mich ganz schnell, daß ich mich nachher ned so allein fühl!

MARTHA Du hast ja einen Vogel.

WILLI *lauernd:* Magst kein Arbeitslosensperma.

MARTHA *sauer:* Nein.

WILLI Ich auch nicht. *Pause.* Ebn.

MARTHA Einfälle hat der Mensch, wo man schon im Mantel is.

WILLI Laßt mich erst wieder, wenn ich eine Arbeit hab.

13

MARTHA Mit der Arbeit hat das nix zum tun, sondern mit dem Menschn.

WILLI Aber der Mensch is seine Arbeit.

MARTHA Ja, und drum pressiert es mir jetzt.

WILLI Warum laßt mich allein? Immer so allein?

MARTHA Ich komm nach der Arbeit pünktlich heim, kannst die Uhr danach stelln.

WILLI Weißt schon, was ich mein.

MARTHA Nix weiß ich, wo ich sogar koch und den Haushalt mach. Sag nicht: mach du, wenn ich ausm Haus bin, hast Zeit!

WILLI Bin von dir allein gelassen, ich fühl es.

MARTHA Ich hab kein andern.

WILLI Den ganzn Tag, wenn ich daheim bin, dann mal ich mir aus, was du mit die andern Männer jetzt grad im Kaufhof machst.

MARTHA Ja.

WILLI Was ja?

MARTHA Malst es dir aus, dann vergeht dir die Zeit.

WILLI Sau.

MARTHA Wie man sich bettet, so liegt man.

WILLI Ich bin abgedeckt und frier.

MARTHA Jetzt is aber höchste Zeit.

WILLI Hau schon ab.

MARTHA *hat alles.* Dummkopf! *Gibt ihm einen Kuß, einen kleinen.* Wennst überhaupt nimmer weißt, was du tun sollst, haust die Handtücher in die Waschmaschin, mir ham nämlich keine mehr.

WILLI Genau. Auf Wiedersehn.

MARTHA Tschüß. *Sie geht ab.*

Große Pause, Willi geht zum Balkon, schaut hinunter, sieht sie wohl die Straße überqueren, in die U-Bahn gehen, dreht sich wieder um, nimmt schließlich Kaffee vom Ofen, setzt sich an den Tisch, schaut, wartet, nickt, trinkt in kleinen Schlucken, schaut wieder zum Balkon, steht auf, geht hin, schaut hinunter.

WILLI Hallo, guten Morgen allerseits. Ich bin hier oben, soll ich kommen? *Kaum merklich macht er mit den Armen Flügelschlagbewegungen.*

Gespräch

Auf einer Spielplatzbank. Neben einem Mann eine Frau mit einem Kinderwagen. Sie strickt. Er schaut sie an, mehrmals, lächelt, er schaut in der Gegend herum. Sie schaut auf.

Der Mann nach all dem Schauen, hin und her, etc. Bitte schön, beachten Sie mich gar nicht. *Er lächelt.* Verzeihung, aber ich tu nur meine Pflicht. *Die Frau schaut, nickt, lächelt.* Ich sag das nur, weil Ihnen mein Verhalten vielleicht sonderbar vorkommt. Das kann ich verstehen. *Die Frau schüttelt den Kopf.* Doch, natürlich. Ich darf mich vielleicht vorstellen: ich bin Polizist in Zivil, ich führe hier einen Beschattungsvorgang durch, deshalb schau ich auch immer in die Richtung, in der Sie sitzen. *Die Frau schaut.* Ja, ich *leise zu der Frau:* bin kein Opa in der Rente, der seinen Enkel auf den Spielplatz führt. Der Enkel, den ich auf den Spielplatz führe – Sie wissen schon, Terrorismus, Entführungen –, ist das Kind sehr wohlhabender, aber eben auch sehr gefährdeter Eltern, ich sorge dafür, daß das Kind nicht entführt wird, ich bin, wie gesagt, Polizist. Das nur zur Erklärung meines Verhaltens. *Die Frau schaut streng, nickt.* Eben. Verzeihung. Wenn das Kind zu mir Opa sagt, dann hat das eine traurige Geschichte. Es hat seinen Opa, einen Schwerindustriellen – den Namen darf ich nicht nennen –, vor einem Jahr durch einen Terroristenüberfall verloren. Den wirklichen Opa. Jetzt sagt es eben zu mir Opa, weil es ja nicht weiß, warum ich in sein Leben getreten bin. *Er lächelt, nickt, die Frau auch.* Das bloß zur Erklärung meines sonderbaren Verhaltens. Verzeihen Sie. *Lächelt.* Das sag ich bloß, damit Sie mich nicht verwechseln, bevor Sie mich erkennen. Weil, so könnte doch eine wache Frau, die die Augen überall hat, fragen, warum sitzt dieser gesunde Mann, jetzt, am hellen Vormittag, auf dem Spielplatz neben mir? Wo die anständigen Menschen um diese Zeit eine Arbeit ham und bestimmt nicht auf dem Spielplatz herumsitzen. Weil sie dazu keine Zeit haben. *Kleine Pause.* Daß Sie sich nicht denken, ich bin ein Arbeitsloser oder ein Penner, weil ich so dasitz und kein Kind hab, auf das ich aufpaß. Außerdem hat ein Mann in meinem Alter weder ein ganz kleines Kind noch hat er schon einen Enkel *laut*, und wenn er einen hat, dann hat er trotzdem an einem normalen Vormittag was anderes zu tun, als daß er auf dem Spielplatz damit herumhockt. *Lacht*. Das nur, damit Sie wissen, wen Sie vor sich haben, weil ich dasitz und so tu, als tät ich die Zeitung lesn, weil ich sonst nicht weiß, wo ich mit mir und meiner Zeit hin soll. *Pause*. Welches Kind es ist, das ich überwach, kann ich Ihnen leider nicht sagen, weil, Sie verstehen, das ist gegen die Sicherheitsvorschriften. Klar. *Lächelt*. Oder ham Sie was anders denkt von mir? Was denn? Daß ich ein Kinderverführer bin vielleicht? *Lacht*. Was hams denkt, sagen Sie es ruhig, ich bin es gewöhnt, daß man mich verwechselt. Das gehört zum Beruf. *Nickt, schnauft, lächelt, schwitzt, Pause* . . .

Der Weihnachtstod

Ein nettes, kleinbürgerliches Wohnzimmer. Der Christbaum.
Weihnachtliche Musik.
Pause, sie putzen andächtig den Baum.

MANN *ruhig:* Sag amal, du glaubst es aba schon, daß ich arbeitn will?

FRAU *schaut ihn an, kleine Pause.* Freilich glaub ich es.
Pause, sie tun weiter.

MANN Die andern ned. *Kleine Pause.* Und ich selba glaub mirs auch scho bald nimma.

FRAU *schnell:* Na glaub ichs für dich mit.

MANN Mir is, als wenn des gar nimma ich wär, der »ich«, als wenn des ein anderer wär. Der ich, der wo ich wirkle bin, der is allaweil noch beim »Manzinger« und macht an Lohn für dreihundert Leut. Der jetzige ich, des is ein anderer, der wo mir zuglaufen is wie ein heimatloser Hund. *Kleine Pause.* Ob ich betteln gehn soll?

FRAU Du spinnst ja.

MANN Aber bevor ich den ganzn Tag in der Kuchl sitz, kannt ich auch an einem Eck stehn und betteln. *Kleine Pause, macht eine Geste.* Wie schau ich aus?

FRAU Arm.

MANN Ebn, das müßt doch langen für ein Mitleid! *Nickt, lacht.*

FRAU Versündig dich nicht! Mir sind nicht so arm, daß mir zum Betteln gehn müssen.

MANN Noch nicht. Aber wenn ich die Arbeitslosenunterstützung nimmer krieg und aufs Sozialamt muß, meinst, das is dann kein Betteln?

FRAU Aber nicht auf der Straß!

MANN Lieber wär ich auf der Straß, weil mich da niemand kennt. Der aufm Sozialamt, der redt mich mit meinem guten ehrlichen Namen an, den er aus dem Akt herausliest.

FRAU Aber der muß uns was geben, weil es unser gutes Recht is.

MANN Aber der tut so, als wenn er mir was schenken müßt, als wenn ich IHN anbetteln tät, weil ich zu faul bin, daß ich arbeiten geh. *Kleine Pause.* Und dann krieg ich auf einem grünen Formular eine Anweisung über dreihundertfünfzig Mark im Monat.

FRAU Noch sind mir nicht bei der Fürsorge.

MANN Noch nicht, aber bald.

FRAU Bis dorthin hast du wieder eine Arbeit!

MANN Tu uns nicht anlügn, Anni. *Ruhig.* Ich krieg nix mehr. *Kleine Pause.* Schau mich doch an. Wenn ich drin steh im Arbeitsamt bei meiner Vermittlung, was glaubst, was da außer mir noch für Leut stehn: meine und deine Kinder könntn des sein, die wo da stehn, vor mir und hinter mir. Und die kriegn nix. *Kleine Pause.* Mich nimmt keiner mehr. Für die bin ich schon gstorbn. Für die Firmen. *Kleine Pause.* Es is schön in die neuen Räume, sie ham mich rumgführt, der Personalchef bei der Verabschiedung. Sie ham die Wände durchgebrochen, weil die Datenverarbeitungsanlage Raum braucht. Wie gern hätten mir früher ein größeres Büro ghabt! Und hell is es jetz! Neue, große Fenster! Sehr schön, sauber und schön. Hut ab! *Kleine Pause.* Weißt es noch, wie ich immer gsagt hab, im Winter gehts, aber in der Übergangszeit kann man sich *lacht* den Arsch abfrieren im Büro, weils ned heizen. Alles vorbei! Der Computer hat es durchgesetzt, der braucht eine gleichbleibende Temperatur von 18 Komma 5 Grad Celsius, egal was draußen ist. *Lacht.* Das hätt einmal einer von uns sagen sollen: Herr Chef, ich brauch für meine Gesundheit eine gleichbleibende Temperatur von –

FRAU 18 Komma 5 Grad is aber kühl.

MANN Der Computer will es so, basta.

FRAU Und gsund is die gleichbleibende Temperatur auch ned, weil man sich erkälten kann.

MANN Was die redt. Daran liegt es nicht, ich tät gern friern und schwitzen, wenns mich bloß wieder arbeiten lassen täten, egal bei welcher Temperatur.

Kleine Pause.

FRAU Jetz is Weihnachten, heut denkt man an nix Unerfreuliches. Viel is heuer nicht, das weißt schon.

MANN Freilich. *Nimmt es.* Ein schönes Hemd!

FRAU Mir hats auch gfallen.

MANN Sehr schön. Meine Farbe.

FRAU Des hab ich mir auch denkt, daß es dir steht.

MANN Jetz du!

FRAU *nimmt etwas in die Hand.*

MANN Groß is ned, aber –

FRAU Des Etui kenn ich.

MANN Des kannst du gar ned kennen.

FRAU Freilich kenn ich des, da war doch der Füller drin. Der ghört dir und is dir von der Firma als Präsent gebn wordn für 25jähriges Firmenjubiläum. *Wieder kleine Pause* – Den mag ich nicht, der ghört dir.

MANN Des is ned des Etui.

FRAU Freilich. *Kleine Pause.* Aber angstrichn hast es mit einer andern Farb, des war blau.

MANN Des Luder hat Augn im Kopf wie ein Luchs, der entgeht nix. *Kleine Pause.* Jetz machs schon auf.

FRAU *tut es.* Erwin, du bist ja narrisch wordn.

MANN Gfallt es dir?

FRAU Nein, ich mag keinen Modeschmuck. Und so groß noch dazu.

Kleine Pause.

MANN Des is keiner.

FRAU Des wird keiner sein! Weißt, was des kost, wenn des echt is?

MANN Viel.

FRAU Des kannst sagn. *Sie schaut das Armband ganz genau an, dann erschreckt:* Des is echt, gell?

MANN *nickt.*

Pause

FRAU *zu ihm, zu sich:* Wieso is des echt? Des kann ned echt sein!

MANN Echt is, des is echt.

Pause

FRAU Des is wirklich echt. *Ärgerlich:* Du Spinner, du narrischer! Eine Uhr hab ich wollen für 20 oder 30 Mark, a Quarzuhr für des Geld hab ich wollen, ich hab sie dir zeigt im Kaufhof. – Fünfhundert Mark?

MANN Des langt ned.

FRAU *schaut ihn an.* Des war teurer, gell?

MANN Viel teurer.

FRAU *schaut ihn an, dann schnell und leise:* Gestohlen? *Pause, leise:* Des hast gestohln, gell?

Kleine Pause.

MANN Zwölfhundertfünfzig Mark hat es – hätt es – kost.

Pause

FRAU Hätt es kost!

MANN Ja.

FRAU Zwölfhundertfünfzig Mark.

MANN *nickt.*

Große Pause.

FRAU Betteln oder stehln. Als wär das alles das gleiche.

MANN Mir hams meine Arbeit gestohln und ich hab ihnen des Armbandl gstohln.

FRAU Wem?

MANN Die Wirtschaft mir und ich ihr. Ich hab ein Armbandl gsehn, des wo mir gfallen hat. Des hab ich mir eingeprägt. Dann bin ich gangen und hab einen Modeschmuck gsucht, der wo genauso ausschaut. Und den hab ich kauft. *Lächelt.* Für dreiundachtzig Mark und fünfzehn Pfennig. Und dann bin ich in des Gschäft, wo des Armband in der Auslag war und hab es mir zeign lassen. Und dann hab ich gwart, bis sich der Verkäufer umdreht hat, weil er mir noch ein »besonderes Stück« hat zeign wolln, und da hab ich schnell das echte aus dem Etui außer tan und das falsche hinein.

FRAU So dumm is doch ein Schmuckverkäufer ned, der sieht sofort, ob etwas falsch is.

MANN Freilich sieht er es, wenn er es sehn muß. Aber wie ich in dem Gschäft war, da hat er ja keinen Grund ghabt, daß er an seine eignen Sachn zweifelt. *Lacht.* Des war ebn schlau von mir, gell!

FRAU Wenn das wirklich wahr is, dann hast du nicht mit deiner Schlauheit gestohln, sondern mit deinem fünfundfünfzig Jahr ehrlich erworbenen Gsicht. *Kleine Pause.* Mit deim ehrlichn Buchhaltergsicht hast du gstohln, ned mit der Schlauheit.

MANN Aber habn tu ich es, das Armbandl.

FRAU Aber bloß einmal, Erwin, ein zweites Mal nicht.

MANN Weihnachten is nur einmal im Jahr.

FRAU – schon beim nächstn Mal sieht es dir der dümmste Verkäufer an!

MANN Es war eine Ausnahm und die soll es auch bleibn.

FRAU Wie der redt, der Herr Dieb. *Kleine Pause.* Auf die Polizei sollt ich des Armband bringen, das wär das beste. Dann tätst ins Gfängnis kommen!

MANN Tragst es auf die Polizei, wennst willst! Komm ich ins Gfängnis. Glaubst, das macht mir so viel aus? Glaubst, ich sitz ned schon bald lieber im Gefängnis als bei dir in der Kuchl beim Nichtstun? Von denen im Gefängnis sagt man, die können nicht arbeitn, weil sie sitzen, aber von mir sagt man, ich bin ein alter, fauler Depp, der wo ned arbeiten mag. Da wär ich schon bald lieber im Gfängnis.

FRAU Du hast überhaupts keinen Anstand mehr. *Kleine Pause.* Daß sich ein Mensch so schnell ändern kann, gestern noch der ehrlichste Mann auf der Welt und heut ein Dieb.

MANN Ich will nicht stehln, ich will arbeiten, aber wenns mich nicht arbeitn lassen, wenns meine Arbeit wegrationalisieren und mich zum Bettler machen, dann stehl ich ihnen so gut ich kann, und so lange mein ehrliches Gsicht ausreicht. Wenn ich arbeiten kann, brauch ich nicht stehln. Des Armband hätte ich dir früher, wies mich noch arbeitn haben lassen, kaufen können. Da hätt ich hingspart ein halbes Jahr, und dann wär ich stolz in den Laden gegangen und hätte es gekauft. Wer is schuld, daß ich es heut nicht mehr kaufen kann, ich oder der Staat?

FRAU Ich hätt des Armband nicht braucht.

MANN *schreit:* Aber ich hab es dir schenken wolln. Ich hab dir nicht eine Uhr für 19 Mark 90 kaufn wolln wie ein Lehrling seiner Freundin, sondern was Gescheites. Das ist meine Freiheit, daß ich arbeit und was kauf –

FRAU – oder stehl.

MANN Ja, oder stehl. Wie du mir, so ich dir! *Nickt.* Heuer lassens 2,5 Millionen Menschen nicht arbeiten, von denen die meisten gern arbeiten würden, wenn man sie lassen tät! Ja, was meinst denn du, was das für ein Verlust is für die Wirtschaft! Die dürfen nicht bloß NICHT arbeiten, die müssen auch noch ausgehalten werden von die andern! Und die Regierung, was tut die? Nichts tut die, dem Reagan in Arsch kriechen sie hinein vor lauter Freud. Weils alle zamhalten. Und warum? Weils die gleichen Interessen haben. Wenn ich einen Haufen Geld hab, was ist mir dann wichtiger: die Inflation oder die Arbeitslosigkeit? Zehn Prozent Inflation kosten mich von meinem Vermögen zehn Prozent Geld, aber zehn Prozent Arbeitslose kosten mich gar nichts. Im Gegenteil, die bringen mir sogar noch was, weil die neunzig Prozent, die arbeiten dürfen, bestimmt nicht mehr aufmucken, die sind brav und fleißig und trauen sich nicht einmal mehr krank werden, vor lauter Angst, daß sie hinausgeschmissen werden! Und hinausschmeißen ist sehr leicht, solang auf der andern Seite Millionen arbeitslos sind. *Kleine Pause.* Nein, für die Menschheit is die Arbeitslosigkeit ein Unglück, aber für die Banken ist sie ein Segen.

FRAU Der Staat –

MANN Der Staat! Laß doch du mich mit dem Staat in Ruh. Vor fünfundzwanzig Jahr hab ich beim »Manzinger« den Lohn für hundert Leut ausgrechnet, vor zehn Jahr für vierhundertfünfzig und bevors mich entlassn ham noch für rund dreihundert. Der Staat hat zugschaut, keinen Ton hat der gsagt. Wenns aufwärts geht, wird eingstellt, wenns abwärts geht, ausgstellt. Der Vater Staat schweigt. Der beschützt das, was einer hat. Wenn er viel hat, beschützt er viel, und wenn man wenig hat, beschützt er wenig. Und wenn man nix hat, nix.

FRAU Mir sind bis jetzt nicht schlecht gfahrn mit unserm Staat, wenn mir ihn nicht hättn, dann hättn mir vielleicht den wos drüben habn, dankschön!

MANN Dann wär ich zumindest ned arbeitslos.

FRAU Hast du es ned selber immer gsagt: Ich bin lieber bei uns arbeitslos, als drüben Hauptbuchhalter.

MANN Des hab ich gsagt, wie ich noch eine Arbeit ghabt hab.

FRAU *nach einer kleinen Pause:* Jetzt is der Herr ein Dieb wordn, und wen macht er verantwortlich? Den Staat! Schäm dich.

MANN Was verteidign denn die Panzer und Raketn anders als das Recht von andere, daß man mit mir umspringt wie mit einem Viech. Hams mich gfragt, wie sie das neue Buchungssystem in der Firma eingeführt ham, ob mir des recht ist. Freiheit ist, daß man gefragt wird, wenn es einen angeht. Das neue Buchungssystem ist gekommen und ich bin raus geflogen. Wem seine Freiheit ist des? *Schnauft.* Die meine? Bestimmt nicht.

FRAU Du siehst nur noch die Schattnseitn, weil der Dieb braucht eine Entschuldigung.

MANN Wo is die Sonnseitn? Daß ich mich jederzeit ins Flugzeug setzn kann und nach Afrika zur Safari fahr, weil mir offene Grenzn ham? Ich brauch ned nach Afrika, weil ich es mir gar ned leistn kann, ich will da in Münchn eine Arbeit. Aber der Staat verteidigt ned mein Recht auf Arbeit, der verteidigt mein Recht auf Elend. Die freie Marktwirtschaft! Freilich, Freiheit für die andern, einstelln, ausstelln, umstelln, aufmachen, zusperren, wie es ihnen paßt: ohne Rücksicht, ohne Gnade.

FRAU Da kannst du redn, was du willst, des Armband nimm ich ned. Auf was Gestohlenem liegt kein Segen.

Sie sitzen da und starren auf den Weihnachtsbaum, Pause.

FRAU *leise:* Mir müssn durchhalten, anständig durchhalten. Findst schon wieder was.

MANN Wann? *Kleine Pause.* Wann? *Pause.* Wie ich vorige Woch wieder einmal auf dem Arbeitsamt gwesn bin und meinen *lacht* Weihnachtsbesuch gmacht hab, da hab ich zu meim Sachbearbeiter gsagt: Jetzt bin ich schon 19 Monat arbeitslos, wie lang soll das noch dauern? Wann glauben Sie, is eine reale Chance, daß ich wieder arbeiten kann?

FRAU Ja.

MANN Dann hat er blättert in dem Akt, der wo der meine sein soll. Wie er aufgschaut hat, hat er gsagt: Lieber Mann, wenn ich mir das so anschau, mir sind auch nimmer der Jüngste.

FRAU Sechsundfünfzig.

MANN Hab ich auch gsagt. Ja, hat er drauf gsagt, das mein ich ja. Warum soll ich lügen, die Arbeitslosen werden vorerst mehr und nicht weniger, und mir gehören nun einmal zu den schwer Vermittelbaren, damit müssen mir uns abfindn.

FRAU So.

MANN Ja. *Kleine Pause.* Ich hab zu ihm gsagt: Ich sitz jetzt schon oft da draußen vor Ihrer Tür, und da hab ich auch schon mit andere geredet. Warum werdn die bevorzugt, und ich nicht? Wo ich schon so viel länger wart. Muß man da was über Ihren Schreibtisch schieben? Einen Tausender vielleicht oder mehr?

FRAU Und was hat er drauf gsagt?

MANN Das einzige, was Sie mir rüberschieben müßten, wär

ein anderer Geburtsschein. *Kleine Pause*. Und dann bin ich gangen, weil ich nicht wollen hab, daß ich vor dem jungen Hund auch noch zum plärren anfang. *Er weint, oder unterdrückt es.*

Große Pause.

FRAU Schau, wie schnell die Kerzn runter brennen.

MANN Ich hätt noch ein Benzin.

FRAU Was?

MANN *lächelt verlegen*. Ein Benzin hätt ich noch unter meim Bett. *Rennt davon, kommt mit einem Benzinkanister wieder*. Schau her, da is er. *Lächelt*. Eine Entdeckung, gell.

FRAU Genau. *Pause*. Zu was brauchst du an Weihnachten ein Benzin unter dem Bett?

MANN Das sollt eine Überraschung werdn.

FRAU So.

MANN Ja. Ich hab mir denkt, es is eine Lösung. *Lächelt, kleine Pause*. Es hätt eine Überraschung werdn sollen. Hättst es aus der Zeitung erfahren können. Hättst dir denkt, mein Mann, man kann sagen, was man will gegen ihn, aber einen guten Kern hat er ghabt, alles hat er sich nicht antun lassen, er hat sich gewehrt.

FRAU Gewehrt?

MANN Er is hingangen, hat sich übergossen und anzunden. *Große Pause*. Ich hab mir denkt, daß es dich und mich – befreit.

FRAU Von was?

MANN Mich von mir und dich auch von mir.

FRAU *nickt.*

Große Pause

MANN Ja.

FRAU Und warum soll ich befreit werdn von dir?

MANN Wenn ich weg bin, dann is die Schande weg. *Kleine Pause*. Ich hab mir denkt, wenn ich einen Anstand hab, dann will ich dich nimmer belastn. Und dann setz ich ein Zeichn, daß der Mensch nicht alles mit sich machen laßt. Und dann hast im nachhinein einen Stolz auf mich.

FRAU Kannst es nicht erwartn, bis ich es dir sag, daß ich genug von dir hab.

MANN Hast schon gsagt.

FRAU *laut:* Lüge!

MANN Des merkst du gar ned.

FRAU Hörst das Gras wachsen.

MANN Ein Selbstmord aus Verteidigung.

FRAU Schöne Verteidigung.

MANN Jeder wie er kann. Wie ich nämlich auf die Stufn vom Arbeitsamt gstanden bin, da hab ich mich umdreht und mir denkt: Ihr werts alle noch an mich denken. Sowas machts ihr nicht mit mir. Keinen Schritt weiter. Und dann hab ich mir denkt, daß ich ein Benzin kauf und mich anzünd aus Rache, direkt vor dem Arbeitsamt, und einen Brief schreib, damits ned sagn können, das is bloß zufällig vor dem Arbeitsamt passiert, der is aber wegn seelischer Depression gstorbn. *Kleine Pause.* Schreiben hab ich so wollen: Sehr geehrte Damen und Herrn vom Arbeitsamt! Liebe Mitbürger! Sie sehen mich brennen und fragen sich sicher, warum ich brenn. Ich brenn aus Protest, weil ich 56 Jahre alt bin und nicht zum alten Eisen geworfen werden will. Aber in diesem Staat, in dem ich ein ganzes Leben lang fleißig gearbeitet habe, in diesem Staat gibt es heute keinen Platz mehr für mich. Ich soll sogar in die Fürsorge hinuntergedrängt werden wie ein Bettler. Aber das erlaubt meine Ehre nicht. Deshalb sterbe ich lieber, als in Schande leben. Ich hab mir denkt, ein Protest, der wo die andern Mut macht.

FRAU Zu was? Daß man der Sterbekasse die Einäscherung erspart?

MANN Ein Zeichen setzen. Was tun. Das kann jeder nachmachen. Das ist kein Problem.

FRAU Bis das ganze Land brennt?

MANN Ja. Der Mensch ist kein Vieh, mit dem man machen kann, was man will. Zeigen, daß es eine Grenze gibt. *Kleine Pause.* Und die wo schuld sind sollen –

FRAU – deine Asche um Verzeihung bitten? *Pause, ehrlich, leise:* Du dummer Hund, du dummer.

MANN Weil ich sag: bis hierher und nicht weiter? *Kleine Pause.* Des Armbandl hätt ein Abschiedsgeschenk sein solln. Eine Überraschung.

FRAU *nickt.* Die is dir gelungen. Schöne Weihnachtn. Danke.

MANN Machst mit? Das soll ganz schnell gehen und nicht weh tun. *Kleine Pause.* Setzen mir ein Zeichen. Setzen mir uns unter den Christbaum und brennen mir nieder wie die Kerzen.

FRAU Und dann?

MANN *schaut.*

FRAU Wen interessiert denn unser Tod?

MANN Und wen interessiert unser Leben?

Pause

Ich gehe meilenweit

In einer kleinen, sauberen, nicht zu kleinen Junggesellen-
küche. Alles ordentlich. ER *ist genau, ernst und freundlich,*
denn er zeigt uns, wie Furcht zum Wahnsinn wird. SIE *reagiert*
auf die Normalität des Wahnsinns nicht, weil sie – vermutlich –
nicht kann. Aber sie ist bieder, nett und auch sauber, egal, wer
sie ist.

Ich bin komisch, *lacht,* ich geh auf die Bank und lös den letzten
Euroscheck ein, der übrig blieben is, vom Urlaub in Italien,
weißt schon, wo mir drei Wochen ein herrliches Wetter ghabt
ham und erstmals kein Geld, sondern bloß Schecks mitgenommen haben, und ich hab ja genau Buch geführt da drüber,
wann welcher Scheck in welcher Höhe und wo, nicht immer
die vollen 300,– Mark, sondern weniger, und einer is schon
lang in meiner Brieftaschn, übrig bliebn gell, *lacht,* ham mir
nicht mehr ausgebn können, beim bestn Willen, obwohls dir
das Geld aus der Nasn ziehn in Italien, und den hab ich immer
schon einlösn wollen, und jetz hab ich es tan. Und stell dir vor,
ich lös ihn ein, ich weiß, daß nur noch einer, ein gut bewachter
is, aber kaum hab ich ihn heraußn, bild ich mir ein, daß es zwei
warn, ned bloß einer – ich weiß überhaupts ned warum, ich
bild mir ein, es warn mindestens noch zwei, *leise,* ich bin sogar
zurück zu der Bankfiliale und hab gfragt, ob ich was verlorn
hab, einen unausgeschriebenen Scheck zum Beispiel – obwohl
ich es genau gwußt hab: du hast nur noch einen Euroscheck
von der Italienreise, hab ich mir plötzlich einbildt, es waren
noch zwei, und eine Angst ghabt, daß einer verlorn gangen is
irgendwann und irgendwo in der letzten Zeit. *Schnauft.* Sowas
– Schmarrn *schaut sie an,* gut, wenn man wen hat, dem man es
sagen kann, seine Zwangsvorstellungen! Viele ham niemand,
die sind einsam, die ham keine Seele, die wissen nicht, wie es
is, wenn man am Abend heim kommt und kann sein Herz aus-
schütten. *Kleine Pause.* Was hast gmacht, den ganzen Tag?
Lächelt. Du brauchst keine Angst haben, ich schau nicht in
jede Eckn hinein, ob ich einen Staub find. Ich nicht. Der
Mensch is nicht nur zum Saubermachen geboren, das weiß ich

schon lang. Heut red ich viel, gell?! *Kleine Pause.* Glaubst, daß
ich was zum verbergen hab und um den heißen Brei herum
red? Bestimmt ned. Kannst es glaubn. Ich liebe dich, das weißt
doch, und es stimmt. Nach einer andern schau ich mich gar
ned um. Besser der Spatz in der Hand wie die Taubn auf dem
Dach, hat mein Vater immer gsagt. Und es stimmt. Es kommt
ned so oft vor, daß zwei Menschen zam passen, damit soll man
nicht spielen. Das Glück is leichter verspielt als man sich
denken kann. Bin kein Spieler, keine Angst, kleine Frau, keine
Angst! *Lächelt, singt:* Ob blond, ob braun, ich liebe alle
Fraun, mein Herz is groß . . . Da kriegt sie Augen so tief wie
Brunnen, sagt der Dichter. Das schad nix, wenn man die Frau
in Atem hält, wenns weiß, er hat mich, aber er könnt *betont es*
auch noch eine andere habn, wenn ich mich nicht anstreng!
Keine Angst, verlierst mich nicht, bin mit dir zufrieden! Aber
das sollt man dir gar ned sagen, das wär besser. *Lächelt.* Daß
du mich so gut kennst, das is dein Vorteil, der is unersetzlich.
Das schafft Vertrauen. Ich liebe dich. *Kleine Pause.* Gut, du
weißt es eh, SIE tät wollen, aber sie hat keine Chansn. Das is
doch ganz normal, wenn man viel unter die Menschen kommt,
dann is immer einer oder eine, je nachdem, ob Mann, ob Frau,
der/die wollen tät. Bei schönen Menschen kommt es häufig
vor, bei weniger schönen weniger. Aber vorkommen tut es bei
jedem, das is normal. *Pause.* Weil du dich hier verkriechst,
weilst so selten hinausgehst, weilst immer daheim bist – du
mußt auch hinaus in die Welt, und dann siehst es selber. *Kleine
Pause.* Bist zufrieden mit mir, hast keine Sehnsucht nach den
andern? Das is auch schön. Aber wennst mehr vergleichen
können tätst und sagen: trotzdem is er mir der liebste, das wär
noch besser! Man kann nicht alles haben. Besser eine häusliche
Frau wie eine, die dauernd unterwegs is. *Pause.* Ich hab es IHR
sowieso letzte Woch angedeutet: daß der Platz an meiner Seite
besetzt is. Ich weiß auch gar ned, was die von mir will?! Sie hat
niemanden soviel is sicher. Vielleicht die ganz normale Sehnsucht nach einem Partner? Vielleicht laden mir sie einmal zu
uns ein, dann kannst sie dir anschaun, sofern du es willst.
Kleine Pause. Ich sag ja, nur, sofern du es willst. Ich ver-
spreche es: wenn nicht – nicht. *Kleine Pause.* Man sollt es ja
nicht sagen, aber es is schön, wenn du um mich Angst hast, das
is schön. *Kleine Pause.* Ich bin ein Esl, gell? Aber es is so.

Pause. Du weißt ja gar ned, wie gut mir es haben. *Kleine Pause*. Draußen is es schlimm, das kann ich dir sagen. Regen, Schnee, Kälte. Und in Amerika soll es eine Hungersnot geben in diesem Winter, steht in der Zeitung. Zwei Millionen können in diesem Winter verhungern, wenn keine Abhilfe geschaffen wird, steht in der Zeitung. In Amerika. *Kleine Pause*. Du brauchst keine Angst haben, ich sorg schon dafür, daß mir ned verhungern. Mir verhungern ned bloß ned, es geht uns sogar gut, auch in der Zukunft, dafür garantier ich. Obwohl die Nachrichten bedrückend sind. *Kleine Pause*. Doch, sind sie. *Nickt*. Sie, also diejenige welche, wird vielleicht dabei sein in 14 Tag. Sie rechnet jedenfalls damit. Ich hab ned viel mit ihr geredet, nein, das spricht sich doch auch so rum. Das Geheimnis is: Wenn ich Lotto, Toto und Schreibwarenkleinbedarf hab, dann brauch ich eine Verkäuferin, schon wegen dem Lotto. Das Lotto kommt aber weg, und der Rest kommt hinter die Sperre. Man legt die Zeitung und die Zigarettn einfach in den Einkaufswagen und fahrt damit zur Kasse wie mit allem andern auch. Kein Problem, wo mir sogar Kakteen habn, wo man im Selbstbedienungsverfahren mitnimmt und an der Kasse zahlt wie das Cola. Lotto und Toto verschwindt, und eine Verkäuferin is sinnlos. *Kleine Pause*. Schlau, gell! Was soll sie denn noch tun? Ebn! Was soll sie tun? Die vergeht doch vor Langeweile. Aus die Maus. *Nickt*. Genau. Mir sind dagegn sicher. *Kleine Pause*. Jetzt vor Weihnachten spielt sich gar nichts mehr ab, weil mir unter den erweiterten Kündigungsschutz fallen wegen langer Betriebszugehörigkeit. *Kleine Pause*. SIE ist erst zwei Jahr da. Wo war sie vorher? Wo war sie? *Nickt*. Wir ham mindestens Zeit bis Februar mindstens. Gut, gell? Was? – Pssst! *Kleine Pause*. Pssssst! Immer wieder! *Lacht*. Immer wieder! Wo ich es dir doch versprochen hab, daß ich dich nicht mit dem, was draußen vor sich geht, belästigen tu. Kein Wort darüber, ham mir ausgmacht, hier in unseren vier Wänden, kein Wort darüber. Mir brauchen auch keine Angst haben, im Lager brauchen sie den Schumann und mich, einer allein kann das gar ned. *Pause*. Der Neukauf is zwar keine soziale Firma, aber daß er keine soziale Firma is, das is auch unser Vorteil: er geht ganz bestimmt ned pleite, er wirft Ballast ab, solang es noch Zeit is, und wer da überlebt und nicht dran kommt, der hat eine lange Zukunft. Jeder Arbeitsplatz, der eingespart wird, macht die Arbeitsplätze der andern, die wo übrigbleiben, sicherer, das is doch klar. Es gibt Supermärkte mit dem gleichen Umsatz wie mir, da is der Personalstand noch doppelt so hoch, das weiß ich von einem, der in der Gewerkschaft is. Das heißt: mir brauchen uns keine Sorgen machen, mir ham den Gesundschrumpfungsprozeß schon überstanden, da sind mir durch. *Pause.* Bis Februar sind mir jedenfalls ganz sicher, das is klar. *Lacht.* Zur Weihnachtszeit spuckt uns keiner in den Teller, weil er gar ned kann. Und dann sieht man weiter. *Pause.* Im nächsten Winter, schreiben die Zeitungen, soll es sogar drei Millionen Arbeitslose geben. Da dann nicht dabei sein, is schon ein Kunststück. Das muß man schaffen. *Pause.* Wie es da in der Kuchl ausschaut, mein lieber Schwan. Ein bißl ein Geschirr abwaschen tät dir aber ned schaden, wennst schon den ganzn Tag in der warmen Stuben sitzen kannst und ich für uns die Haut zum Markte tragen muß. Heute ham der Schumann und ich 12 Tonnen Ware in Empfang genommen und Restbestände verlagert und die verlangten Sonderangebotsreserven griffbereit gestellt. 12 Tonnen, und du wascht nicht einmal das Geschirr ab. Da brauchst den Kopf ned einziehn, ich tu dir nix. Ich sag es nur. *Kleine Pause.* Du hast keine Ahnung von der Wirklichkeit, du hast hier das Paradies auf Erden und merkst nicht, was draußen vor sich geht. *Kleine Pause.* Brauchst keine Angst haben, ich bin ein guter Chef und kündig dir nicht. Mußt ned hinaus in Eis und Schnee. *Pause.* SIE hat gefragt, ob ich einmal mit ihr ins Kino geh. *Kleine Pause.* Sie, wo sie die Frau is, fragt mich das?! Stellt man sich das vor. So is das heute auf der Welt. Aber ich hab nein gsagt, weil ich will mit ihr nix zum tun haben. *Kleine Pause.* Sie soll mich in Ruh lassn, sie soll mich gefälligst in Ruh lassen. Ich hab es ihr schon gsagt, aber sie versteht mich ned. Is doch klar, daß sie sich nach einem Rettungsring umschaut: wo sie von der Halbtagsstell praktisch leben hat müssen, kann sie jetzt, mit der kommenden Kündigung im Arm, von der Arbeitslosenhilfe ned leben, hat ja von der Halbtagsstell ned leben können. Jetz will sie mit mir ins Kino gehn, weil sie weiß, daß ich ned kündigt bin und vorerst ned kündigt werdn kann. So einfach is das, aber sie meint, ich durchschau das ned. Meint sie. *Pause.* Du liebst mich, weilst mich liebst und ohne Hintergedanken, gell? – Ebn. *Kleine*

Pause. Nein, nein, auf das laß ich mich nicht ein, das is mir viel zu nah am Abgrund. Die stellt doch ihre Forderungen, kaum daß sie einen Fußbreit in mein Leben treten hat dürfen, das is doch klar. Das tät doch ein jeder, das tät ich doch im umgekehrten Fall genauso. Das is doch menschlich. *Kleine Pause.* Aber mit mir ned. *Pause.* Aber dir *plötzlich streng* muß ich auch was sagen: du sollst weniger fressen, weilst dick bist und die Lebensmittel ned umsonst sind. Hab ich es ned gfundn, das Glasl im Abfall mit dem Kaviar, auch wenn es ein Sonderangebot war. *Lächelt.* Hast mir nix aufghobn, gut, gut, ich verzeih dir, wo ich dich kenn. Zamfressn und basta, das bist ebn du. Ich werd genauer kontrolliern in Zukunft, das sag ich dir jetzt im Frieden. Die Lebensmittel werdn uns ned nachgschmissn, die muß man teuer bezahln, wo du kein Hirn für das Geld hast, und kaufst, was du siehst. *Kleine Pause.* Und wo woanders auf der Welt die Menschn verhungern, ned in Indien bloß, sondern in Amerika. In Amerika, das stell man sich vor! *Kleine Pause.* Nein, da red ich gar ned mit dir, du kriegst in Zukunft weniger. Ich sag ja ned nix, sondern weniger – weil mir den Gürtel enger schnallen müssen. *Laut plötzlich:* Ja, du dumme Gans, wie stellst denn du dir das vor? Ha? Ich hab noch 1246 Mark auf der Bank, minus den Euroscheck mit 300,–, dann sind das noch neunhundertsechsundvierzig Mark – das geht, das geht – wo schon der halbe Monat vorbei is, aber trotzdem: Das will ich in Zukunft als Sicherheit haben. Unter 1000 rutscht mir das Konto nicht mehr herunter, solang jeden Tag zigtausend arbeitslos werden. Das is meine Sicherheit – das interessiert mich überhaupt nicht, ob du das verstehst oder ned, ich will es so, wegen meinem Wohlgefühl, verstanden. *Pause.* Du ißt ab sofort die Hälfte, dann geht es. Und trinken sowieso. Das ewige Bier, bei jeder Gelegenheit. Ende! *Kleine Pause.* Gut, daß du nicht rauchst! SIE raucht sogar! Bestimmt hat das auch eine Rolle gespielt: bei jeder denkbaren Gelegenheit hat sie eine Zigarettenpause gemacht im Aufenthaltsraum und eine geraucht. Ins Lager kommt sie auch zum Rauchen. Der Schumann raucht auch, der versteht es, ich nicht. *Leise:* Das Rauchen kann ein Vermögen kosten! 3.20 die Schachtel, es gibt welche, die rauchen zwei Schachteln am Tag – nein, das stimmt, die gibt es – das sind 6 Mark 40, und das jetzt mal dreißig. *Noch leiser:* Die geben dann sage und schreibe 200 Mark im Monat für Zigaretten aus. *Pause.* Gut, daß du nicht rauchst. SIE raucht nicht zwei Schachteln, das nicht, aber eine bestimmt. *Kleine Pause.* Ebn. *Kleine Pause.* Untervermieten könnt ich laut Mietvertrag. Ich kann einen Untermieter haben. Aber sie hat ein Appartement, ganz ein kleines, hat sie gsagt, es is überhaupt kein richtiges Appartement, sondern insgesamt bloß 19 qm, aber sie hängt dran, hat sie gsagt, sie hängt dran und zahlt nicht allzuviel Miete. Wieviel hab ich nicht gefragt, weil mir das zu intim war. Brauchts nicht. *Kleine Pause.* Freilich gibt die in einer Stadt wie München, wo man eh keine Wohnung kriegt, nicht ihr Appartement auf und zieht zu mir. Wenn mir streitn, dann muß sie raus, und wo geht sie dann hin? Das Risiko geht niemand ein. Und wenn sie bloß noch das Arbeitslosengeld kriegt, kann sie ihr Appartement nicht mehr aus eigener Kraft halten – sie kann einen Wohngeldzuschuß beantragen beim Sozialamt, tut sie aber nicht, weil das unter ihrer Würde sein wird – und was is das Ergebnis: ich kann ihr bei der Miete helfen und die Zigaretten kaufen. Von allem andern, was dann noch kommt, einmal ganz abgesehen. *Pause.* Du brauchst keine Angst haben, sie braucht sich keine Hoffnungen machen. *Pause.* Gehn mir bald ins Bett heute? Ich bin nicht müd, aber ich will die Augn zumachen und nix mehr sehn. Verkriechen wir uns in die Federn. *Pause.* Nicht deswegn. Nein, daran hab ich gar ned denkt. Bestimmt ned. *Pause, dann streng:* Ich will ned, heute ned, nein, und gestern hab ich auch ned wollen, und wenn ich morgen wieder ned will, dann mußt dich damit auch abfinden. Ich hab momentan andere Sorgen im Kopf, ganz andere, von dene du nicht die geringste Ahnung hast, weil ich alles von dir abhalt, aber da sind sie, die Sorgn. *Pause.* Das is doch mir egal, was du denkst, denk dir, was du willst. Ich sage: Ich will nicht heute, weil ich nicht will, das hat mit IHR überhaupt nix zum tun. *Pause, er schnauft.* Weilst mir schon bald jeden Abend damit kommst. Legen mir sich zusammen und geben mir eine Ruh, mir is ned nach Sexualität. *Pause.* Frauen! Habts nix anders im Sinn, gell. Aber mit dir werd ich schon fertig, Gott sei Dank. *Pause.* Bei IHR tät das schon was anders sein, da bin ich sicher. Wenn die sagt: komm! und ich will ned, weil ich ned mag, dann is der Teufel los. *Pause.* Nein, das wird gar ned probiert, kannst beruhigt

sein. Ich will ned, daß sie enttäuscht is, und ich will ned, daß
ich enttäuscht bin. Mein Gott, sagt sie, was hast denn du für
ein kleines Pimperl, das spür ich ja gar ned. *Pause.* Doch, die
sind so gemein, das sagen sie. *Pause.* Das sagst du nicht, gell?
Kleine Pause. Denkst es dir und sagst es bloß nicht? *Pause.*
Nein, ich glaub es dir schon. Ich garantier es dir auch, daß dir
da nix abgeht, brauchst dich nicht benachteiligt fühlen, er is
ganz normal groß, das kann ich dir zuverlässig sagen, auch
wennst keinen Vergleich hast. *Große Pause.* Und das
Schlimmste is: vielleicht tut man alles für SIE, man zahlt ihre
Zigaretten und hilft bei der Miete, man gibt sein Bestes, im
Leben und in der Liebe, und man ist glücklich, weil man sie
hat, obwohl es nur kostet und weh tut, weil man sich so anstrengen muß, aber dann fühlt man sich wohl, und wenn man
sich richtig wohl fühlt, dann is der Augenblick gekommen, wo
sie sagt: aus is, ich kann nimmer, ich hab einen andern, ich hab
es dir schon am letzten Freitag sagen wollen, aber jetz sag ich
es dir jetz. Dann steht man da. *Pause.* Und dann steht man da,
und dann, dann is man wirklich allein. Wirklich. *Pause.* Oft
hab ich eine furchtbare Angst, vor allem hab ich oft eine
furchtbare Angst. Das merkst du aber schon, oder? *Pause,*
laut, streng: Merkst du das? Weil die Aussicht, daß man arbeitslos wird und einsam, das muß schlimm sein. SIE hat die
Aussicht jetzt. Obwohl ich es ned sicher weiß, ob sie einsam
is. Ganz sicher weiß ich es ned. Sie schaut nicht häßlich aus,
und sie hat auch keine verweinten Augen. Sie lacht sogar.
Sogar jetzt noch, wo sie sagt: schaun mir halt, ob ich in vierzehn Tagen auch dabei bin, beim Los der Woche, ganz in blau
. . . Das sagt sie und lacht. Sie lacht schön. Stell dir vor, jemand is einsam, und da kommt einer dazu und lacht. Der lacht
einfach! *Pause.* Bist du müd? *Pause.* Ich denk nicht dauernd an
sie, nein, bestimmt nicht. Bist eifersüchtig? Brauchts nicht.
Ich weiß schon, was ich an dir hab, und laß mich bestimmt auf
kein Abenteuer ein. Keine Angst. Keine Angst. Gehn mir ins
Bett. Ich denk noch einmal alle Schecks durch, die ich aus-
geben hab in Italien, ich weiß noch jeden einzelnen an jedem
einzelnen Tag, da komm ich sogar im Kopf auf neun, und
dann kann nur einer fehlen, weil es nicht mehr wie zehn
waren, und dann kann ich beruhigt sein. *Pause.* Hörst mir gar
ned zu, was ich sag? Hast Angst, daß ich dich anschau und sag:

Es is aus, ich hab eine andere, es tut mir leid, aber es is so, und ich kann nix mehr dagegen tun? Hast eine Angst? Brauchts nicht. Ich bin dir treu, dein Weg an meiner Seite führt nicht in die Gosse, das kann ich garantieren. Wenn wer anklopft, stelln mir sich stumm, wenn wer läutet, machn mir ned auf. Du kannst beruhigt sein, ich geh IHR aus dem Weg, wenns wieder wegn ihrer Zigarettenpause zum Schumann und mir ins Lager kommt. *Pause.* Wie die schaut, ja wie schaust denn du? Hab ich dir jetz soviel Angst gmacht? Deswegn braucht man doch nicht weinen, ich sag es doch, daß ich dir treu bleib. Die andere hat keine Chance. Gegn dich. Komm jetz, ich streichel dich, bisd eingeschlafen bist. Das is schön, glaub es mir. Und die andere vergiß ich. Ich versprech es dir. Die is nix für mich, die tät nicht zu mir passen. Bestimmt ned. *Er nimmt eine Puppe und trägt sie ins Schlafzimmer.* Vor der brauchst du keine Angst haben . . .

Bilanz der Wände

Eine Frau, dunkel, normal, über dreißig, im Unterrock im Bad, das sauber und glänzend ist. Sie macht sich schön für die Nacht, Radio auf dem Waschschränkchen vielleicht, ist sie mit sich beschäftigt.

Ich nimm die Pille schon lang, die nimm ich schon jahrelang. Die Pille. Das is eine Befreiung für mich, eine Freiheit sozusagen. *Kleine Pause.* Gegen die laß ich nichts kommen. *Kleine Pause.* Oft hab ich mir schon denkt, warum nimm ich sie? Mein Gott, hab ich mir denkt, warum nimm ich eigentlich die Pille? *Kleine Pause.* Aber die Pille is ein Geheimnis, auch wenn man nicht immer einen Mann hat. Momentan hab ich schon länger keinen Mann. *Kleine Pause.* Aber die Pille nimm ich, damit man vorbereitet ist, damit ER nicht sagt: Ja, da schau her, die nimmt nicht einmal die Pille, die dumme Gans! Wo ich mit ihr wollen tät. *Pause.* Ich zieh immer einen ganz kurzen Rock an, wenn ich zum Tanzen geh, seit Mini wieder modern is. Ich hab viele kurze Röck. *Pause.* Manchmal vielleicht hat mich die Pille schon gerettet, da hab ich die Pille genommen und dann – ich hab sie immer genommen. Immer! Die nimmt doch eine jede, die dem Lebn kein Bein stellen will. *Pause.* Jetzt hab ich die Untersuchung machen lassen, die man machen lassen muß, wenn man älter wie dreißig is. Und da hat man jetzt vollkommen überraschend festgestellt, daß ich einen Knoten in der Brust hab. Da war ich ganz überrascht und hab gsagt: ich nimm die Pille, seit ich mich erinnern kann, und rauchen tu ich auch, vielleicht soll ich jetzt mit dem Knoten nicht mehr rauchen und die Pille auch nimmer nehmen? Weil das Rauchen könnt ich schon aufgeben, obwohl es eine Abwechslung ist, wenn man allein ist und man sich daran gewöhnt hat *lächelt* wie an einen guten Freund. *Kleine Pause.* Und die Pille brauch ich auch nicht mehr unbedingt. Da hat der Arzt gesagt: Ja, die Pille und das Rauchen, das sind Risikofaktoren, aber jetzt, wo Sie beides schon so lang genommen haben, sollen Sie sich nicht künstlich aufregen. Das tät bloß einen Streß bedeuten, jetzt plötzlich, der wo zu nix Gutem führt. Rauchen

Sie weiter, weil der Knoten mit dem Rauchen gar nix zum tun hat. Und nehmen Sie weiter die Pille, weil die beschützt die Brust. Was tut die? *Kleine Pause.* Ja, die beschützt. Der Knoten is groß, und wenn Sie in drei Monaten immer noch den Knoten haben, dann muß man ihn eh herausnehmen. Weil dann, dann nutzt nix mehr. Dann muß man in den sauren Apfel beißen. Hat er gsagt. *Pause.* Auch wenn der Doktor ganz anders red, hab ich es in der Zeitung glesn, daß die Mischung aus Pille und Zigaretten eine explosive sein kann, und das hab ich auch gwußt und trotzdem hab ich sie gern gnommen, weil ich mir denkt hab, wenn ich sie nimm, kann ich mir immer sagen: an MIR liegt es nicht. Und vielleicht kommt doch einer, und dann kann ich dem doch nicht sagen: Hoppla, damit hätt ich jetzt gar nicht gerechnet, weil ich schon so lang allein bin, und deshalb nimm ich auch keine Pille und mir müssen erst warten, bis ich damit anfangen kann. Das kann man nicht sagen, dann zerstört man alles, weil wer will schon warten. Und man braucht seine Illusionen, speziell in der Liebe, da führt kein Weg vorbei. Der Mann sagt nämlich sofort mit Recht: Du bist ja eine alte Jungfrau, du brauchst dich gar ned anstrengen, mit dir schlaf ich sowieso nicht. Gehst zum Doktor und läßt dich erlösen, und dann redn mir weiter, weil ich mir den Schwanz nicht krumm stoßen will. *Lächelt.* Was sagt man dann, wo die Zeit schnellebig ist? Das hab ich nicht wollen, da hab ich schon lieber die Schädlichkeit riskiert und die Pille fleißig genommen. Und jetzt, wo ich der Gesundheit wirklich den Vorzug vor der Einsamkeit geben tät, sagt der Doktor, daß es nicht notwendig ist, daß ich in Streß komm. *Lächelt.* Wenn ich die Pille nicht gnommen hätt, soviel hab ich schon zamkriegt, daß ich dann jetzt ein Kind haben könnt. *Lächelt, kleine Pause, denkt nach.* Mein Gott, dann hätt ich jetzt ein Kind. *Kleine Pause.* Dann hätt ich jetzt wenigstens jemand, der wo da is. *Kleine Pause.* Das Alleinsein ist nicht schön, und das vergiß ich der Pille nie, daß sie mich das nicht so tief hat spüren lassen. Man hat die Wolkn vertriebn. Das tät schon ein Unterschied sein, wenn ich das jetzt lassen müßt, weil der Doktor es sich vielleicht doch noch anders überlegt. *Pause.* Daß man eigentlich so allein ist, daß man fast von einer Einsamkeit sprechen könnt, das soll man niemand sagen, den wo man vielleicht kennen lernen will, weil das schreckt den andern ab. Der sagt sich: warum hat denn die niemand, mit der muß doch was ned stimmen, und dann schaut er einen an, und meint, daß er es gefunden hat. Ich hab schon oft einem gsagt: ich bin NICHT einsam, weil ich gebunden bin, aber ich will eigentlich weg. Dann weiß er, daß der Weg frei sein könnt, wenn er will. Aber in der letzten Zeit is das selten geworden, daß es einer ausnutzt. Vielleicht merkt man es, daß ich ned gsund bin, und wer will schon eine Frau, die vielleicht an einem Brustkrebs operiert werden muß. *Pause.* Wenn man nur noch eine Brust hat, dann muß man den Büstenhalter immer anlassen und sagen: ich laß den Büstenhalter an, weil ich das so geil find. *Kleine Pause.* Man muß sich zu helfen wissen, es gibt für alles im Leben ein Trick. Den muß man kennen. *Pause.* Ich hab meinen Brüsten bisher nie eine große Aufmerksamkeit geschenkt. Sie sind nicht häßlich, das weiß ich, das is mir schon gsagt wordn, sie sind mittelgroß und fest. Sie sind ned ganz gleich groß, *kleine Pause, sie lächelt*, die kleinere, das soll die mit dem Knoten sein. Komisch. Mehr wie ein Knoten is bisher nicht zu erkennen, keine Todesgefahr also. *Pause.* Aber eine Frau, die nur noch eine Brust hat, auch wenn es die größere is, nimmer raucht und keine Pille nimmt, das is langweilig. Da kommt nicht einmal der Tod und holt sie, geschweige wer anderer. *Pause.* Daß es auch Nichtraucher gibt, die eine Frau, wo raucht, eklig finden, daran hab ich nie denkt. Ich hab gmeint, wenn er sieht, daß ich rauch, dann heißt das, daß ich den schönen Dingen des Lebens aufgeschlossen gegenüber steh. Er raucht, ich rauch, das is schon eine Gemeinsamkeit. *Pause.* Daß der Krebs sich ausgerechnet mich ausgesucht hat, das wundert mich. Wo es so viele gibt, wo es sich viel mehr für ihn rentieren tät: ›die Frauen großer Männer‹ zum Beispiel. *Kleine Pause.* Aufsehen kann ich ihm keines bieten, meinem Krebs, und Tränen auch keine, weil man selber über sich nicht weint. Das gilt nicht. *Pause.* Seit ich den Krebs haben soll, komm ich mir sehr lebendig vor. Lebendiger als vorher. Ein Krebs ist kein willkommener Gast, das is klar. Aber ich denk mir: Wie geht das jetzt weiter? *Pause.* Ich mag die Menschen, ich mag einen Umgang mit den Menschen. Ich red gern. *Pause.* Ich glaub nicht an ein Leben nach dem Tod. Das weiß ich. Bei mir jedenfalls nicht. Bei mir war das Leben oft schon sehr unlebendig, das muß man doch zugeben.

Leider. *Lächelt.* Wenn der Krebs weitergeht, dann is er der Tod. Aber er verrät die Pläne nicht, die er mit mir hat. *Lächelt.* Hat sich mich ausgesucht. *Pause.* Ich hab immer was zu denken, jetzt, seit ich bei der Untersuchung war. Drei Monat, dann muß ich wieder hin. Lange drei Monat! Spannend. *Kleine Pause.* Bist du der Krebs, lieber Gott? Holst du mich heim? *Lächelt.* Vielleicht ist der Tod sehr spannend, wo die Miniröck und das Rauchen und die Pille nix genutzt haben. *Sie nimmt die Pille, löscht das Licht, geht . . .*

Jüngstes Gericht

Zwei böse, alte Figuren wackeln im Halbdunkel ihrer Wohnung herum; sind schwer beschäftigt.
Langes Schweigen, Zeit vergeht, die beiden schauen sich an, langsamer Beginn.

FRAU Vielleicht *Kleine Pause*

MANN Ja?

FRAU Vielleicht is der Widerstand bloß noch ned angekommen bei uns.

MANN *lächelt:* Nein, bei uns ned.

FRAU Ich glaub, daß es das is, was man uns als erstes und wichtigstes ausgetriebn hat. *Kleine Pause.* Ich weiß es noch, ich hab einen Lehrer ghabt, der war gefürchtet, so ein richtiger Nazi, so ein junger, der hat ned bloß den Hitler verehrt schon 1930 – des war mir als Kind wurscht –, sondern der hat auch zughaut, der hat noch Tatzn gem, aber schon so gell, daß dir die Händ aufgschwollen sind wie Ballon *Kleine Pause*. Und dann bin ich versetzt wordn und hab einen andern Lehrer kriegt, Gott sei Dank, und war froh und habs daheim verzählt. Und da hat der Vater zu mir gsagt, das vergiß ich nie: freu dich ned zu früh, weil es immer wieder einen gebn wird in deim Lebn, dem kannst du ned entkommen, der über dir is und der sagt dir, was du tust und was ned, und wennst es ned tust, dann kriegst ein paar drauf. *Kleine Pause.* Der Lehrer hat ›Stöckel‹ gheißn, das Schwein *sie lacht,* und der Vater hat gsagt: es wird immer einen Stöckel gebn in deim Lebn. Das is einmal so.

MANN *lächelt:* Aber ich bin nicht dein Stöckel wordn. *Kleine Pause*. Haun tu ich dich nicht.

FRAU Nein, du haust niemand, du frißt alles in dich hinein und bist –

MANN ein Verreckerl?

FRAU Was?

MANN Ein Verreckerl, wie bei die Viecher, wos welche gibt, die kommen ned durch, oder wenns durchkommen, dann bleibens gring ihr Lebn lang.

FRAU *lacht:* Herbstkatzeln?

MANN *nickt:* Ich bin ein Herbstkatzl, gell!

FRAU Mir sind uns recht ähnlich. *Hart:* Tatzn hab ich dann später keine mehr kriegt, aber Watschn. *Bös:* Des hab ich vollkommen vergessn, oder ned vergessn, aber verdrängt, weil es ja keine schöne Erinnerung is: ich bin viel ghaut wordn in meiner Jugend.

MANN *nickt.*

FRAU Doch, das stimmt, auch wenn es mir vielleicht ned viel gschadt hat, körperlich mein ich, ich hab nie eine Gehirnerschütterung ghabt und ich bin nie ausm Fenster gschmissn wordn und auch ned mit dem Schürhakn verprügelt wordn, sondern bloß normal mit dem Teppichklopfer. *Kleine Pause.* Eh nicht viel, gell?

MANN *lacht.*

FRAU Lacht immer der Mann, wo man sowas verzählt. *Kleine Pause.* Es war ned schlimm, es war mehr oft. Immer hat man sich denkt: geh dem oder der aus der Reichweitn, tauch hinunter, mach dich klein, damitst nix erwischt. Automatisch. *Zieht den Kopf ein.* Das ist die Haltung! *Kleine Pause.* Anbicselt hab ich mich schon ein paarmal beim ghaut werden, es is einfach glaufn, aus Angst, bloß ein paar Spritzer meistens.

MANN Ich hab nie in die Hosn bieselt, das is typisch weiblich, glaub ich.

FRAU *stur:* Das ist nicht weiblich, das ist wehrlos.

MANN Wer hat mehr Watschn kriegt in seim Leben: du oder ich, das tät mich jetzt glatt interessiern, da sollt man jetzt einen Computer habn, wo man drückt und dann kommt das heraus.

FRAU Ich möchert bloß gern wissen, wie oft das in meim Lebn passiert is, daß ich vor wem gstandn bin, der Watschnbaum umgfallen is und ich mich anbieselt hab. *Kleine Pause.* Das muß einen Menschen doch prägen, einprägen, wenn man dauernd auf den Kopf – ich bin viel auf den Kopf ghaut wordn, das muß sich doch abbilden –

MANN Abbilden?

FRAU Abbilden.

MANN Wenn man ein Viech mit der Hand haut, dann wird es handscheu, das is sogar ein Fachausdruck: ›handscheu‹, und drum soll man ein Viech nie mit der Hand haun, sondern mit was anderm. Jetz is das ein Viech –

FRAU Ebn, drum tät ich ja so gern wissn, wie oft ich vor wem gstandn bin, der größer und stärker war, der mich links und rechts hergwatscht hat, und ich hab mich nicht gwehrt, sondern bloß ein paar Spritzer in die Hosn lassn.

MANN Hättst zruckghaut!

FRAU Das sagst du. *Verbissen:* Da hätt ich viel zum zruckhaun ghabt! *Kleine Pause.* Ich möcht ja bloß wissen, was das Haun in meim Kopf verändert hat über die Jahre.

MANN Da kommst spät drauf.

FRAU Ja, spät is es. *Pause, sie schaut.* Die Farb muß noch mehr verdünnt werden, glaub ich.

MANN Bin schon dabei. *Pause.* Ich kann mich auch gut erinnern an die Herrschaftn in meim Lebn, die wo eine gute Handschrift ghabt ham.

FRAU *abschließend:* Jammern ist keine Kunst! *Sie arbeiten weiter.*

MANN Weil man Entschuldigungen sucht, nix als Entschuldigungen. Alle sind schuld, vom Papst bis zum Hitler, von die Eltern bis zum schlechtn Wetter, daß man dasitzt und jammert. *Kleine Pause.* Glaubst du, daß der Mensch eigentlich von Geburt her eher feig oder eher mutig is?

FRAU Eher beides.

MANN Ich glaub eher feig. Ich stell mir vor, daß der Mensch ein Baum is, der wo an ein Spalier gezwungen wird von klein auf. Wenn es ein eisernes Spalier is –

FRAU – weil du was verstehst! Das braucht gar kein eisernes sein, man muß nur sofort jeden neuen Trieb festbinden. Das is das Geheimnis.

MANN Ebn.

FRAU Ich bin gleich fertig.

MANN Ich auch. Aber ich fang schon wieder zum zittern an.

FRAU Weilst eine Angst hast. Denk an die Indianer in Brasilien –

MANN Hör auf mit die Indianer und die Neger. Das is alles weit weg. Ich zitter hier.

FRAU Aber man darf nicht so tun, als wenn der Widerstand etwas wär, was unter Millionen Fällen immer bloß einmal vorkommt. Das stellt es in die Einsamkeit, und die macht den Menschen schwach.

MANN Ich hab aber Angst, daß sie uns erwischn, weil sie uns auflauern und dann haun sie uns zam, ich hab Angst, daß eine Gewalt passiert.

FRAU Mir dürfn sich nicht erwischn lassen, bis mir es so oft getan haben, daß es bekannt wird, und erst dann, wenn es ein öffentlicher Fall is, dann treten mir vor, nehmen sich bei der Hand und sagen: mir waren es.

MANN Wenn uns die Zeitungshändler ned vorher derschlagn.

FRAU Angsthas.

MANN Ich hätt keine Angst vor einem Schuß, das garantier ich dir, weil ich mir denk, der kommt und man spürt nix. Ich hab Angst vor Schläge. Kann doch sein, die Zeitungsverkäufer tun sich zusammen und passen uns auf.

FRAU Wenn mir jede Nacht in einem andern Viertel sind.

MANN Und wenn mir alle Viertel durch haben?

FRAU Dann muß es bereits eine Schlagzeile geben, die heißt: Wer schüttet braune Farbe in die BILDZEITUNGS-Kästen? Unbekannte sind jede Nacht am Werk und vernichten mit brauner Farbe, die sie einfach drüberschütten, tausende Zeitungen. Was haben die Täter im Sinn?

MANN *lacht.*

FRAU Und dann treten mir vor und sagen: das waren mir. Und dann nimmst du deine Aufstellung heraus und rechnest es ihnen vor, daß mir an einem Punkt angelangt sind, wo man von unserer Rente kein menschenwürdiges Dasein mehr führen kann. Und dann nimmst du die Zahlen und sagst ihnen, daß die Hälfte aller Rentner noch weniger hat wie mir – und dann sollen sie uns einsperren.

MANN Meinst?

FRAU Da wird man eingesperrt wegen Sachbeschädigung. Das is wichtig. Dann gibt es einen Prozeß und mir können vor Gericht sagen: ihr ignoriers das Rentnerelend in diesem Lande, deshalb stehen mir da.

MANN Wenn mir noch lebn.

FRAU Warum denn ned?

MANN Du bist in einem Frauengefängnis und ich in einem Männergefängnis.

FRAU Kurz, dann müssens uns wieder naus lassen, mir haben ja bloß ein bißl Papier verpatzt, das halten mir schon aus.

MANN Ich nicht.

FRAU Stirbst mir vor Aufregung!

MANN Ja.

FRAU Weil du es falsch machst! Du mußt es genießen. Du hast die Wut ghabt und die Zahlen, wo es belegen –

MANN Fünfzehn Mark am Tag für zwei Personen für Essen und Trinken und Rauchen und Gwand. Das soll mir erst einmal jemand vormachen, wie man damit auskommt bei die Preise.

FRAU Und ich hab die Idee ghabt. Das is doch schön.

MANN Und wenns uns derschlagn, dann sagn mir es im Jenseits weiter. *Kleine Pause.* Im Jenseits sehn mir uns ned wieder, gell?

FRAU *lacht:* Nein, das glaub ich nicht. Was wär es denn wert, daß man es wiedererweckt, an uns beide. *Sie zieht ihn zum Spiegel:* Schau uns an!

MANN *schaut in den Spiegel:* Ebn, ebn.

FRAU Zwei spinnerte Mumien.

MANN Du bist noch keine Mumie!

FRAU *lacht.*

MANN Herr, du hast mich aus der Gnade gestoßen, heißt es in der Kirchn, wenn einer tot is, das sagt der Pfarrer dann, aber er meint es bloß vorübergehend, weil man drüben gleich begrüßt wird.

FRAU Du hast doch die Zahlen, das is doch keine Gnade, unser Lebn, das is eine Gemeinheit.

MANN Ob den Herrgott meine Aufstellung interessiert?

FRAU Warum denn ned.

MANN Da tät ich aber ganz schön ins Schwitzn kommen, wenn der sagen tät: also Herr Ruhsam, dann schießens einmal los, damit ich mir ein Bild machen kann, ob Sie mit Ihrer Rente hätten auskommen können oder nicht.

FRAU Soviel rechnen wird der liebe Gott schon können.

MANN Ich glaub ned, daß ich zum redn komm. An mir is nix, was es wert is, daß es gerettet wird und wiederauferweckt. *Bohrend:* Wer is denn an mir interessiert. Da heruntn hams mich braucht, weil ich ein guter Arbeiter war, und dann hams uns vergessn. Und im Himmel gibts keine Arbeit und da vergessens uns erst recht.

FRAU Ich stell mir vor, daß er einen nicht gleich kennt, weil es zu viele sind. Er sagt: was hast denn tan auf der Welt, und dann sagt man es ihm.

MANN Soll ich ihm sagn, daß ich ein guter Schachspieler war, weil Schach mein Hobby is.

FRAU Freilich.

MANN Wenn er allwissend is, dann findet er das Schachspielen so langweilig wie ich das ›Schwarzer Peter‹.

FRAU Und wenn er sagt: paß auf, ich zeig dir ein paar, die kann ich erkennen, weil sie was getan haben! Und dann zeigt er dir einen Tierschützer, wo sich für die Wale eingesetzt hat oder die Delphine, und sagt: das is nämlich meine Schöpfung, und die hab ich gern, und weil sie sich dafür eingesetzt haben, daß die nicht ausradiert wird, drum sinds jetzt da. Ich finde mein Wohlgefallen an ihnen. Und dann zeigt er einen Indianer, der für das Wohl seines Stammes gestorbn is, und er zeigt einen großen Erfinder –

MANN – der wo die Atombombn erfunden hat.

FRAU Schmarrn, es gibt ja noch andere. Und dann zeigt – dann zeigt er auf uns und sagt: ihr habts euch für die Rentner eingesetzt, die wo noch weniger habn wie ihr, ihr seids mir genauso lieb wie die Wale und Delphine, ihr könnts bleibn.

Pause

MANN Des glaub ich ned. Ich glaub, mir sind ein Fehler, den wo er nimmer rückgängig machen kann. Was soll denn den an uns interessiern, der is doch froh, wenn einer aus der Rass tot is. Der muß doch seine ganze Schöpfung im Kopf habn und ned bloß uns, die Menschn.

FRAU *schaut.*

MANN Meinst wirklich, der mag uns lieber wie die Wale und die Robben, warum denn? Habgier, Haß, Neid, Brutalität, Elend und viel Bosheit, des is doch im Menschn, des is doch ned in der Natur.

FRAU *schaut ihn an:* Bist heut zu feig für unsern Ausflug? Willst lieber ins Bett und betn?

MANN Ich stell es mir so vor: ich krieg einen Grund, und in einer schweren langen Arbeit mach ich den allerschönsten Gartn aus dem Grund, der wo vorher bloß Wüstn gwesn is, und es wachst und gedeiht, und die Viecher san da, Eidechsn, und Vögel und Käfer, und alles, was ebn in einen

Gartn ghört, und dann bin ich fertig mit der Arbeit, und dann setz ich noch einen Gartenzwerg hinein, und dann leg ich mich ins Bett und schlaf mich aus. Und wie ich in der Früh aufwach, da merk ich, daß der Gartenzwerg das Lebn angfangt hat, und ich denk mir: gut, dann wird er sich schon freun über den Gartn. Aber was tut er? Die Bäume schneidt er zam, die Viecher fangt er und bringts um, die Blumen reißt er aus, grad werkn tut des kleine Mandl und ruiniert alles, was ich gmacht hab.

Sie schauen sich beide an.

FRAU Dann vertreibst ihn.

MANN Den vertreib ich ned bloß, den daschlag ich sogar.

FRAU Und wenn er sich hinsitzt und Musik macht?

MANN Musik?

FRAU Wenn er tanzt und singt und sich freut?

MANN *nach einer kleinen Pause:* Die wo Musik machn, die dürfn bleibn.

FRAU Und Kinder kriegens, und weinen tuns, wenn eins stirbt, und betn tuns zu dir, und soviel Böse wies gibt, soviel Gute gibts auch, und wennst mit der Faust hineinhaust, triffst alle zwei Sortn?

MANN Dann möcht ich gern wissn, warum die einen so sind und die andern anders. Des muß sich doch ändern lassen! *Er schaut seine Frau an und lacht.* Mistviech, hast mich wieder!

FRAU Jetz gehn mir.

MANN Fünfundzwanzig Kästn, kein mehr und kein weniger!

FRAU Fünfundzwanzig, mehr Farb ham mir gar nicht.

Pause

MANN Und wenn sie es nie merkn, weil mir viel zu wenig Farb ham, daß mir ihnen was zerstören wolln?

FRAU Das merkn die bald. Wenn man in einen von unsern Kästn hinein langt, kriegt man braune Finger und keine Zeitung, weils alle verpatzt sind.

MANN Schau, wie ich zitter!

FRAU Die frische Luft tut dir gut.

MANN Und wenn alles nix nutzt?

FRAU Dann sagn mir im Jenseits einmal: des warn mir mit die Zeitungskästn.

MANN Und dann kommen mir in Himmel?

FRAU Zumindest sagt der Herrgott dann: ach, ihr warts des!
   Und mir sind erkannt.
Mann nickt, er packt die Farbtöpfe, sie den Rest, dann gehen sie
ab.

Modell der Zukunft

*Ein freundlicher, sanfter Mann mit einem Pullover und Haus-
schuhen zu Hause vor seinem Lieblings-Modell. Er läßt sich
Zeit.*

Es ist natürlich vor allem – bisher – das *betont es* Material, das
seine Grenzen kennt. Insofern habe ich hier auch ganz neue
Wege beschreiten müssen, die der Modellbauer bisher gar
nicht gekannt hat. Wenn – um jetzt ein markantes Beispiel zu
geben – Stahlbeton in Nagasaki zu Staub zermahlen worden
ist, *kleine Pause, zum Publikum,* welches Material nimmt jetzt
der Modellbauer für diesen – innern Kern der Explosion?
Pause. Ich hab das mit Staubzucker, den ich eingefärbt hab,
probiert, das sehen Sie vor allem in diesem Bereich hier. Aber
das ist nicht maßstabsgetreu, ich meine die Feinheit des zer-
mahlenen Materials. Im Maßstab ist der Staubzucker – ja, was
anderes ist mir nicht eingefallen – immer noch zu grobkörnig,
weil der innere Kreis der Explosion so zerstäubt wird, als
würde man also ein Hochhaus durch eine besonders fein mah-
lende Kaffeemaschine hindurch reiben, das Geriebene entspricht dann natürlich im Weltmaßstab einer viel kleineren
Einheit, als wenn ich mit Staubzucker arbeite, denn in Wirklichkeit wäre ja die Staubzuckergröße, die, die – eben in Wirklichkeit anzutreffen wäre, am Stachus oder am Sendlinger Tor-
platz – das hier ist übrigens die Gegend, also hier müßte der
Marienplatz angenommen werden – ich mein, es weiß ja noch
niemand, wie das wirklich einmal ausschauen wird, da muß
also schon ein bißl Fantasie erlaubt sein – das ist die Fußgängerzone – dabei gibt es Probleme, die bewältigt werden
wollen. *Pause.* Ich nehme also an, das Kaufhaus Oberpol-
linger wäre hier und würde also diese bereits erwähnte Staub-
form aufweisen, gut, das ginge noch an, aber: Jetzt kommt es
vor, daß in diesem innersten Kegel auch gewisse Gegenstände
erhalten bleiben. Da liegt ein Ring, da vielleicht ein gut erhal-
tener Kugelschreiber, auch ein Gebiß kann übrig bleiben – ja,
Sie lachen, ich versteh das nicht ganz, weil MIR ist das sehr
ernst, und ich find das auch überhaupt nicht lächerlich. *Ernst:*

Ich habe einige kleine Gegenstände, im Staub verborgen – also ich weiß, wo die sind, aber sonst niemand –, eingelegt, das sieht man jetzt mit freiem Auge nicht, aber das ist auch nicht notwendig, ICH weiß, daß da eine ganze Menge unter diesem Staub verborgen ist, was noch nicht total kaputt ist. Es darf allerdings nur wenig sein, hin und wieder sozusagen ein menschliches Zeichen. Mehr nicht. Ja, das geht dann weiter, hier wär also, die Ortskundigen haben es bereits erraten, der Stachus – also die Leute haben da ja teilweise eine ganz putzige Vorstellung *schüttelt den Kopf* – natürlich bietet die U-Bahn überhaupt keinen Schutz, wenn wir annehmen, daß dieser Bereich zum Kern des Einschlags gehört. *Kleine Pause.* Ich hab da ein bißl geschummelt, und angenommen, daß die Bombe selber auf der Theresienwiese einschlägt – das sehen Sie hier, dieses Loch, das ist eigentlich ein Tal und kein Trichter mehr, das reicht jetzt genau bis zur Trappentreustraße, also da ist gar nichts zu machen, das ist ein bis zwei Monate total in Staub gehüllt, *kleine Pause,* also die Staubentwicklung habe ich jetzt sowieso außer acht gelassen, weil pyrotechnisch treten da für den Modellbauer derartige Probleme auf – das kann man also beim besten Willen nicht mehr wirklichkeitsgetreu darstellen, vor allem nimmt einem das auch die Freude an der Arbeit, weil ich will das alles ja SEHEN, und wenn ich dem Staub sein Recht gebe, dann müßte man ja davon ausgehen, daß in Bayern die Sonne einen Monat lang nicht mehr zu sehen wäre, also eine totale Finsternis sozusagen. *Kleine Pause.* Ich hab mich darauf beschränkt, diese typische Staubentfaltung zu begrenzen, damit man den Rest noch sehen kann. Ich zünde jetzt einmal dieses Rauchpulver an *lächelt,* das ist natürlich bloß ein Notbehelf, aber ich zünd das jetzt an, damit Sie einen Eindruck haben, wie sich das entwickelt und wie das ausschaut. *Tut es.* So, jetzt kommen wir der Sache schon näher. Das schaut jetzt ein bißl romantisch aus, ist es aber mitnichten! *Lächelt.* Man muß zugeben, daß dieses Modell sich darauf bezieht, daß eine Bombe von der Sprengkraft derer *betont das »derer«* verwendet wird, die wir von Hiroshima und Nagasaki kennen. Wenn man bedenkt, daß heute andere Bomben benützt werden würden, deren Sprengkraft bis zum Zehntausendfachen der damaligen reicht, nun ja – ich meine, ich wollte eine gewisse Struktur erhalten haben, das war ja das Reizvolle für mich, diese Grenze zwischen Sein und Nichtsein, dieses Schweben zwischen totaler Zerstörung und Erahnung gewisser zerstörter Teile. Das war das Spannende, dieses Nichtsmehr? – also der Staubzucker, der übrigens mit haarfeiner Stahlwolle in ganz kleinen Stücken durchsetzt ist, weil Teile der Stahlgeflechte der höheren Betonbauten in diesem Staub noch zu finden sind, das ist ganz klar. *Pause.* So, also die Fußgängerzone haben wir gehabt, der Stachus – ja, was soll man da sagen, ich hab mein Bestes versucht, hier, wo es so maulwurfartig ausschaut, da habe ich angenommen, daß die U-Bahn-Tunnel eingebrochen sind, das reicht auf dieser Schiene bis Schwabing, oder nach Laim, oder eben auch bis zum Effnerplatz, wobei das die Übergänge von der U- zur S-Bahn sein sollen, diese Verdickungen, die natürlich an der Oberfläche dann – das ist überhaupt das Problem, daß eben im engern Umkreis der Bombe alles, was sich auf der Oberfläche befindet, unkenntlich wird. Noch mal deutlich gesagt: es handelt sich um eine kleine Bombe mit 20 bis höchstens 30 Kilotonnen TNT. Ja, diese Zahlen! TNT ist der früher gebräuchliche Sprengstoff, vor allem also im Zweiten Weltkrieg, das ist ganz klar. Eine Atombombe von 30 Kilotonnen entspricht etwa dreißigtausend Bomben des Zweiten Weltkriegs. Man darf sich da aber nicht verwirren lassen. *Pause.* Hier also gehts weiter vom Stachus zum Hauptbahnhof, wichtig ist, daß man darauf hinweist, daß von diesem Hauptbahnhof Rudimente, Rudimente erhalten sind, man kann also noch gut erkennen, daß das ein Bahnhof war – hier beginnt dann für mich dieses Tal, das also jetzt so schön raucht, wobei man auch hier der Wirklichkeit ihr Recht lassen muß, man würde heute eine solche Bombe kurz vor dem Aufschlag zünden, damit sie nicht ihre Hauptsprengkraft darin vergeudet, das Erdreich umzugraben. Deshalb ist dieser Trichter auch nur etwa 30 Meter tief, und man kann im Prinzip sagen, daß lediglich die Theresienwiese selbst vom direkten Einschlagkrater betroffen ist. Aber das ist ja sowieso der Teil der Szenerie, der den Modellbauer unbefriedigt läßt, weil das interessante Problem, wie stelle ich das Nichts dar, das haben wir auch noch nicht gelöst. Dabei bin ich aus Pietätsgründen davon ausgegangen, daß zum Zeitpunkt der Explosion auf der Theresienwiese KEIN Oktoberfest stattfindet. Gehen wir jetzt ein bißl weiter hinaus an den engeren Stadtrand. Also zwischen Goetheplatz und Westend auf der einen und Stiglmayrplatz und Universität auf der andern Seite gibt es wenig, was übrig geblieben ist, aber dahinter wird es spannend: Wenn man annimmt, daß im eigentlichen Feuerball von etwa einem halben Kilometer Durchmesser eine Hitze von 10 Millionen Grad Celsius herrscht und mit der Ausbreitung dieses Balles eine Druckwelle entsteht, die kreisförmig mit ungeheurer Geschwindigkeit bis an den Stadtrand schießt, dann kann man sich schon vorstellen, wie es da draußen ausschaut. Also eine Sekunde nach der Explosion hat dieses Feuer, dieser Druck die Stadtbibliothek und das Schwabinger Krankenhaus – das sehen Sie hier – erreicht. Nach weitern drei Sekunden sind wir schon mitten im Hasenbergl angelangt. Dem Feuer und der Druckwelle folgen Stürme, die man mit orkanartig falsch beschreibt, weil die Geschwindigkeit dieses Orkans auch am Hasenbergl immer noch runde 90 Meter pro Sekunde erreicht, und das entspricht etwa dreimal der Windstärke zehn. Ja, das muß man sich vorstellen, also wir sind jetzt hier im Hasenbergl und Sie sehen, hier schaut es schon ganz anders aus. Hier kann man dann doch schon wieder einiges recht gut erkennen. Hier treten jetzt auch erstmals wieder Menschen in Erscheinung. Diese Menschen werden einfach mitgerissen und an der nächsten Wand zerschlagen oder etwas Ähnliches. Weiter drin in der Stadt sind die Menschen verdampft, hier stellt sich wieder die Frage, wie ich das Nichtmehr darstelle. Ich habe mich darauf beschränkt, hier an einigen Stellen kleine helle Flecken – ja die sind natürlich maßstabsgetreu und deshalb sehr klein – helle Flecken hervorzuheben in der sonstigen dunklen Grundierung, weil die verdampften Körper zum Teil auf dem schwarz verkohlten Pflaster sozusagen helle Schatten übrig lassen können. Also die Menschen etwa in der Gegend Ostbahnhof, Baldeplatz, Donnersberger Brücke und Münchner Freiheit erleiden Verbrennungen zweiten Grades dort, wo die Kleidung sie geschützt hat, und dritten Grades dort, wo keine Kleidung war. Das schaut hier – sozusagen zusammengezogen auf eine Haltestelle, von der ich annahm, daß viele Menschen auf den Bus warten – so aus. Ich habe dazu Plastikfiguren über verschiedene Feuer gehalten, am Ende hat sich dann doch wieder der Lötkolben bewährt, und bin zu solchen Verformungen gekommen. An dieser Gruppe arbeite ich aber noch weiter, das befriedigt mich noch nicht. Hier habe ich die Grenze angenommen, wo die Kleidung selbst noch Feuer fängt und leuchtende Fackeln das Straßenbild erhellen. Jetzt kommen wir in den Bereich, wo auch Sie vermutlich, wenn Sie Münchner sind, sich wieder zurechtfinden, hier ist zum Beispiel Laim, und die Landsberger Straße ist doch schon wieder ganz gut zu erkennen, und je weiter man dann nach Pasing oder Obermenzing kommt, umso freundlicher schaut es schon wieder aus. Das Schloß Blutenburg, das ja erst kürzlich vollkommen renoviert worden ist, läßt sich ohne größeren Aufwand wieder herrichten. Nymphenburg, etwas weiter drin gelegen leider, ist, wie man sehr gut erkennen kann, doch großenteils zerstört worden. Der Ihnen ja inzwischen geläufige Staub verwandelt sich allmählich in Schutt, denn ab der Gegend westliches Westend, Rotkreuzplatz, Münchner Freiheit und Isartor auf der einen und Harras auf der andern Seite fallen dann die Häuser nur noch in der bekannten Manier zusammen und bleiben erkennbar übrig. Das ham mir dann hier recht schön zu sehen. Ich meine, bis Pasing und Trudering, auch Milbertshofen, Harlaching wird das Glas zersplittern, das war aber kein Problem, wenn Sie diesen Häuserblock anschauen, dann haben Sie schon einen recht guten Eindruck, wie es in Harlaching ausschaut. Ganz geringe Schäden sind dann noch in Neuaubing oder Feldmoching erkennbar, aber das ist nicht mehr drauf gegangen. Das wär da hinten dann. Interessant ist und ich habe das versucht vor allem hier zu konzentrieren, daß noch am Stadtrand Benzintanks von Autos explodieren, Öfen und Öltanks und so weiter dort noch Brände auslösen, wo die eigentliche Feuerwalze, wenn man das so nennen will, dann nicht mehr hinkommt, oder doch nur noch mit verminderter Kraft. Zehn Minuten nach der Explosion steht ein Rauchpilz über der Stadt, der ist 20 Kilometer hoch und zehn Kilometer breit. Darauf verzichten wir jetzt aus naheliegenden Gründen, das Rauchpulver deutet es sowieso an. Man denkt, die Nacht ist plötzlich angebrochen, obwohl die unzähligen Brände natürlich ein gewisses Licht spenden. Der Atompilz hat zigtausend Tonnen Schutt mit in den Himmel genommen, die im Feuerball verdampft und emporgerissen wurden. Die von der Bombe ausgehende Neutronen- und

Gammastrahlung hat die im Atompilz fliegenden Milliarden Teilchen – ja, das kann man jetzt nur noch erzählen, das läßt sich nicht mehr als Modell darstellen – diese Teilchen sind hochgradig verseucht. Eine Stunde nach der Detonation beginnt es zu regnen, die Regentropfen sind schwarz – das kann ich jetzt ein bißl simulieren, ohne daß das Modell deshalb gleich Schaden nehmen muß – diese schwarzen Regentropfen bringen einen großen Teil der Radioaktivität aus der Explosionswolke zurück auf die Erde. Ein Gebiet von rund 50 Kilometer Durchmesser mindestens, also von Freising bis Wolfratshausen und von Fürstenfeldbruck bis Ebersberg wird radioaktiv verseucht. Menschen, die eine höhere Strahlenmenge erhalten, werden dort ohnmächtig. Später wachen sie wieder auf, aber nach einigen Tagen gehen ihnen die Haare aus, und an ihrem Körper brechen plötzlich Wunden auf, die sich nicht mehr schließen lassen. Die meisten von ihnen werden nach einigen Monaten an der sogenannten Strahlenkrankheit sterben. Man darf annehmen, daß am Tage der Explosion etwa 300000 Menschen sterben und im Laufe der nächsten sechs Monate dann weitere 150000. Als Spätopfer kann es dann im Verlauf der nächsten fünf Jahre nochmals rund 100000 Menschen erwischen, diese Zahlen schwanken naturgemäß nach oben und unten. Weil, das sind ja Schätzungen, Vermutungen, Hochrechnungen, logischerweise. Für die Überlebenden wird das Leben insofern schwierig, als es naturgemäß kein unverseuchtes Wasser, keine strahlenfreien Lebensmittel, kaum medizinische Versorgung und natürlich keinen Strom und kein Fernsehen mehr gibt. *Kleine Pause, er denkt einige Zeit nach.* Eigentlich sollte man mit so einem komplexen Modell eine Gesamtsituation im kleinen, aber umso genauer, erzeugen. Das ist der Sinn davon. Ich habe einen Zeppelin gebaut vor 10 Jahren, den erkennen Sie, wenn Sie ihn durch ein Fernrohr betrachten mit einem blauen Hintergrund, nicht als Modell. So echt ist der. Später habe ich Jahre darauf verwendet, deutsche Bahnhöfe nachzubauen, das ist auch nicht ganz einfach, das kann ich Ihnen versichern. Aber irgendwie hat mich das immer unzufrieden gelassen, weil es war doch letztendlich bloß eine Nachahmung. Ich wollte immer was Eigenes schaffen, etwas, das es eben noch NICHT gibt, eine Modellbauweise der Zukunft, die mir die Möglichkeit der

schöpferischen Arbeit gewährt. DIESES Szenario gibt es naturgemäß noch nicht. Gerade darin war die Möglichkeit verborgen, den tiefen innern kreativen Schöpfungsdrang zu be-
friedigen. Der normale Modellbauer darf ja kein Freund der
Fantasie sein, die Fantasie verdirbt das Modell. Hier war das
umgekehrt, vom Material bis zur Gestaltung der Einzelheiten
hatte ich vollkommen freie Hand, weil die Wirklichkeit eben
noch nicht soweit ist, daß sie eine Vorlage hätte liefern
können, sieht man einmal von Hiroshima und Nagasaki ab,
aber das haben wir ja doch großenteils bereits vergessen. Natürlich wäre es nicht uninteressant, dieses Modell später
einmal an der Wirklichkeit zu überprüfen, weil der Fall, daß
zuerst der Modellbauer und dann erst die Wirklichkeit da ist,
der kommt selten vor. Die Wirklichkeit hat ganz andere Möglichkeiten, das ist klar, da wird der Modellbauer immer im
Nachteil sein, egal was er nun baut, aber interessieren tät es
mich naturgemäß schon, wo die Abweichungen sind. Die
Vorstellungskraft des Menschen ist ja bekanntermaßen be-
grenzt. Ich bedanke mich für Ihre Aufmerksamkeit. Kommen
Sie gut heim, und gute Nacht.

Der arme Poet

In einem geschmackvoll eingerichteten Zimmer, hoch oben,
man sieht aus dem großen Fenster auf eine große Stadt.

ER *schaut gut aus, ist gepflegt und sympathisch.* SIE *sitzt in der*
Nähe und hört genau zu. ER *redet flott und engagiert ins Te-*
lefon: Ich mein, also das ist doch nicht so, daß man das absichtlich *kleine Pause,* bestimmt nicht. *Pause.* Aber ich – und
nicht irgendein empirisches ›ich‹, sondern ich ganz persönlich
muß – es muß mich treffen, getroffen haben eigentlich *Pause,*
aber es muß mir doch was einfallen zu einem Thema, und es
fällt mir bestimmt nichts ein, wenn es mich nicht betrifft *kleine*
Pause freilich ist das hart – ja, ich sag das auch ganz unver-
blümt – ich mein, ich bin mir da schon bewußt drüber, daß ich
damit – kann ich doch gar nicht, wie denn? Was nützt denn der
gute Wille in der Literatur? – Das ist doch keine Frage der
Überzeugung, sondern – die Machart, ›Einübung‹ *kleine*
Pause, es gibt aber Bedingungen der Literatur, ob das in
deinen ideologischen Kram paßt oder nicht. *Kleine Pause.*
›Einübung in den Klassenkampf‹ – da kann man schon drüber
reden – reden ist immer gut, aber es gibt eben für mich Fragen,
über die ich NICHT rede, die laß ich nicht raus, denen – oder
besser über die – erlaub ich eben niemand, daß er sie mir her-
ausholt und zerfetzt, weil – ich hab ein Anrecht auf was Pri-
vates, darüber diskutier ich doch gar nicht – ich reklamier
mein Anrecht auf – im Öffentlichsten das Privateste? – das
sind höchstens dialektische Volten, die – doch, ich! *Pause.* Ist
denn das wirklich so schwer zu verstehen *Kleine Pause.* Tatsache ist doch: ich bin nicht arbeitslos, das muß man doch
auch zur Kenntnis nehmen, das ist doch ein Teil der Realität,
von der verdammt noch mal AUCH gesprochen werden muß,
ohne die gehts doch gar nicht. *Größere Pause.* Meine Realität
ist aber meine Einsamkeit, ist aber diese Isolation, ist aber, daß
ich eben NICHT dabei bin, daß ich nicht marschier, daß ich
eben Angst krieg, wenn ich Menschen brüllen – einfach die
Qualität des Brüllens *Pause* aber es muß mir doch erlaubt sein,
wenigstens noch zu sagen, was ich empfinde, wenn mir das

nicht mehr erlaubt ist, mein Gott, dann mach ich doch einfach von meinem ureigensten Recht Gebrauch: da häng ich ein – doch, ich häng ein, freilich häng ich ein, warum denn nicht? *Pause.* Im Strom der Geschichte bin ich, ob ich es will oder nicht, leider, da kann ich mich nicht draus verabschieden und du verkaufst keine Eintrittskarten dafür, *kleine Pause,* ja, leck mich – doch, ich sag einfach leck mich, *lacht. Pause.* Ich hab aber keine Angst vor dem Entzug der ›historischen Notwendigkeit‹ – der Zustand meiner Träume ist die Unnotwendigkeit, genau! *kleine Pause* weil das ›alles‹, was ihr artikuliert, das sind doch kernlose Probleme – sind das, das hat doch grad der Brogi – nein, ich mein den – man wird sich ja noch versprechen dürfen, ich hab von dem vielleicht mehr gelesen wie du – das hat doch grad der Jorge Luis Borges gesagt in einem Artikel in der – der sagt ganz einfach, daß für den Leser das Politische in der Dichtung allemal belanglos ist – das sagt der, das traut sich der *kleine Pause* was hat denn das damit zu tun, daß der schwerreiche Eltern hatte, deswegen kann er doch was von Belang sagen *kleine Pause* das meint im Kern, daß der poetische Knoten unlösbar, der politische durchschaubar ist *kleine Pause,* ich spekulier nicht mit der Ewigkeit, ich hab von der Poesie allgemein geredet und das ist KEIN Rückzug, das ist ein – Wirklichkeit, freilich Wirklichkeit. *Kleine Pause.* Der Zustand meiner Wirklichkeit bedingt sich aber aus MEINER Definition von ihr, und für mich gibts eine andere Wirklichkeit als für euch, das muß man doch auch anerkennen, das muß man doch zugeben, damit muß man sich doch auf beiden Seiten abfinden um Himmels willen. *Pause. Er schnauft, schaut zu ihr, fährt sich durch die Haare.* Und wenn ich mich damit noch so entlarve, mir fällt zur Arbeitslosigkeit nichts ein, ich kann mir nicht oben die Arbeitslosigkeit hineinstecken und hinten kommt das Klassenkampfgedicht heraus, ich bin doch kein – ein Mensch bin ich, freilich, was denn sonst. *Pause.* Talent ist aber prädestiniert *laut* ich bin ich, was denn sonst? – aber da drum gehts doch schlußendlich – was? – ja freilich! *Pause, er beruhigt sich.* Ich bin alt genug, daß ich selber weiß, was für mich als Schriftsteller UND Mensch wichtig ist und was nicht – ich weiß auch gar nicht, warum das gehandhabt wird wie – ja, warum man das brandmarkt, wenn einer den Mut hat, daß er sich hinstellt und sagt: ich bin aber nicht arbeitslos, ich hab damit nichts am Hut, es ist MIR noch nicht passiert, es fehlt mir einfach der Erfahrungs- *kleine Pause* die Einübung, genau – freilich bisher, aber ich schreib doch von dem, was ich erlebt hab, und nicht von dem, was ich vielleicht einmal erleb. *Pause.* Der literarische Gegenstand muß zuerst mal MEINE Wirklichkeit sein, wer das ignoriert, der bezahlt – mit einem Verlust an Sinnlichkeit. *Kleine Pause.* Das ist aber für mich sehr wichtig, das ist für mich vielleicht das Wichtigste überhaupt, daß das, was ich schreib – ich red von nichts anderem – nach meinen Maßstäben einen poetischen – aber die Poesie ist AUCH eine Realität in meinem Leben – ist eine und die Arbeitslosigkeit ist keine, bitte, wenn du es so haben willst, *Pause,* deswegen bestreit ich doch noch lang nicht, daß auch die Massen ein Recht auf – von mir aus sollen sie Arbeit UND Poesie kriegen, das liegt doch – also mir ist jeder recht, der das lesen will, was ich schreib, ich mach bestimmt keinen Klassenunterschied, was mein Publikum anlangt – der Klassenunterschied von oben stammt doch nicht von MIR *Pause* – es gibt nicht bloß Bücher von 45 Mark aufwärts, es gibt einen immensen Taschenbuchmarkt, da kostet ein Buch nicht mehr wie die zwei oder drei Bier, die sich dein Paradeprolet jeden Abend hinter die Binde gießt – ja freilich, aber die Kultur soll umsonst sein! *Pause* Das führt uns auch nicht weiter, genau, weil ich den Aufruf nicht unterschreib *kleine Pause.* Ich unterschreib nicht, ich demonstrier nicht mit, und ich schreib erst recht kein – das stinkt mir sowieso, nie kümmert ihr – euch alle mein ich – ihr kümmert euch doch sonst nie um die Kunst, die fällt euch doch bloß ein, wenn ihr was von ihr braucht – die veredelte Form vom Girlanden-Drapieren, den roten Samt anschlagen und ein Liedchen – das ist nicht demagogisch, das ist so ehrlich, daß es schon unwürdig ist, wie ihr mit uns umgeht – ich bin nicht das literarische Echo von Sonntagsreden *laut,* ich bin überhaupt kein Echo, ich bin ich, wie oft soll ich das denn noch sagen – da müßt ihr euch wen andern suchen, da ist mir – ist mir zu schade, genau ist mir die Kunst dafür zu schade. *Kleine Pause.* Dein Kunstbegriff stammt doch aus der Unterabteilung ›Agitation und Propaganda‹ – du hast doch überhaupt noch nicht begriffen, daß Kunst als Eigenwert, als – als tägliches Brot *laut* unverzichtbar. *Pause.* Und warum ruft mich dann sonst nie jemand an und sagt: du, ich hab grad was von dir gelesen, das find ich unheimlich gut – warum macht das keiner? *Kleine Pause*. Ja gut, einer, aber der macht das Kraut auch nicht fett – nein *Pause* wir kommen überhaupt nicht weiter, ja – das kann ich dir gern sagen: weil Kunst für mich das Gegenteil von ›gut gemeint‹ ist und BLEIBT – weil ihr das nicht einseht, und weil ich es mit den Impressionisten halt, die gesagt haben: eine gut gemalte Rübe ist besser wie ein schlecht gemalter Christus *kleine Pause* du kannst auch Karl Marx sagen – doch, doch, die radikale Ästhetik ist für mich genauso wichtig wie für dich das ›Kapital‹ – ja basta, genau – basta. *Pause*. Ich oktroyier doch niemand was auf, das ist doch umgekehrt, mir wird doch dauernd vorgeschrieben – ich bin nicht taub, auch wenn ich es gern wäre. *Pause*. Das heißt nicht, daß ich mich raus halt, bloß weil ich. *Pause*. Auf der Ebene kann ich doch nicht weiter disku – *kleine Pause* – das ist ja schon – gut, ich bin feig – feig bin ich, ich hab dich verstanden – klar und einfach. *Pause*. Wen meinst du denn dann? – Ich glaub, die sind alle nicht feig, die sind – eine Richtung kann überhaupt nicht feig sein, das können immer nur einzelne – *Pause*. Das ist die Sprache von Staatsanwälten – tust du aber – wenn du schon mir nicht zuhörst, hör wenigstens dir zu – *kleine Pause* – ich bau keine Kluft, ich sag: sie ist da, und damit, daß man so tut, als wär sie nicht da, kann man sie nicht überbrücken – der muß man sich vorurteilslos stellen, genau – zugeben, da IST was, das ist – dicht, ist existentiell verwoben – ich sag dir was: seit Sartre tot ist, kann ich ihn wieder lesen. *Pause*. Ich hab Krisen, ich hab schwerste Depressionen, wer bin ich denn? – das geb ich zu, gern zu – ich wehr mich aber dagegen, daß man so tut, als hätten alle Depressionen das gleiche Gesicht – ich laß mir doch meinen radikalen, existentiellen Stillstand nicht als nebulöse Angst vor Massenentlassungen abmelken – ein Schriftsteller muß auch mit seinem Frust haushälterisch umgehen – deswegen ist die Wahrheit trotzdem konkret, das leugne ich nicht. *Kleine Pause*. Das hat nicht Marx gesagt, das hat vor ihm schon Hegel gemerkt und Brecht hat es dauernd wiederholt – aber ich schreib doch über meine Depressionen. *Kleine Pause*. Das ist nicht zynisch, ich versuch meinen Standpunkt – ich hab aber als Schriftsteller keine Angst vor Arbeitslosigkeit und Jobverlust, ich seh nicht die Schlangen vor dem Arbeitsamt auf mich zukommen – ich hab Angst davor, daß mir nichts mehr einfällt, aber deshalb seh ich nicht die Fürsorgegrenze an mich ran kriechen – nein, soviel Fantasie hab ich nicht, die brauch ich auch gar nicht haben, die – nein *kleine Pause*, aber das stimmt doch nicht, wenn ich den Aufruf unterschreib, dann tu ich automatisch so, als würd mich das existentiell berühren – aber so ist er doch formuliert. *Pause.* Nein, du verstehst mich falsch, das ist kein redaktionelles Problem, der kann formuliert werden, wie er will, ich hab damit keine – Berührung, ich *Pause* ich stell mich aber nicht hin, wo mich ganz andere Probleme drücken, und tu so, als würde die Arbeitslosigkeit mein Problem Nummer eins sein – ich bin kein Schwindler und ihr macht mich nicht dazu. *Pause.* Das kann ich dir gern sagen: Einsamkeit *die Frau sucht seinen Blick, aber sie findet ihn nicht*, Sinnleere, Depression, Gesamtbedrohtheit, Hilflosigkeit, Wahnsinn, Unfähigkeit. *Pause.* Aber ICH hab das Problem NUMMER eins, daß ich mich, mich als ganzes, nicht als – als geeignetes – Gerät – für Leben an sich begreifen kann – das ist eine Glaubenskrise, ist der ›Legitimationsverlust‹ des: bin ich überhaupt? – Du, weil sich das andere nicht leisten können, deshalb *kleine Pause* ich steh aber neben mir, ich hab Identitätskrisen, deren Gewalt du dir vielleicht nicht mal träumen lassen kannst – ach Gott, ja, immer muß das Ficken herhalten *kleine Pause* dann interessieren mich eben meine Orgasmusschwierigkeiten und nicht der dritte Weltkrieg – genau – ja, da fühl ich mich auch nicht so einsam, das Bumsen verlernen wir alle, das ist ein Massensyndrom. *Lacht. Pause.* Alles zugegeben, alles zuge- – meine Frage: IST es nicht so? IST es letztendlich nicht so, ist das nicht die lausige, kleine, elende Wahrheit, in die wir geworfen sind? – Na also, genau *Pause*, *er schnauft* im Gegenteil, jetzt haben wir den Punkt doch: was uns verbindet, ist privat, nicht öffentlich – nein, ich unterschreib es nicht und ich komm auch nicht. *Pause.* Jetzt versteh mich doch: ich WILL nicht lügen, ich kann gar nicht – ich will wenigstens dort, wo ich es noch KANN, mit mir einig sein – wo ich noch eine Entscheidung fällen kann, wo sie mir nicht abgenommen ist – da verteidig ich eifersüchtig – freilich, das ist das, was mir geblieben ist, darauf bin ich zurück gedrängt. *Laut:* Ich steh an der Wand, das ist doch mir nichts Neues – aber jetzt haben wir doch ein Beispiel existentieller Problematik, alles fällt, verharrt, verweigert, irrt – Zurückgedrängtheit, das

– WAS KANN DENN ICH TUN? *Kleine Pause.* Nichts kann ich tun, gar nichts, ich kann niemand Arbeit schaffen, weil ich mir nicht mal eine Halbtagssekretärin leisten kann, und der ganze Aktionismus rund um meine Unfähigkeit herum vernebelt mir bloß eines: die Unfähigkeit zu erkennen, anzuerkennen – die Akzeptanz meiner Nichtigkeit zu vollziehen – der globalen Bedrohung gegenüber – der Rückzug hinter die Vorhaut. *Laut:* Jawohl, ich leist mir noch soviel Ehrlichkeit, daß ich sag: Pi - - Pickel sind aber ein Problem, wenn man sie HAT. *Kleine Pause.* Ich will nicht ausweichen, überhaupt nicht, ich bin viel radikaler, als ihr euch das träumen könnt *laut:* ich hab keine Illusionen – ich stelle mein ›ich‹ radikal in den Mittelpunkt und wende mich angeekelt davon ab, jawohl – das kann man leicht sagen, aber das müßtest DU erst mal aushalten, mein Lieber – ich bin mir untauglich, fremd, verräterisch – das sind MEINE Tatsachen, und die, stringent zu Ende gedacht, können einen zerreißen – da ist eine Sprengkraft drin, die kannst du bloß in Megatonnen ausdrücken, wenn du sie global nimmst *Pause* bis ich draufgeh – natürlich ohne Schnörkel ganz physisch gedacht, da gibts kein Raus mehr, da steht der Suizid dahinter, genau. *Pause.* Mein Gott, das wird man sehen, freilich – das ist hoffnungslos UND ich steh es durch, das ist meine Art mich zu – ich sprech nicht von Verteidigung, die Illusion hab ich längst – MEINE Revolution ist, daß ich zu mir steh, bis es mich zerreißt, das ist die Grundbedingung für Radikalität in unserer Zeit: Zerreißprobe jawohl, im Selbstversuch. *Kleine Pause.* So stelle ich mich zur Disposition und so bleibt es – genau – ja gut, versteh ich, leider *Pause* hast du denn verstanden, um was es MIR geht? – okay, also mach es gut –

DIE FRAU *deutet etwas.*

DER MANN Ich soll dich von der Irmi grüßen – ja, du auch. Servus. *Er legt auf, schnauft, er schaut hilfesuchend zur Frau, er trinkt einen Schluck, er schaut wieder, Pause.* Abgeschmettert *nickt, kleine Pause* das war eine schwere Geburt – schwerer Abgang sozusagen. – *Lächelt verlegen, aber freundlich.*

DIE FRAU *schaut ihn neugierig, unverwandt an.*

DER MANN *schaut, ehrlich.* Es ist aber die Wahrheit. *Pause.* Is es. Redet dauernd von der Wirklichkeit und hat keine Ahnung. *Kleine Pause.* Das ist doch heute nicht mehr so, daß man Narrenfreiheit – die Zeiten sind vorbei *kleine Pause* ich bin nicht arbeitslos und ich will es nicht werden – ganz bestimmt nicht mit solchen Mätzchen – die Situation ist heute eine andere – eine Unterschrift unter so einen Aufruf und dann ein Foto vom Verfassungsschutz – weiß ich, was die neben mir machen, weiß ich, ob ich nicht wo drin mitmarschier, wo die Schaufenster zu Bruch gehen, weiß ich – ist ja egal, das genügt doch heute, das ist doch genug, darauf warten die doch bloß. *Kleine Pause.* Ausgerechnet unsereiner – ich werd nicht mal entlassen, nicht mal der Akt als solcher läßt sich nachweisen, wenn ich – die ham doch gar keine Ahnung, die Herrn Proleten, was ein freier Schriftsteller ist – ich krieg nicht mal eine Arbeitslosenunterstützung, mich vermittelt kein Arbeitsamt – ich bin – ich bin drauf angewiesen – mehr als sich das einer von denen träumen lassen kann, ich – das langt doch heute, eine solche Unterschrift, ein kleines Foto und der Bayrische Rundfunk sagt mir: tut uns leid, Lieber, aber Ihr neues Hörspiel – ›schlecht‹ sagen die nicht mal, nicht mal das, eng sagen die, papieren sagen die, mager sagen die – überzeugt uns nicht, Lieber – was weiß ich – wie man halt mit Ästhetikvorwürfen jemand wegräumt. *Kleine Pause.* Und dann kann es aus sein, für einige Zeit, und die kann verdammt lang dauern, und dann – was is denn dann? Mal ins Sozialamt reinschnuppern *kleine Pause* um Gottes willen, nein, nein, vorerst – untertauchen vorerst, Tauchstation, klein machen, nicht auffallen, abwarten, bis es vorbei ist, das geht vorbei, das muß vorbei gehen, ganz klar – aber solang es ist, keinen Fehler machen, jetzt nicht – jetzt auf keinen Fall. *Pause.*

DIE FRAU *schaut ihn an.*

DER MANN *schaut, lächelt.* Ich hab Schiß – ich hab einfach Schiß, verdammt noch mal, das kann doch nicht so schwer zu verstehn sein.

DIE FRAU Und warum hast du ihm das nicht gesagt?

DER MANN Was?

DIE FRAU Das.

DER MANN Daß ich Angst hab?

DIE FRAU Ja.

Pause

DER MANN Ich glaub, ihr versteht mich alle nicht.

DIE FRAU Kann man eigentlich schreiben, wenn man zu feig ist, zuzugeben, daß man Angst hat?

DER MANN Feig?

DIE FRAU Ja.

DER MANN *nach einer kleinen Pause:* Nein.

DIE FRAU Eben.

DER MANN Ich schreib keinen Satz seit einem Monat.

Pause

DIE FRAU Schreib doch wenigstens darüber, daß du Angst vor der Angst hast.

DER MANN *schnell:* Damit ich mich verdächtig mach?

Lange Pause

Der Mann, der weiß, was er nicht will

*Der Redakteur ist schnittig, kurzhaarig, gebräunt und fest-
nackig; die Kleidung ist salopp, aber mit Geschmack.*
  *Der Schriftsteller ist feierlicher, unwohler gekleidet; drum
ist ihm heiß. Beide sitzen, ein Schreibtisch trennt sie. Der Redakteur hat einen warmen, offenen Unterton:*

Ich lebe gegen eine *kleine Pause* graue Wand an *er lächelt* der
uneigentliche Rhythmus der eigenen Existenz – DAS LEBEN
kleine Pause wo denn? – ich nenne es das ›Milchglasscheiben-
syndrom‹. *Er lächelt.* Ich sag das ganz offen, was mich zusam-
menhält, ist die Arbeit – gäbe es das dies hier nicht mehr *lächelt* ich
wäre mit Sicherheit ein Sozialfall *er lacht laut* ich habe keine Illusionen, Sie sehen es. *Pause.* Jeder gute Satz ist ein Maßstab
an die Wirklichkeit gelegt – sagt Wittgenstein. *Kleine Pause.*
Ich bin mir kein Maßstab – mein Lieblingsstück ist Leonce
und Lena – »höchst problematische Waden«. *Er lacht.* Das
Durchstoßen der Wirklichkeit durch die erfundene, erschrie-
bene Realität, die mir jeden Tag auf den Schreibtisch flattert –
stoßweise – was befinden WIR – ich im Team mit den andern als
jene maßstäbliche Realität, angelegt an die tatsächliche Wirklichkeit. *Kleine Pause.* Ich fühle mich überfordert, ich fühle
mich, seit ich hier sitze, überfordert – diese Schiedsrichter-
funktion zwischen dem, was sich draußen abspielt, und dem,
was ich auf meinem Schreibtisch vorfinde – haben wir hier ver-
arbeitete Wirklichkeit eingebunden in die dem Medium imma-
nente Ästhetik – also Wahrheit letztlich, konkrete, faßliche,
das also, was der Hörer verlangt und verlangen kann – oder
haben wir nur einen einsamen Furz in der Landschaft – was?
Er lacht. Vom Minderheitenprogramm in die Taubstummen-
nickt frequenz. *Kleine Pause.* Das hängt doch alles zusammen
– welches Bild, in unserm Fall welchen Ton, gebe ich dem
Hörer von der – von seiner Welt. *Pause.* Dahinter verbirgt sich
Verantwortung, denn mit den Tönen, mit denen wir die Wirklichkeit besprechen, mit den – Farben wäre besser in diesem
Fall, als Beispiel – die Farben, in denen wir die Wirklichkeit
malen und aussenden – vier Programme, hundert Stunden

Sendezeit täglich – das sind die Farben, die der Hörer, ob er es will oder nicht – das sieht der Hörer irgendwann dann auch, der sieht, was wir wollen. Wir können also die Wirklichkeit – korrigieren wäre das beste Wort – die Wirklichkeit drückt auf uns und wir drücken auf die Wirklichkeit – das verzahnt sich. *Kleine Pause, er lächelt.* Sie sehen, ich mach mir nichts vor – die Macht der Medien bricht man nicht dadurch, daß man so tut, als gäbe es diese Macht nicht – das würde nur heißen, daß wir vor der Verantwortung davonlaufen, vor der – Macht ist ein verbrauchtes Wort – der – die Verteilung der Gewichte. *Pause.* Überschätzen wollen wir uns allerdings auch nicht, das Hörspiel ist nicht der Nabel des Rundfunks, und hören tun uns auch nur noch Blindenhunde. *Er lacht laut.* Wir sind Teil der Teile, Sendeteil der Zeit – im gesamten eben doch wieder. *Pause.* Ich habe, seit ich ein schlechtes Gewissen habe – seit ich hier sitze. *Kleine Pause.* Was ich raus lasse, was ich versende, das verantworte ich auch, ohne Wenn und Aber, denn DAS ist meine Auseinandersetzung mit der Wirklichkeit, sonst säße ich hier am falschen Platz – Meine Abteilung, meine Hörspiele, ich – ich kann nicht schreiben, aber ich kann mich zu meinen Autoren bekennen – und glauben Sie mir, ich bin dankbar, ich bin für ein realistisches, sauber geschriebenes Stück »Wirklichkeit« dankbar, ich lauf dafür an den Starnberger See, wenn es sein muß – Wer kann denn in unserm Land noch schreiben, wer denn? – Und der Funk braucht das Wort, eigentlich eine klassische Disziplin – wenn man nur das Wort hat, definiert sich die Wirklichkeit sofort als eine radikale – und haben wir nicht die radikalste Wirklichkeit aller denkbaren Wirklichkeiten? *Kleine Pause.* Darauf muß man inhaltlich reagieren, da muß das Loch gefunden werden, der Pfropfen knallen. *Kleine Pause, er denkt nach.* Schon jetzt sehen Sie an mir eine – meine – die kindliche Sehnsucht nach Bildern, die große, die hungrige Sehnsucht nach Bildern – von der Ideologie sind wir satt, die hängt uns zum Hals heraus, die haben wir – über. Nein *kleine Pause,* nein, Bilder, Bilder und wieder Bilder, wir sind süchtig nach Bildern – anschauen – die harte Zeit der Bilderbücher. *Er lächelt.* Gehen wir davon aus heute, in der – *kleine Pause* die Kunst auch. *Kleine Pause, er schnauft.* Die Wirklichkeit definiert sich als eine radikale, ja? *Der Autor nickt.* Eben. Ich sage: die Radikalität der großen

Bilderbücher, die Sehnsucht nach dem farbigen ICH. – Radikale Form und radikaler Inhalt. – Seien wir mutig, solange wir es noch können. – Keine Rücksicht vor nichts und niemand, wir sind eine öffentlich-rechtliche Anstalt. Wir gehören niemand, seien Sie radikal! – Rücksichtslos gegen sich, radikal gegen das Ich. – I c h, hören Sie dem mal nach: ICH. – Das ICH hinter der schlammverschmierten Plexiglasscheibe – ausgeschaltet, ABgeschaltet, vereinsamt, ENTleert – ICH – die großen Augen hinter der Scheibe, starrend auf die wirklichste Wirklichkeit, die es gibt seit der Menschheitsgeschichte, aber: hoffnungslos, wirkungslos und getrennt, wohlgemerkt getrennt – handlungsunfähig, vereinsamt, ALLEIN! – Ich? *laut:* Seien Sie radikal hinter der Plexiglasscheibe, reißen Sie den Schleier *kleine Pause* – Ich kann *lächelt* ich kann in Bildern, nur noch in Bildern denken. *Kleine Pause.* Ist das typisch? Meine Wand, meine Bilder? Das Glas, das Plexi, die Schlammstellen, die Außenwelt, wessen Innenwelt ist das? Ich bin ein Intellektueller, Kopfarbeiter. Ich bin ich. Ich bin nicht das Gewicht der Welt, ich erhebe keinen Allgemeinheitsanspruch. Aber ich bekenne mich zu mir. Immerhin. Das Gewicht der Intellektuellen in unserer Welt, wir in unserer Ichigkeit *lächelt* Wir? – Ich, icher, am ichsten. Wer spricht nicht gern von sich? *Kleine Pause.* Geben wir es doch zu, sagen wir ja zu uns, stehen wir uns nahe, halten wir Geworfenen zusammen. *Schlaffer, leiser:* Seien wir doch alle radikal. *Pause.* Deshalb, jetzt frag ich Sie offen, jetzt sag ich es ehrlich – oder ich fang anders an. *Kleine Pause.* Wie ich gehört hab, daß Sie an einem Hörspiel arbeiten, daß Sie schreiben über – daß von Ihnen über die AGFA-Werke, die Schließung des Münchner Werks, darüber, was da passiert. *Kleine Pause.* Das ist ein Thema, da muß man drüber schreiben, das ist doch klar. *Kleine Pause, anerkennend:* Daß Sie da mitten im November bei der Demonstrationsveranstaltung – Willensbekundung im Sechziger-Stadion – das war doch ein eiskalter Tag oder? – daß Sie da hin und mit sind, alle Achtung! – Mit den Betroffenen, den Frierenden, den siebentausend – in meiner Zeitung waren es fünftausend, aber das macht ja nichts, Sie waren ja dabei. *Kleine Pause.* Wissen Sie, das hat mich schon damals gewundert: wenn in dem AGFA-Werk dreitausendzweihundert Mann ihre Arbeit – den Platz verlieren sollen, aus und Ende – daß da dann, wenn ich annehme, daß die BETROFFENEN alle da waren, daß dann bloß sage und schreibe, ich – ich gehe jetzt von meiner Zahl aus, daß dann da bloß achtzehnhundert andere waren. Verstehen Sie, was ich meine: das versteh ich nicht. Wenn mehr als dreitausend auf die Straße gekippt werden sollen, um ein sinnliches Bild zu gebrauchen, und die machen dann, nach Feierabend, eine große Protestveranstaltung – so wurde das von den Gewerkschaften angekündigt, drei Marschkolonnen, sternförmig – machen die das – machen die eine große – zum Stadion, und dort spricht dann wer weiß aller, vom Betriebsrat bis zum – was weiß ich – und da kommen dann, zu so einem Ding keine zweitausend aus andern Betrieben dazu. – Wissen Sie, da muß ich doch ehrlich fragen: Wer soll das HÖREN? – Wer soll denn das hören, wenn schon keiner mitgemacht hat? Klar, die Leute sind schwer auf die Beine zu kriegen. Nach Feierabend will der Kumpel sein Bier und seine Ruhe. Ich gönns ihm. *Kleine Pause.* Damit wir uns nicht falsch verstehen, ich hab gesagt, das Hörspiel wollen wir – kennenlernen, damit haben wir was zu tun, das betrifft uns, wenn es ihm gelingt, den Kern herauszuarbeiten. *Der Schriftsteller schaut aufmerksam.* Siebentausend? – Fünftausend? – Oder noch weniger? – *Kleine Pause.* Ich glaube, die Menschen sind müde, die Menschen sind erschöpft, die Menschen haben genug, die Menschen wollen nicht mehr. *Kleine Pause.* Ich habe Ihnen vorher gesagt: Ich steh zu allem, was ich gemacht hab – neue Innerlichkeit, die Herrn und Damen im weißen Anzug und dem hellen Sommerkleid, die durch die Ausstellung stolpern – das haben wir gehabt, das haben wir über den Sender geschickt. Wir müssen weiter. Nur, wohin? – Ich will in keine neue Diaspora, ich will nicht aus dem Intellektuellenminderheitenprogramm heraus und ins Proletenminderheitenprogramm hinein. Ich will die Masse, entweder ganz oder gar nicht. Man muß da radikal sein. *Kleine Pause.* Eine Menge, die man Masse nennen könnte, hat aber nicht für die von der Entlassung bedrohten AGFA-Kollegen protestiert *kleine Pause, er lächelt.* Sie schwindeln in Ihrem Manuskript, die Masse – die Masse ist nämlich daheim geblieben oder heimgefahren – die Einschaltquoten des Vorabendprogramms waren um kein Prozent niedriger als sonst und die U- und S-Bahnzüge überfüllt wie immer – alles war wie immer an diesem kalten Abend für die Masse – in dieser Stadt. *Leiser:* Die Unentwegten, die, die immer dabei sind, das konstante Protestpotential war da – und natürlich die dreitausendzweihundert Mann Belegschaft der zu schließenden AGFA-Werke – oder waren sogar die nicht vollzählig da? Auch die Betroffenen nicht alle? Wieviele? Wieviel Masse und wieviel Belegschaft war da und wieviel war nicht da?! *Laut:* Zahlen, radikal meinetwegen bis zum Erbrechen, aber Zahlen, Fakten, Maßstäbe – Wirklichkeit. *Kleine Pause.* Die meisten kriegen Sie doch erst dann auf die Straße, wenn es ihnen selber dreckig geht, wenn der eigene Arbeitsplatz bedroht ist. *Ehrlich.* Das müssen Sie doch zugeben, die Zahlen sprechen doch für sich. Wissen Sie, wieviele Werktätige München hat? Und wissen Sie, wieviele Gewerkschaftsmitglied sind! *Schaut.* Zwanzigtausend, fünfzigtausend, hunderttausend? – Oder mehr? – Sie wissen leider viel zu wenig. – Wenn Sie wenigstens dieses Nichtwissen radikal aus- und zur Diskussion stellen würden! – Aber wie kommt das in Ihrem Manuskript heraus, soll ich vorlesen? – Sie kennen es, genau. Ich auch. *Nickt.* Da kommt es heraus, als würde die ganze Stadt, als würde da eine ganze Stadt – als würde ganz München den Atem angehalten haben – als würde man diesen angehaltenen Atem als weißen Hauch – als Nebel sozusagen über – über der Stadt am frostigen klaren Novemberhimmel – sehen, gesehen haben – als würde sich da eine Bewegung, ein Zuspruch von allen denkbaren Seiten – Autofahrer, die nicht heimfahren konnten, weil die Tegernseer Landstraße kurzzeitig gesperrt war, schreiben Sie, die hätten Verständnis gezeigt – Sie sind ein Romantiker – Sie sind sogar romantizistisch, Sie sind *leiser* unehrlich! *Lauter:* Die von Ihnen zitierten Autofahrer haben »Verständnis« gezeigt – ja was heißt denn das? – sind sie ausgestiegen, haben sie das Auto stehen gelassen, sind sie mitmarschiert? *Leiser:* Sie haben gegähnt, gewartet, am Autoradioknopf gedreht, sie haben den Motor laufen lassen, damit sie nicht gefroren haben, und sie haben gehofft, daß der Spuk schnell vorbeigeht, die verstopfte Kreuzung frei wird, weil sie heim wollten. *Sehr leise:* es hat sie nicht betroffen – im Innersten! – Keinen, außer einem – und der sind Sie selber. *Pause.* Sie, den Intellektuellen, den Künstler, den Schriftsteller hat es betroffen – besser: getroffen – mitten in die Sehnsucht – die heißt, ich wär so gern ein Prolet geworden, wenn ich nicht so ungern früh aufstehen tät – Sie! – der so stolz ist, daß er ein Gewerkschaftsbuch haben darf, der sich mitten drin fühlt in den Kolleginnen und Kollegen – der den Zug der Zeit im Kreuz spürt – den Wind *lächelt, nickt* wenn die andern höchstens fröstelt im praktisch leeren, nullgradigen, nächtlichen Fußballstadion. *Kleine Pause.* Sie haben nicht von der Wirklichkeit, sondern von Ihrer Sehnsucht geschrieben nach – Solidarität *freundlich* nach Mut und Kampf und Kraft und Streik und Betriebsbesetzung! – Ich glaub, Sie sind ein kleiner »Wahrheitsunterdrücker« – denn die, denen man immer vorwirft, sie würden nur von sich schreiben, die geben es wenigstens zu, aber Sie – Sie – Sie jubeln sich in etwas hinein, was Sie erträumen, Sie benutzen die Arbeiterkl- schaft für Ihre Träume, für die Abreagierung Ihrer Ängste, Ihrer Frustrationen, Ihrer Komplexe – Sie benutzen die Arbeiterschaft für sich! – Sie unterdrücken, wenn auch unbewußt, das konzediere ich Ihnen gern, die Wahrheit – Sie fantasieren den großen Kampf, die große Bewegung, du lieber Gott, ich spüre es, wie Ihnen unterm Fröstelt das Herz warm wurde, als ein paar Chaoten vom Tribünendach ein Transparent herunterließen mit der so innig geliebten Weisheit: Alle Räder stehen still, wenn dein starker Arm es will! – wie Ihre Friedenstaube gurrte, als Sie lasen: Arbeit statt Raketen – und so weiter und so fort, wie wir das ja kennen. *Kleine Pause.* Das hat Sie persönlich, Sie ganz persönlich – ich glaube, Sie – Sie versuchen sich in diesem Text sozusagen unbewußt aber gewaltsam mit der Arbeiterschaft zu vereinigen. Ich bin auch ein Intellektueller – ich kann Sie schon verstehen, warum denn nicht – ich kann Ihre Sehnsucht spüren, körperlich spüren – ich hab Sie beim Lesen Ihres Textes frieren gesehen auf der Tribüne, ich hab Sie klatschen gehört – wenn der Betriebsratsvorsitzende den Firmeneigner – diesen Belgier mit dem ruhigen Namen – diesen Mann, der da, der – wie der Betriebsratsvorsitzende diesen Belgier zum zwanzigsten Mal einen »Unmenschen« genannt hat, einen »unmenschlichen Zyniker«, einen – Unmenschen eben – und Sie haben am lautesten geklatscht – Sie, der Herr Schriftsteller, waren dabei, endlich dabei – Sie sehnten sich nach dem erlösenden JA der Arbeiterkl- schaft – nach dem ja, du bist einer von uns, wir nehmen dich auf, du darfst mitmachen, die proletarische Seligsprechung – sozusagen, die wollten Sie doch, Sie schon. *Leiser:* Sie beschreiben in Ihrem Text nicht den Kampf der Menschen um ihre Arbeitsplätze, Sie – Sie beschreiben Ihre Sehnsucht danach, zu Ihnen zu gehören – warum? – aus dem normalen Minderwertigkeitskomplex heraus, den wir gegenüber der arbeitenden Bevölkerung haben – ich auch! *Kleine Pause.* Sie fantasieren eine normale, novemberabendliche Münchner Stadt, die heimwärts drängt wie immer! – in eine große Bewegung hinein, *nickt,* in ein Erwachen, ein die Fackel Anzünden, ein neues Bewußtsein – aber, *er schaut den Schriftsteller lang freundlich an,* das ist Wunschdenken – ist Utopie, das wollen Sie – Sie sind, das – *nickt* Sie wollen – wollen kopulieren mit der Arbeiter–»klasse« – Sie wollen sich freistoßen – den Denkerpickel ausdrücken – sich infizieren – impfen mit – dem proletarischen Atem der Geschichte – das intellektuelle Schnüpfchen mit dem *lächelt* Weltgeist kurieren *Pause, abgeschlaffter:* Ich glaube Ihnen kein Wort, keines in diesem Text, wenig, zu wenig, das langt nicht für eine Sendung, das langt nie – neinnein. *Pause, lauter:* Was ich Ihnen glaube, das ist – Ihre Sehnsucht, die glaub ich Ihnen. *Pause.* Und damit sind wir am Anfang *leise, ehrlich, ernst* radikal sein – doch, behaupten Sie nicht, Sie würden – im Gegensatz zu den andern *nickt* NICHT von sich, sondern von der Masse schreiben und von dem, was die Masse fühlt, will, denkt, tut. *Schreit:* Nein! – Schreiben Sie radikal, geil, offen, schonungslos, schreiben Sie von Ihrem innigsten Wunsch, mit der Arbeiter–»Klasse« kopulieren zu dürfen – schreiben Sie Ihre Sehnsucht als gute alte deutsche Prosa – ich sende das – in der Literatur am Abend, da gehört das hin – ich tu das, das tu ich. *Pause, er schnauft, er fängt sich, ruhiger:* Seien Sie offen, ehrlich, KLAR – wenn es auch weh tut, her mit den Wunden – her mit – schreiben Sie von Ihren kindlichen, hoffnungslosen Versuchen im theoretischen Suizid des ICH das befreiende, praktische WIR zu erlangen, ja – machen Sie sich frei, ich sende es, wenn Sie radikal Ihr Scheitern, Ihr Mißlingen, Ihr hoffnungsloses Werben darstellen, wenn Sie sich hinlegen, ausbreiten – EINLASSEN, was als Wirklichkeit in Ihnen drin ist – was nach Befreiung, nach Literatur schreit – ehrlicher, radikaler gehts nicht – die Zerreißprobe im Selbstversuch: die Sehnsucht eines deutschen Intellektuellen nach dem brutalen rücksichtslosen Zugriff der Masse – dem Koitus mit der Arbeiter-»Klasse« in diesem Fall – in Ihrem Fall ein kranker, gestörter – ein *entschuldigend* Neurotiker, gut – sehr gut *kleine Pause,* davon sollen Sie schreiben, davon – oder schreiben Sie von denen, die DAHEIM geblieben sind, schreiben Sie von den einhundertachtundneunzigtausend Daheimgebliebenen – der arbeitenden Bevölkerung, die nicht mitdemonstriert hat – an diesem kalten Novembertag in München, obwohl jeder zu entlassende AGFA-Kollege – sicher – ein Dutzend Nachbarn, Freunde, Verwandte hat – obwohl es seit längerer Zeit dick und breit in den Zeitungen steht – obwohl der DGB und die IG-Metall zusammen zur Demonstration aufgerufen haben. *Nickt:* schreiben Sie von denen, denen es an diesem gläsernen trockenen windigen Novemberabend zu kalt war zum Demonstrieren, schreiben Sie davon – schreiben Sie von sich und Ihrer innersten Sehnsucht und SCHWÄCHE oder schreiben Sie von den Daheimgebliebenen, Heimgefahrenen, Gleichgültigen *schaut den Schriftsteller an, weich* aber schreiben Sie nicht von den wenigen, die handeln *kleine Pause* das kann ich nicht senden. *Pause . . .*

Kemal Altun

Nein

Du Staat, du deutscher
vom 30. August 1983,
paß auf,
ich muß dir ein paar
Zeilen sagen,
es ist aus zwischen uns.
Staatenlos wär ich lieber
als Bürger von dir.

Staat, daß das Faß heut überlief,
an diesem milden Tag,
hat seinen Grund in einem Tod,
der an dir kleben bleibt.
Verdächtigt hab ich dich schon oft,
heut hast du dich bewiesen.
Die Nachricht war ganz kurz,
war sachlich. Schnell vorbei.
Heut früh ist einer
aus dem Fenster gesprungen,
der deinen Schutz wollte,
aus dem sechsten Stock des
Berliner Verwaltungsgerichts
und gestorben auf dem Rasen
hinter dem Haus.

Der zu uns kam und der nichts
wollte als bleiben dürfen, leben können,
atmen, der sprang heute aus deinem Fenster.

Jetzt liegt er im Gerichtsmedizinischen
und später kommt er in die Kühlkammer.
Wird dann weiter verhandelt,
ob nun, da mehr nicht übrig ist,
der Leichnam Asyl in deutschem Boden kriegt
oder auch der noch auf türkischen muß?

Ich kann dein Gesicht nicht mehr erkennen,
du deutscher Staat vom 30. August 1983.
Wie alt bist du?
Ich weiß von manchem Fenstersturz
als letztem Aufbegehren gegen
GESTAPO, KZ und Vergasung.
Für den, der jetzt tot ist,
hat sich die demokratische Welt eingesetzt.
Man bat, man flehte, man hoffte.
Woher wußte der Tote, daß
dieser deutsche Staat nicht zu rühren ist?
Kannte er die deutsche Geschichte so gut?

Für mich hast du heute getötet, Staat,
nicht selbst, noch nicht, doch hast
du einen Tod erzwungen, du lieferst aus –
als wüßtest du von GAR NICHTS –
Verfolgte eines Faschistenregimes
lieferst du an das Faschistenregime aus.

Staat, du hast so manchen alten Nazi
freundlich an deiner Brust,
wie konntest du dem jungen Demokraten
den Weg durchs Fenster weisen?
In welchem Namen kannst du sowas tun,
in welchem Auftrag?
In meinem auch? Bin ich dein Eigentum
so wie mein Paß? Ich will nicht mehr.
Will nicht mehr Bürger genannt werden
eines Staats, der mit Systemen paktiert,
die nach dem riechen, was auf den letzten
europäischen Schlachtfeldern zerrieben schien.
Ich will nicht mehr Bürger genannt werden
eines Staats, der sich mit jedem freundlich
beschnuppert, der nach Unrecht, Terror,
Folter, Blut und Elend riecht –
nach deutscher Vergangenheit also.

Staat du, vom 30. August 1983,
ich hab noch viel auf der Zunge,

aber es schändet nur den heute
von dir Getöteten, er allein wär genug zu sagen:
Staat, du bist der meine nicht mehr,
mir ekelt vor dir,
du aus altem Nazischoß gekrochner
groß gewordener Bastard.

Mag sein, die Zeilen sind verbittert,
maßlos auch und haßerfüllt,
und sie entzwein mich mit mir selbst.
Ich kann nicht anders.
Als heut die Nachricht kam,
nach dem Mittagsglockenläuten,
war dieser Sprung aus dem Berliner Fenster
mir zuviel.
Ich schäme mich.

Heimat? – Ich möchte staatenlos sein,
ein Ausgewiesener wenigstens,
die Zeit ist doch gekommen, daß man sagt:
bis hierher ist zuviel.
Mir brennt die Stirn.
Der Sprung des jungen Türken in den Tod,
der ist von mir auch mitverschuldet.
Staat du, vom 30. August 1983,
ich schwieg zuviel von dir,
und tat zu wenig gegen dich.
Das muß sich ändern.

Ausländerdeutsch

Eng zusammen ein Mann und eine Frau, die sich sehr ähnlich sehen, in einer kleinen Wohnung der Einsamkeit. Der Mann schweigt.

DIE FRAU *lacht hell, schaut, lächelt, wirft den Kopf zurück.* Nein, das tu ich nicht, weil ich nimm die Pille nicht – weil ich nicht noch dicker werdn will. *Sie lacht.* Verstehst – *kleine Pause* dick ist bloß in deiner Heimat schön, oder auch ned? *der Mann lacht* – hier bei uns is es jednfalls nicht schön, und deswegn nimm ich die Pille nicht, weil die zieht das Wasser, und wo das Wasser is, da is das Fett nicht weit! *Sie lacht. Kleine Pause, sie schaut ihn an* Das tät ich dir gar nicht sagn, wennst es verstehn tätst – verstehst du mich? *Der Mann lacht.* Ihr verstehts mehr als man glaubt, gell, da muß man aufpassn bei euch – *der Mann lacht, nickt – Pause.* Soll ich uns eine Musik auflegn? – Was Türkisches hab ich nicht, aber ich hab was Griechisches, soll ich das auflegn? *Der Mann ist sich nicht sicher* Entschuldigung, gell! *Sie lacht, wie sie denkt, daß man wissend ertappt am besten lacht* Ihr seids ja im Streitn, die Griechn und die Türkn. *Der Mann nickt, aber er lächelt auch.* Das weiß man bei uns nicht so genau, weil die Türkei is doch weit weg, obwohl man mit der Touropa sogar hinfahrn kann inzwischen, *Pause.* Ich tät aber lieber nach Griechenland fahrn, einfach so weil – fahrn mir nach Griechenland? *Der Mann schaut* – Fahrn mir zwei einmal nach Griechenland, du und ich? *Der Mann nickt nicht recht glücklich, Pause* – Das is aber schon so nah an der Türkei, gell, daß es unhöflich wär, wenn man bloß nach Griechenland fahrn tät? *Der Mann lächelt, kleine Pause.* Das versteh ich schon, so dumm bin ich nicht – *kleine Pause* – Ich red viel, gell *der Mann lächelt* aber mir sind in Deutschland, und die deutsche Frau redet gern – und in Deutschland redt man deutsch, da kann man nix machen, wenn mir in Griechenland sein tätn, dann tät man griechisch redn und in der Türkei türkisch – *Pause, sie schaut ihn an.* Eigentlich is es ja Zeit gwesn, daß ich einem wie dir über den Weg lauf, wo es so viele von euch bei uns gibt – mir haben nämlich in Deutschland einen Frauenüberschuß. *Sie lacht hell auf.* Habts ihr in der Türkei auch einen Frauenüberschuß? *Der Mann lacht.* Sagst es ned, weil es dir – du bist ein Moslem, gell, die redn ned gern über Frauen, die sind alle *lacht laut* schwul, gell? *Der Mann versteht nicht recht.* Du nicht, hab ich recht? *Der Mann nickt, ziemliche Pause.* Auch die deutsche Frau hat eine Ehre, auch wenn man es nicht gleich erkennt, weil sie keinen Schleier trägt – Kulturkreise nennt man es, mir ham einen verschiedenen Kulturkreis, mir zwei. *Sie lacht laut, der Mann lächelt, Pause.* Ehe gibts aber schon bei euch, gell? *Der Mann nickt.* Bei euch gibts keine Vielweiberei? – drei, vier Frauen für einen einzigen Mann? – *Der Mann schüttelt den Kopf.* In Deutschland gelten deutsche Gesetze, das is eh klar. *Kleine Pause.* Kann ein Moslem heiraten, richtig mein ich? *Der Mann nickt.* Eine Frau heiraten, die er sich selber aussucht, weil er sie liebt? *Der Mann nickt.* Und is die Ehe dann auch gültig? *Der Mann nickt.* Und verstoßen kann er sie nicht? *Der Mann versteht nicht.* Wie es heißt, daß er dreimal zu ihr sagt: ich verstoße dich – dreimal muß er es sagen, und dann muß die Frau gehn? *Der Mann schüttelt den Kopf.* Obwohl die Ehescheidung in Deutschland auch anders worden is, da kann eine Frau treu sein, wie sie will, wenn der Mann nimmer mag. *Pause.* Wie ist das in der Türkei? – anders gell? *Der Mann schaut, lächelt.* Oder könnts ihr doch soviel Frauen heiraten wie ihr wollts, daß auf eine mehr oder weniger gar ned ankommt? – *Der Mann schüttelt den Kopf, Pause.* Wie viele Frauen kann ein Moslem heiraten? *Kleine Pause.* Aber mir tän eh da in Deutschland bleibn, dann wär das kein Problem, weil wie es bei uns is, das weiß ich besser wie du – da tätst mir schon nix vormachen können. *Der Mann nickt, Pause.* Gfallt es dir bei uns? *Der Mann nickt.* Deutschland is schön, gell? *Der Mann nickt.* Is Deutschland genauso schön wie die Türkei. *Der Mann lächelt.* Brauchst es nicht sagn, jeder Mensch liebt seine Heimat mehr wie alles andere, außer wenn er eine Familie hat. *Der Mann lächelt, nickt, kleine Pause, ziemlich unvermittelt:* Könntest du dir vorstelln, daß du mich ned bloß bumsen tätst, sondern länger. *Kleine Pause.* Daß du überhaupt eine deutsche Frau heiraten tätst. *Kleine Pause.* Es muß ja ned ich sein, sondern allgemein – *der Mann lächelt und nickt.* Ich auch? *Der Mann nickt, kleine Pause.* Und wenn ich es doch einmal vergiß und versehentlich ein Schweinernes mach, dann schmeißt es mir an die Wand? *Der Mann lacht.* Weißt du, wie teuer Lammfleisch ist, und wie weit man laufen muß, bis man eines kriegt? *Der Mann nickt, Pause.* Aber mit ein bißl einem guten Willen tät man sich schon verständigen können beim Essen, oder? *Der Mann nickt, Pause* – Tätst du dir wirklich vorstellen können, daß mir uns heiratn? *Der Mann nickt, kleine Pause.* Ich auch, wenn mir in der Türkei lebn tätn. *Kleine Pause.* Aber in Deutschland geht das nicht zur Zeit *kleine Pause* geht es in der Türkei? *Der Mann nickt.* Wenn ich in der Türkei sein tät? *Der Mann lächelt.* Brauchst keine Angst habn, ich geh eh nicht in die Türkei, ich mein bloß wenn. *Der Mann nickt.* Wo ich sogar oft Schwierigkeitn hab, daß ich mich bei uns als deutsch durchsetz, ich weiß auch ned warum – vielleicht weil ich dunkel bin, zu dunkel für hier eigentlich. *Sie lacht.* Tät man mich in der Türkei erkennen? – jederzeit erkennen, mein ich, daß ich eine Deutsche bin? *Der Mann nickt.* In Deutschland erkennt man mich nicht immer, erst wenn ich den Mund aufmach, das is klar. *Sie lacht, der Mann lächelt.* Glaubst es mir nicht? – aber es is so. *Pause.* Ich will bei uns hier keine türkische Familie werdn, das tät ich nicht verkraftn. *Kleine Pause.* Die Türkei ist – fortschrittlich gesprochen noch weit zurück, gell? Da können mir so schnell noch nich hingehen, gell? *Der Mann weiß es nicht, oder er sagt es nicht.* Oder ist da alles besser? *Der Mann verneint deutlich.* Ich hätt auch keine Veranlagung für eine Türkin, da bin ich sicher – wie sind denn die türkischn Fraun? *Der Mann weist auf sie.* Willst mich belei – das is kein Kompliment, das mußt schon verstehn, daß das kein Kompliment is – obwohl ich auch schon gutaussehende türkische Frauen im Fernsehen gesehen hab. *Der Mann nickt.* Aber wenn mir hier bei uns eine türkische Familie begegnet, dann tut mir die Frau meistens leid. *Der Mann schaut.* Der Mann stolz voraus und sie mit ihre Tücher und Röck und Fetzn wie ein Packesl hinten nach – mir tätn schon nebeneinander gehn, daran tätst dich gewöhnen müssen. *Der Mann lächelt und nickt, kleine Pause.* Die türkischn Männer sind nicht häßlich, ich find sogar, daß die Türkn, wo am häßlichstn sind von euch, immer noch nicht so häßlich sind wie die häßlichstn von uns. *Sie unterbricht sich, denkt nach.* Weil ihr von Natur aus braun seids, also keine Neger, sondern braun, ihr habts eine bessere Hautfarb, mir sind nicht so farbig wie ihr, mir sind wie gspiebn im Winter, das is auch nicht schön, da habts ihr einen Vorteil. *Der Mann lacht.* Der Süden genau, südlich – bin ich südlich? *Der Mann lächelt und nickt.* Ich bin nicht südlich, das weiß ich genau, leider, ich bin deutsch – zumindest was die Haut anlangt. *Kleine Pause.* Aber sonst auch, fleißig vor allem – habts ihr so saubere und fleißige Frauen wie bei uns? *Der Mann nickt.* Lobst deine Heimat, hast recht. *Kleine Pause.* Vielleicht kennst den Unterschied gar ned zwischn sauber und schmutzig. *Kleine Pause, sie schaut ihn an, der Mann ist unsicher.* Des hab ich jetzt nicht persönlich gmeint, des hab ich mehr bloß allgemein gmeint, weil daß du sauber bist, das is mir schon klar, das weiß ich schon, sonst hätt ich dich überhaupt nie in meine Wohnung lassn. *Pause.* Ich find auch, daß mir gut zampassn tätn, das hab ich mir gleich denkt, wie ich dir in der Kantine zum erstn Mal übern Weg glaufn bin, daß mir zampassn tätn. *Der Mann schaut, sie lächelt.* Ich beobacht dich schon länger. *Dem Mann ist nicht wohl bei dem Gedanken.* Da brauchst nicht gleich so schauen, bei uns is das normal, daß sich auch die Frau den Mann anschaut, das is ganz normal bei uns, mir sind ja nicht *lacht* in Mohammeds Land, oder wie das heißt – sei froh, sonst tätst du jetzt nicht in meiner Wohnung sitzn, oder? *Der Mann nickt etwas.* Ebn! *Kleine Pause.* Tätst du mich – tätst du dir vorstelln können, daß du mich heiratst, wenn mir nicht in Deutschland wärn, sondern in der Türkei? *Der Mann schaut, dann nickt er.* Auch dann, wenn ich keine Türkin wär, sondern eine Deutsche – in der Türkei eine Deutsche und du ein Türke in der Türkei? *Der Mann schaut.* Weil daß ein Türke in Deutschland eine Deutsche heiratn tät, kann sein, aber in der Türkei? *Pause, der Mann schaut, lächelt, ist verlegen.* Oder tätst du mich auch bloß in Deutschland heiraten, weil mir da nicht in der Türkei sind? *Pause, der Mann denkt nach, dann verneint er.* Ich tät dich eigentlich auch mögen, und weil ich sowieso bisher selten jemanden mögen hab, der wo zu mir paßt, weil er mich auch mag *kleine Pause* tät ich dich auch heiraten, irgendwo *lächelt* es muß ja nicht in der Türkei sein, die Welt is groß, irgendwo ebn, aber in Deutschland momentan nicht, weil die Heimat die Heimat is, die darf man nicht verraten. *Sie lacht, kleine Pause.* Wenn es nach mir gehn tät, tät es keine Grenzn gebn auf der Welt, bloß zwischen gut und schlecht, aber mehr nicht. *Der Mann nickt, kleine Pause.* Gibts aber nicht, weil mir uns im falschn Land kennenglernt haben, da kann man nix machn. *Der Mann lächelt, sie nickt, Pause.* Kennt man das aufpassn in der Türkei auch? – Liebe, mit nix Baby? *Der Mann nickt.* Mußt es mir versprechn, daß du aufpaßt. *Der Mann nickt.* Ich will keinen kleinen Türken, auch wenn es ein Mensch is wie jeder andere – aber bei uns nicht. *Kleine Pause.* Ich laß dich, wennst mich nicht festnagelst. *Lächelt, leise:* damitst meinen guten Willen siehst, auch wenn ich keinen kleinen Türkn will, weil der unpäßlich is in der momentanen Zeit. *Der Mann nickt, Pause.* Tätst du mich wirklich heiraten? *Der Mann nickt.* Ich tät nämlich schon auch Kinder wollen, aber es sollen eben deutsche Kinder sein, oder? *Der Mann schaut.* Das kann man doch verstehn, wenn man ein Hirn hat. *Der Mann nickt.* Ich hätt Angst, wenn ich bei uns mit einem Türknkind durch die Straßn lauf. *Kleine Pause.* Ich will kein Türknkind, weil ich hätt Angst vor die Deutschn, wenn das Türknkind mein eigenes wär – *Der Mann schaut, kleine Pause.* Oder?

Zerreißprobe

Zu Hause, im Wohnzimmer, vor einem Spiegel, alles macht eine gepflegte, kleine Atmosphäre, die Vorhänge sind zu.

DER MANN *geht wie auf einem Laufsteg auf und ab, verbeugt sich, steht, wartet.* Das is die Nummer 1 – 1 – 2 – 6 – 9 – 3, die ham wir jetzt schon bald zwei Jahre auf der Station, insofern kann man grad bei diesem Exemplar die Langzeitfolgen recht deutlich sehen. – Zwei Jahre schon? – Ja, fast. Es wär bei diesem ja nicht mehr ganz jungen Exemplar sogar denkbar, daß wir ihn für ganz dabehalten. Jetz schaun mir uns einmal die Veränderungen an. Tun Sie sich einmal ausziehen. *Tut es.* So, na jetz kommens nur her, mir beißn ja nicht. Wie schauts denn mit der Größe aus. Aha, ja man kann immerhin sagen, daß das Exemplar seit der Einlieferung um fast drei Zentimeter kleiner geworden ist. Auch der Knochenbau ist rückläufig, das sieht man vor allem an den Schulterpartien und am Becken. Na, schiebens das Becken einmal vor, daß man das messen kann. *Tut es.* So, da hamma ganz beachtliche Verformungen. Langens nur her, Herr Kollege, das macht nix. Spüren Sie es. – Tatsächlich, hochinteressant, wenn man bedenkt, daß Sie das Exemplar ja eigentlich nur in Untätigkeit halten und zum Beispiel, wenn ich Sie richtig verstanden hab, keine Medikamente dem Futter beifügen. – Nein, gar keine, es ist eine reine Stillstellung, also sowohl Untätigkeit, darauf ist besonders sorgsam zu achten, und der damit bedingte Isolationseffekt, die Separierung von den andern Artgenossen. Mehr ist das eigentlich nicht, wir füttern reichlich, auch die Unterkunft ist zwar nicht komfortabel, aber ausreichend. – Das muß ich mir schon genauer anschauen. – Ja, vor allem ist auch noch inzwischen eingetretener Haarausfall zu beachten, der ja ganz enorme Maße angenommen hat. Das ist vor allem auf einen gewissen Vitaminmangel zurückzuführen, weil wir die Kost natürlich – obwohl ausreichend – bei den hochwertigen Produkten eingeschränkt haben. Ist übrigens kein Problem, das Exemplar verlangt selber nicht viel Futter. Das kommt vermutlich aus einer gewissen psychotischen Grundstimmung, die mir aber ja grad untersuchen wollen. Jetzt eigentlich das Wichtigste: wie schon beim Menschenaffen zu beobachten war, läßt die libido sexualis in Gefangenschaft nach. Ebenso bei diesem Exemplar unter den Versuchsbedingungen, wie wir sie haben. Aber das is ja eigentlich nichts Neues. Nun, wenn ich Ihnen einmal den Effekt vorführen darf, bitte *er lächelt verlegen* seins doch einmal so gut, und zeigens dem Kollegen die Veränderung des, Sie wissen schon. *Leise:* Das tut er nicht gern, wenn ihm wer zuschaut. Aber er is ja brav. *Er beginnt zu onanieren.* So, jetz hamma gleich die volle Erektion, und da sind die alten Meßwerte, schauns selber. *Leise:* Hier sind die Rückbildungen also wirklich vehement. Jetz langts schon, danke. Meßn mir einmal. *Mißt sich.* Sehen Sie, und jetzt vergleichen wir die Ausgangswerte. – Unglaublich. *Lächelt.* Ja, ich hätt es auch nicht gedacht. So, zum Schluß will ich Sie noch auf die Knotenbildung im Mastdarmbereich hinweisen. Tun Sie sich auf den Tisch legen, und die Beine auseinander und schön entspannen. *Lächelt* Sie kennen des ja schon, gell! *Tut es, langt sich dann selber in die Afteröffnung.* Langens nur hinein, das muß er schon aushalten. Spürn Sies? Ja? *nickt* Eben, da sind doch ganz deutliche Veränderungen festzustellen. Ob das jetz bösartig is, werdn mir nächste Woche mit einer Gewebsentnahme prüfen, sicher is jedenfalls, da geb ich Ihnen mein kollegiales Ehrenwort, bei der Einlieferung war dieser Bereich vollkommen normal. – Worauf führen Sie die Veränderung zurück? – Ich glaub, es ist eine körperliche Manifestation der aus der Isolation und Stillegung gewonnenen Depression. So! – Sie können sich wieder anziehn und wir gehen weiter. Mir ham noch mehr Exemplare, die es wert sind, daß man sie einmal unter die Lupe nimmt. Kommens, Herr Kollege! *Er schnauft, er steigt vom Tisch herunter, er schaut sich um, er geht zum Spiegel, er schaut hinein und fängt richtig zu onanieren an. Arbeitsloser Wichser, arbeitsscheuer Spinner! Feige Sau! Macht einige Zeit lustlos weiter, ändert dann Ton und Haltung, schlägt sich auf die Stirn, schnauft, versucht wieder ›Boden unter seine Füße zu kriegen‹, Pause.* Ich will einen Arbeitslosenjudenstern. Ich will, daß man mich sieht. Wenn mir uns nicht bemerkbar machen, dann werden mir nicht gesehn. Von denen, die Arbeit haben, können mir keine Hilfe erwarten. Arbeit ist Brot. Der

Hungernde ist der natürliche Feind des Satten. Das ist ein Gesetz. Wer es nicht einhält, der kommt unter die Räder. *Kleine Pause.* Ich will, daß man mich sieht. Man soll mich sehen, immer und überall. Ich will einen Arbeitslosenjudenstern. Das muß bluten, das muß immer bluten. Ich will, daß man mich erkennt, ich will, daß man mich sieht. Wer ist noch arbeitslos in der U-Bahn, wer ist noch arbeitslos im Kino in der Nachmittagsvorstellung, wer ist noch arbeitslos auf dem Bahnhof am Vormittag, im Stehausschank. Wer noch außer mir? Jeder muß schrein: Hier bin ich, es gibt mich, ich hab keine Angst mehr, ich hab meinen Ekel vor mir besiegt. Ich bekenne mich, ich bin unschuldig verurteilt. Und ich finde mich mit diesem Urteil nicht mehr ab. Gebts mir meine Arbeit zurück, oder mir zünden euch die Arbeitsämter an, mir blockieren die Ausfallstraßen und legen den Flugverkehr lahm, mir setzen uns auf die Eisenbahnschienen und schneiden die Überlandkabel durch. Beim Arbeitsamt vertrösten lassen, is keine Lösung, daheim sitzen und fernsehen is keine Lösung. Das Arbeitslosengeld versaufen is keine Lösung, sich umbringen is auch keine Lösung. Bloß jammern is keine Lösung. Mir wollen einen Arbeitslosenjudenstern. Den tragen mir und mit dem schlagen mir zu. *Kleine Pause, er ändert wieder den Ton, lächelt.* Jetz wars doch gut, daß mir so tan ham, als tätn mir gehn, und ihn in Sicherheit gewiegt haben, daß er ned beobachtet wird. *Kleine Pause.* Wenn er sich ned beobachtet fühlt, dann möcht er die Krallen zeigen, der Lauser! Ja, was war denn das, ha? *Er schlägt sich mit einem Stöckchen.* Zeig die Pfoten her! Genau. Und wenn ich auch nur ein Krallerl seh, dann hau ich dir so hinauf, daßd es nicht vergißt. *Kleine Pause.* Hören Sie ihn brummen? Das is typisch. *Lächelt.* Da brauchens ned so vorsichtig sein, der tut nur so, der is vollkommen ungefährlich. *Er macht Tierlaute, Drohlaute.* Mir geht es ja bloß darum, daß meine Hypothese erhärtet wird: im Laufe der Behandlung schmilzt sozusagen das Menschliche am Versuchsobjekt, und das Tierische gewinnt wieder die Oberhand. Jetzt gib ich ihm ein Zuckerl, und dann is er still. *Er schreit wie wahnsinnig auf, gebärdet sich wie wild.* Keine Angst, der kann ned beißen, mir ham sein Gebiß kassiert, eine normale Sicherheitsmaßnahme. *Tut laut.* Au, aua, au, laß mich aus du Mistviech, läutens die Alarmsirene, schnell, läutens, bevor er mich zamfrißt. Aua! Auuuu! *Kleine Pause, wieder zum Spiegel, ruhig:* Arbeitsloser Wichser. Spinner, arbeitsscheuer. *Kleine Pause.* Wer bist du? – Ich bin ich. – Soso. *Nickt, hält sich den Kopf, schnauft, wartet.*

Osterlamm

Ein normal eingerichtetes Wohnzimmer, in einer ordentlichen Wohnung, ein paar bunte Ostereier auf dem Tisch.

ER Zwischen zwei Weihnachten liegt ein Ostern. *Kleine Pause.* Fröhliche Ostern! *Pause.* Zwei Weihnachten hab ich schon hinter mir, ohne! Da schaff ich das zweite Ostern spielend.

SIE *schweigt.*

ER Fröhliche Ostern. Hat am Tag der Wiederkunft kein Mitleid die Frau, mit dem eigenen Mann. *Pause.* Hast du mir keine Ostereier versteckt, zur Ablenkung. Renn ich in der Wohnung herum und du machst ›warm kalt‹. *Pause.* Ostern ist das Fest der Schmerzen und der Liebe. Oder? Liebst du mich noch? *Kleine Pause.* Du liebst mich nicht mehr, das is mir nicht entgangen. Niemand entgeht das. *Kleine Pause.* Von dir geht ein Ekel aus mir gegenüber, der is nicht zum übersehen. *Kleine Pause.* Graust es dir vor mir? Brauchst es bloß sagn? *Pause.* Jesus hat vierzig Tage in der Wüste gefastet. *Pause.* Wo ich erst neun Tage hab. Bloß meine Heimsuchung dauert schon länger. Die dauert jetzt schon das zweite Jahr. Und die Wüste ist mir zu weit. Aber wenn ich durch den Hertie renn, damit die Zeit vergeht, und mich am Bahnhof zwischn die Ausländer sitz, als wenn ich einer von ihnen sein tät, das is Wüste genug. *Kleine Pause.* Ich bin mir genug in der Wüste. *Pause.* Ich friß erst wieder einen Bissen, wenn ich eine Arbeit hab. Ich hab es dem Herrn auf dem Arbeitsamt gsagt: Paß auf, Freunderl, so machts ihr mit mir nicht weiter. Das geht mir jetz schon zu lang so, das durchschaut der größte Depp. Und der größte bin ich nicht, das merkts ihr euch. Ich stell euch jetzt vor die Wahl: entweder eine Arbeit, oder mein Tod. Könnts es euch aussuchen. *Kleine Pause.* Schulterzucken, mehr war ned. *Pause.* Aber ich freu mich schon, wenn ich in der nächstn Woch wieder hingeh. Immerhin drei Kilo, das is kein Pappenstiel, wo ich eh ned der Stärkste war. *Pause.* Seit ich nix mehr friß, graust es dir vor mir? Gell! Das is ned die Art von Widerstand, der wo der Dame paßt.

SIE *schweigt.*

ER Auch der Herr Jesus hat eigentlich Selbstmord begangen, weil er hätt ja die Macht ghabt, daß er sagt: dieser Kelch soll an mir vorüber gehn, ich will ihn nicht saufen. Wenn er Gott ist, kann er das. Oder? Aber nein, hat er sich gsagt, das tu ich nicht. Ich nimm die Sünden der Welt auf mich und laß mich kreuzigen. Die Arbeitslosigkeit hat er nicht mitnehmen können, die hats damals noch ned gebn. *Pause.* Ich tät mich opfern, aber mich kreuzigt ja keiner. Uninteressant bei mir, das Opfer. Da muß ich es eben selber tun, wenn ich kein Pilatus find, der mich verurteilt. *Pause.* Gott hat seinen Sohn geopfert, weil das was is?! Wieviele Mütter ham in Rußland ihre Söhne verlorn! Freilich, die warn ned Gott, und Jesus war Gottes Sohn! *Kleine Pause.* Aber zugleich war er ein Mensch, »Mensch geworden«, das is doch der Witz dabei. *Kleine Pause.* Das kann mir nicht imponieren. Ich tät jederzeit für die Erlösung der Welt – der ganzen Welt – man stell sich das einmal vor – jederzeit tät ich mich dafür kreuzigen lassen. Sogar mit leerem Magn. *Pause, er schaut sie an, aber sie reagiert nicht.* Fröhliche Ostern! *Pause.* Wo sind die Eier, suchsuch! Wo is die Arbeit, suchsuch! Wo is die *betont es:* Würde, suchsuch! *Pause.* Und ist auferstanden von den Toten am dritten Tag. Wann steh ich wieder auf, wo ich schon anderthalb Jahr tot bin? *Pause.* Ich stink schon, gell? Fortgeschrittene Verwesung, da is der Lazarus ein Scheißdreck dagegen. *Pause.* Fröhliche Ostern, hab ich gsagt. *Pause.* Traust deim Mann nix zu, gell? Denkst dir jedn Tag: morgn frißt er wieder, das halt er ned aus. Morgen frißt er wieder. Denkst an dich und deine Friß-die-Hälfte-Tage, wost ned ausghalten hast. Neun volle Tage! *Pause.* Das Osterlamm bin ich.

SIE *schweigt müde, manchmal feindselig.*

ER Schweigt sich aus, die Dame. Mit dem Irrsinn ist kein ewiger Bund zu flechtn, denkt sie sich im Hinterstübchen, und packt die Koffer. *Kleine Pause.* Wo man dir was bietet. Willst noch mehr. Glaubst mir nicht? *Kleine Pause.* Paß auf! *Er rennt aus dem Zimmer, holt einen Hammer und Nägel und ein Wandkruzifix, kommt rasch zurück, schwingt die Sachen triumphierend.* Da is ein Hammer und da sind Nägel *hält ihr das Kruzifix hin* und so schaut die Sache aus. Jetzt

brauchen mir nur noch ein Kreuz für mich. *Schnauft.* Aber
das kriegn mir mit ein bißl Fantasie auch noch. *Er nimmt ein*
Bild von der Wand, kriegt damit eine große Fläche, holt
einen Buntstift, steigt auf einen Hocker, den er an die Wand
gestellt hat, und malt mit Farbe auf die weiße Wand ein
großes Kreuz. Kann man es erkennen? *Nickt.* Genau. Jetz
stell ich mich auf den Hocker und los gehts. *Stellt sich auf*
den Hocker und breitet die Arme auseinander. Siehst, wie
ich dasteh! Jetzt nimmst die Nägel und schlagst sie mir
durch die Händ und die Füß. Und wenn ich aua schrei, dann
darfst mir den Hammer gleich auf den Schädel haun.
Wetten, daß ich es aushalt?! *Kleine Pause.* Auf gehts.

SIE *reagiert nicht.*

ER Bist feig und traust dich nicht? Schau, wie ich dasteh! Der
Jesus is ein Dreck dagegn, oder? Hau zu, immer rein mit die
Nägel in mein Fleisch und Blut. Steckst einmal du mir was
hinein und nicht umgekehrt. Kannst dich rächen. *Kleine*
Pause. Magst ned?

SIE *schnell:* Ich hau immer danebn, das weißt doch.

ER Genau, ich bin der Heimwerker. *Kleine Pause.* Hilf mir,
man muß einen guten Willen haben. Herr, laß diesen Kelch
an mir vorüber gehen. Aber nicht mein, sondern dein Wille
geschehe. Also nehme ich die von dir vergessene Arbeitslosigkeit dieser Welt, oder wenigstens die Arbeitslosigkeit der
zweieinhalb Millionen Deutschen auf meine Schultern und
nehme dieses Übel hinweg von dieser Welt. *Kleine Pause.*
Hilfst mir nicht, auch wenn es für einen guten Zweck is?

SIE Nein.

ER Genau. Ohne Schuhe geht es besser! *Reißt sich die Schuhe,*
dann die andern Kleidungsstücke vom Leib, läßt bloß die
Unterhose an mit dem Hinweis: Als Lendenschurz.

SIE *nickt.*

ER Was fehlt noch? Dreimal darf man raten! – Die Krone, die
Dornenkrone fehlt, wenn man sich auskennt. *Überlegt.*
Einen Stacheldraht tät ich brauchen, ein Stück wenigstens.
Kleine Pause. Hast du einen Stacheldraht, wo du mir leihen
kannst?

SIE *kurz:* Nein.

ER Dann tun mir drauf verzichten, weil es unnötig is. Auf
gehts! Der Jesus hat seine Helfer ghabt. Ich muß alles selber

tun, das zählt mehr wie ein bißl Stacheldraht! *Er rennt barfuß auf seine Nägel zu, schreit plötzlich:* Aua, aua sag ich! *Schaut sie an.* Ich hab mich verletzt.

SIE *schaut auf.*

ER Da sind Reißnägel zwischn die richtign Nägel. Die hast du hinein tan, gib es zu, wo ich immer sag: tu mir keine Reißnägel zu die richtign Nägel, da langt man hinein und sticht sich. *Kleine Pause.* Schau, ich hab mir einen Reißnagl hineintretn. Schau!

SIE Tust dich ebn mit Reißnägel kreuzign, warum denn ned.

ER Weh tut es. Ganz hinein, schau.

SIE Drin is er. *Nickt.* Fehlen noch drei.

ER Es tut weh.

SIE Man muß klein anfangen.

ER Soll ich es aushaltn?

SIE *nickt.*

Pause

ER Oder soll ich lieber weiter fasten, weil beides is vielleicht zuviel.

SIE Wiest willst.

ER Herausziehn, bitte.

SIE *nickt, steht auf, geht raus, kommt mit Hausapotheke wieder, kniet vor ihm nieder, er streckt ihr den Fuß hin, sie zieht ihm den Reißnagel heraus, stillt ein bißchen das Blut und macht einen kleinen Verband, dann nimmt sie alles wieder, packt es bedächtig ein und trägt es wieder weg.*

ER *sitzt in seiner Unterhose, mit seinem Verband da, starrt auf seinen Fuß, starrt auf das Kreuz, die Unordnung, die er gemacht hat.*

SIE *kommt zurück.*

Große Pause.

ER *starrt auf das Kruzifix.* Er macht sich lustig über mich, merkst es. *Kleine Pause.* Schau, wie er mich anschaut. *Kleine Pause.* Genauso wie du. *Pause, er schaut sie an, schaut das Kruzifix an, steht auf, humpelt zum am Boden liegenden Hammer, geht damit zum Kruzifix und schlägt der Figur mit mehreren Schlägen den Schädel ein.*

Große Pause

ER Red mit mir, sonst gehts dir genauso.

Große Pause

ER Redn sollst mit mir.

SIE Was denn?

ER Irgendwas, sonst schlag ich zu.

SIE Glaubst, daß das was nutzt?

ER Und wenn ich es nimmer aushalt?

sie *schweigt.*

ER Man kann den andern ned im Regen stehn lassn.

SIE Wenn er es naß will.

ER Will nicht.

Pause

ER Red mit mir, sonst weiß ich nimmer, was ich tu.

SIE Weißt es doch jetzt auch ned.

ER Aber es kann noch schlimmer kommen.

SIE Von mir aus.

ER Hast keine Angst?

SIE Nein.

Große Pause

ER *schlägt sich selber links und rechts ins Gesicht, mehrmals.*
Gut so?

SIE Nein.

ER Wennst nicht mit mir redst, dann mach ich weiter.

SIE Du brauchst doch niemand, der mit dir redt. Du spielst
deine Rolln, vor dir, vor mir, vor andere. Du brauchst Zuschauer, aber niemand, der mit dir redt.

ER Jeder wie er kann.

SIE Kannst ganz schön viel in der letzten Zeit. *Nickt.*

ER Anderthalb Jahr is eine lange Zeit.

SIE Ja.

ER Tätst du mir deine Arbeit gebn und für mich daheim
bleibn, wenn das gehn tät.

SIE Nein.

ER Liebst deine Arbeit mehr wie mich?

SIE Ja.

ER Ich auch. *Pause, verzweifelt:* Geh endlich, daß die Trennung vollzogen is. Ich wart jeden Tag darauf, daß du sagst:
Ich halt es nimmer aus, ich geh. *Pause.* Wie leicht soll ich es
dir noch machen, bis du das sinkende Schiff verläßt?

SIE Ich hab einen langen Atem.

ER Aber ich nicht. *Pause.* Wartest, bis ich restlos unterge-
gangen bin und man nix mehr von mir sieht?

SIE *schweigt.*

ER Warum?

SIE *nach einer kleinen Pause:* Soll ich was kochen?

ER *laut:* Nein! *Kleine Pause.* Nimmst mein Fleisch und Blut. Das is ein Sonderangebot.

SIE Ich hab eine Kalbsleber kauft.

ER *schaut.* Hiermit löse ich das heilige Sakrament der Ehe. »Bis daß der Tod euch scheidet!« Ich bin geschieden. Ausge- schieden. Das kann ich jederzeit beweisen. Der Weg is frei. *Kleine Pause.* Hau ab! In meiner Zinkwanne is kein Platz für zwei.

SIE Eine Kalbsleber mit Äpfel, Zwiebel, Kartoffelbrei und grünem Salat.

ER Gibst mich nicht frei?

SIE Ein leichtes, gutes Essen, grad recht für dich.

ER Auslassn sollst mich, gehn sollst!

SIE Und ein schönes Glas Wein.

ER Wenn ich dich seh, dreht sich mir der Magen um.

SIE *nickt.*

ER Dreht sich dir nix um, wenn du mich siehst?

SIE Nein.

ER Herr, gib mir die ewige Ruhe, und die Finsternis decke mich gnädig zu. *Pause.* Solang du da bist, geht das Licht nicht aus.

SIE Siehst Gespenster.

ER Das Gespenst bin ich.

SIE Ich geh jetzt kochen.

ER Ich an deiner Stell, ich wär längst gegangen.

SIE Ich weiß.

ER *starrt sie an, leise, ohnmächtig:* Drecksau.

Heimkehr

Sie hat das Essen gerichtet. Beide am Tisch. Ihm schmeckt es.

ANNA Für mich ned.

KARL *schaut.*

ANNA Für mich ned. Kannst alles zamessn.

KARL Hast dir den Magen verdorbn?

ANNA Ja.

KARL Vom Nixtun?

ANNA *lächelt.* Ja.

KARL So schön möcht ich es auch einmal habn.

ANNA Ja.

Pause, er ißt.

KARL Oder hast mir das Essn vergiftet?

ANNA *lacht:* Nein.

Pause, er ißt.

KARL Bei mir wirkt Gift nicht. *Kleine Pause.* Bin immun. Mir
schmeckt es.

ANNA Das is recht.

KARL Nicht einmal probiern?

ANNA Nein, danke.

Pause, er ißt.

KARL Ich glaub ned, daß dir das was schadn tät. Iß ein bißl,
aus Freundlichkeit, da kommt man sich ja blöd vor, wenn
man dasitzt und in sich hinein frißt, und die Frau daneben
hat bloß eine lange Nasn und rührt nix an.

ANNA Mag ned. *Lächelt.* Vielen Dank!

KARL ›Vielen Dank!‹, wie die redt, als ob man sich grad ken-
nengelernt hätt. *Kleine Pause.* Das tät spannend sein, ha? Mir
lernen sich kennen, ich sag, daß ich gern iß, daß mir das
wichtig ist, und du ladst mich zum ersten Mal ein und
kochst. Jetzt sitzt da und bringst vor Aufregung keinen
Bissen hinunter, weil du nicht weißt: schmeckt es ihm oder
ned?!

ANNA Genau.

KARL Wennst wirklich nix magst, friß ich alles zam, da kenn
ich nix.

ANNA Freilich.

KARL In der Zeitung hab ich glesen, daß eine Diät der größte Schmarrn is, Haferbrei und so. Alles Unsinn, man soll weiter essn, wie man es glernt hat. Das is das Beste.

ANNA Wenn man keinen Hunger hat.

KARL Dann nicht. *Kleine Pause.* Schadt dir eh nix, wennst ein paar Pfund abnimmst.

ANNA Nein.

KARL Oder hast dir tagsüber eine Tafel Schoko hineingeschobn? Ha? Schau mich an!

ANNA *schaut ihn an.*

KARL Bist zu faul gwesn, daßd dir selber was kochst, obwohlst den ganzen Tag Zeit hast. *Lächelt.* Ich kenn dich. Bist zum Konditor und hast dir drei Stück Kuchn kauft und auf dem Heimweg verzehrt.

ANNA *lacht.*

KARL Ich kenn dich.

ANNA Nein.

KARL Wie ein Kind, dem man nicht traun kann?

ANNA Kannst mir traun.

KARL Wer einmal lügt –

ANNA Nix glogn.

KARL Hast früher auch gmacht, da erinner ich mich noch gut: Süßigkeiten, ganze Berge hat sie in sich hineinfressen. Ich hab ein Gedächtnis. Du hast deine Kantinenmarken doch nie für ein Essn verwendet, oder? Bloß ein Kaffee, ein Schoko, Kuchn, Bounty und Mars – gib es zu!

ANNA *lächelt.*

KARL Mußt dich erst umstelln, gell! Geht nicht so schnell. Aus der Traum von der emanzipierten Frau, wo sich kauft, was sie will. *Lächelt, meint es nicht ernst.* Bist wieder daheim gelandet, hinter dem Kochtopf.

ANNA Ja.

KARL Mußt dich erst umstelln.

Pause

Soll ich ehrlich sein?

ANNA Ja.

KARL Ich bin ganz froh, daßd wieder daheim bist. Is ein ganz anderes Gefühl, wenn man in der Arbeit is und man denkt sich: jetzt macht sie dir ein gutes Essn, und freut sich, wenn du kommst, damit sie jemand hat, mit dem sie redn kann. *Kleine Pause*. Das is gemein, gell?

ANNA Nein.

KARL Also ich hab dich nicht entlassn, gell! Da darf ich auch die Wahrheit sagn.

ANNA Ja.

KARL Hätt ich auch nie. Und drum darf ich mir die Freiheit nehmen und die angenehmen Aspekte nennen, die die Veränderung mit sich bringt.

ANNA Darfst.

Pause

KARL Kein Kuchn, wie früher?

ANNA Nein.

KARL Wär auch schad, das Geld hinaus schmeißn.

ANNA Ja.

KARL Der Mensch braucht seine Würde, und wenn er zu fett wird, dann schaut er aus wie eine Sau. *Kleine Pause*. Du nicht. *Kleine Pause*. Machst eine Abmagerungskur? Hast einen Ehrgeiz, weilst eine ganz Schlaue bist? Sagst dir: jetzt, wo ich keine Arbeit, und damit keine Bewegung mehr hab, und nicht weiß, wie lang das dauert, da friß ich bloß noch die Hälfte, oder noch weniger, damit ich nicht auch noch fett werd.

ANNA Ja.

KARL Mir macht es nix, wennst ein bißl dicker wirst in der nägstn Zeit. *Kleine Pause*. Eine richtige Frau hat einen richtign Arsch! *Pause*. Das is schwer, gell, die Umstellung vom Draußen auf das Drinnen?

ANNA Ja.

KARL Das hat dir auf den Magn gschlagn.

ANNA Ja.

KARL Ich tät mich an deiner Stell mit der Situation abfindn! *Kleine Pause*. Aus mit die Ausflüg in die große weite Welt. *Ernster:* Ich verdien genug, das hab ich immer schon gsagt, bleib daheim. Ich glaub, die Rosinen mußt dir aus dem Kopf schlagn. Mir kriegn eine Zeit, wo es wieder normal wird, daß die Frau daheim is und der Mann arbeitet und das Geld bringt. *Kleine Pause*. War nicht das Schlechteste.

ANNA Nein.

KARL *nach einer kleinen Pause:* Arbeit macht den Menschen

auch ned schöner. Genieß es. Hast die besten Jahre vor dir. Pflegst dich, machst dich schön. Hast Zeit, nutzt sie aus.

ANNA Ja.

Pause

KARL Wenn man es nicht in rosa sieht, sondern in der Wahrheit, dann muß man sagen: vielleicht is die Entwicklung auch nicht ganz falsch. *Nickt.* Die Familie. Du hast immer gsagt: jetzt noch nicht. Weißt es noch? – Wartn mir noch ein paar Jahr.

ANNA *schaut, kleine Pause:* Ja.

KARL Vielleicht tät das ein neuer Aspekt sein. Weißt, warum du lebst. *Kleine Pause.* Brauchst bloß ja zu sagen. Es langt auch für drei, was ich verdien.

ANNA *nickt.*

KARL Ebn. Und du weißt, was du mit deinem Leben anfangst. Was is? Sei froh, wenn ich dir so ein Angebot mach, plötzlich aus dem Stand heraus. *Kleine Pause.* Kannst es dir überlegn. Hast Zeit.

ANNA Ja.

KARL Sie ist nicht mehr draußen in der Wildnis, sondern bewacht das Feuer. *Lächelt.* So heißt es doch, oder?

ANNA *schweigt.*

KARL *nach einer kleinen Pause:* Soll ich dir erzählen, was heut in der Firma los war, wenn es dich noch interessiert?

ANNA *nickt.*

KARL Damit du mir nicht eingehst an Entwöhnung.

ANNA *nickt, lächelt, steht auf, geht zum Fenster, öffnet es:* Ein bißl frische Luft. *Sie schaut aus dem Fenster.*

KARL *scherzhaft:* Daß'd mir nicht hinausspringst!

ANNA *lächelt:* Nein.

Verschnaufpause

Sie sitzen eng zusammen und spielen »Mensch ärgere dich nicht« oder »Malefiz«.

MANN Ich mein, es is uns schon auch schlecht gangen, hauptsächlich, wie ich Kind war. Das weiß ich noch genau, wie der Vater gsagt hat – oft hat er das gsagt – jetzt hilft uns bloß noch ein starker Mann. *Kleine Pause.* Und dann is eh der Hitler kommen. Und kaum war er an der Macht, der starke Mann, da hat er als erstes die Gewerkschaften zerschlagen und die Arbeiterführer hinter Schloß und Riegel gebracht. Da hams oft debattiert daheim, der Vater und die Mutter. Und die Mutter hat gsagt: jetzt siehst es, was das nutzt, ein starker Mann. Aber der Vater hat gsagt: was nutzen mich Gewerkschaften, wenn ich keine Arbeit hab. Wenn ich die Wahl hab zwischen einer Arbeit und einer Gewerkschaft, dann wähl ich die Arbeit. Und eine Arbeit hat er dann auch kriegt, der Vater, das Versprechen hat der Hitler gehalten. Oft hat er gsagt: das vergesse ich ihm nie, daß er mich aus der Schande geführt hat. Weil für den Vater war die Arbeitslosigkeit vor allem eine Schande. Der hat noch einen richtigen Stolz ghabt. Das gibt es heut nicht mehr. Für den war Prolet kein Schimpfwort, sondern ein Lob. *Er lacht.*
FRAU Wer weiß, wie dein Vater heut redn tät.
MANN Das hab ich mir oft denkt, daß ich ihn des gern gefragt hätt, ob er da eine Verbindung sieht.
FRAU Zwischen der Arbeit und dem Krieg?
MANN Ja. Er hat ja nur arbeitn dürfn, weil's einen Krieg vorbereitet haben. Ohne einen Krieg hätt er keine Arbeit kriegt. Ich hätt ihn gerne gefragt, später, ob er das nicht gewußt hat. *Kleine Pause.* Ich sag dir nämlich ein Geheimnis. Wenn der Krieg mich aus der Schande führen tät, in der ich bin, dann tät ich auch in den Zug an die Front einsteigen. Wie der Vater auch, weil, daß der Krieg dem Arbeiter letztlich nur schadet, das – Er kriegt ja ein Gewehr umgehängt, einen Marschbefehl, und dann marschiert er, und wenn er angekommen ist, dann schießt er, irgendwo, wo er noch nie im

Lebn war, wo er nichts verloren hat, aber er schießt. Er schießt einen anderen zam, der auch bloß ein Arbeiter ist, und zündet seine Hütte an. Und den hat er sein ganzes Leben lang noch nie gesehn, die kennen sich gar ned, die wissn nicht einmal den Namen voneinander, die ham nie einen Streit ghabt. *Pause.* Es muß doch einen Grund geben, daß Menschen in den Krieg gehen. *Pause.* Kalt is mir, der Sommer läßt nach. Mir is richtig kalt. Und wenn der Befehl ausgeführt is, dann zieht die Kompanie weiter, und das so lange, bis ein anderer Arbeiter den einen zamschießt. *Kleine Pause.* Ein Krieg kann nicht als Rettung bezeichnet werden für den kleinen Mann. Aber aus dem Schatten, der schon fast eine Dunkelheit geworden ist, tät ich heraustreten wollen in die Explosion, wo es hell ist, wie mein Vater auch. *Pause.* Er war jung, für mich wäre die Front nicht mehr erreichbar. Nicht einmal die Front, geschweige das Heldentum. *Pause, er lächelt verlegen.* Vielleicht ist Krieg, wir sind mitten drin und du merkst es nicht, während dein Mann von den Granaten zerrissen wird und seine Stücke durch die Wohnung fliegen.

FRAU *lacht.*

MANN Glaubst du, daß es zuviel Menschen gibt auf der Welt?

FRAU Warum?

MANN *nach einer Pause:* Man könnt doch alle Arbeitslosen auf eine Insel im Pazifik tun, und dann läßt man eine Atombombe los und das Problem ist gelöst, ohne daß andere darunter leiden müssen. Zweieinhalb Millionen Deutsche, vier Millionen Engländer, zwölf Millionen Amerikaner, Italiener, Belgier usw. über den ganzen Erdball. Die werden eines schönen Tages abtransportiert, eingeschifft mit unbekanntem Ziel. Und dann kommens auf der Insel an und sehen bloß einen hellen Punkt. Ungewöhnlich hell und groß, und sie denken, ist das ein Sonnenaufgang, und rennen ans Ufer. Der Punkt kommt näher, es wird auf einmal warm, und sie sehen, wie am Horizont eine haushohe Welle kommt, die kocht, man sieht, wie es dampft im Wasser, und die Welle und das Licht kommen näher und spülen über die Insel und ziehen weiter und äschern alles ein, spurlos. Wenn später ein UFO vom Mond kommt, das stellt bloß noch Staub fest, der in alle Farbn leuchtet, der

Atomstaub ist bunt und so hoch, daß man einsinkt. Den Marsmenschen macht die Strahlung nichts aus, die habn einen Schutzanzug an, das is klar. Vom Menschen weit und breit keine Spur. Im Meer, hundert oder zweihundert Meter tief, ist auch alles verkocht. Erst noch weiter unten sind wieder Viecher, Fische oder Lemuren, die waren noch nie oben, die kennen nix wie die Dunkelheit vom Wasser. Erst jetzt, wie der Atomblitz in ihre Finsternis einen Lichtstrahl bringt, da denken sie, oben muß was sein. Und wie die Marsmenschen schon wieder wegfliegen, weils denken, da ist nix wie Asche auf dem Stern, da tauchen sie langsam auf aus die Wellen, mit große Flügel, wie von Dinosaurier, und erobern die Welt. Im Weltall fangen die Marsmenschen manchmal Morsezeichen auf, aber sie denken, das kommt von woanders, und fliegen weiter. Die Morsezeichen leben länger wie Menschen, aber sie entfernen sich schnell. Still, alles still. *Pause.* Du bist dran.

FRAU Ich hab gmeint, des sind bloß die Arbeitslosen.

MANN Ich hab schon weiter denkt, daß der Herrgott die Notbremse zieht.

FRAU Aber mir sind doch sein Ebenbild.

MANN Des glaub ich ned, mir sind ein Fehler, den tät er kein zweites Mal machen.

FRAU Ich nicht.

MANN *lacht, steht auf, geht zum Fenster, schaut hinaus.* Schau die Schwalbn an. Wie tief die fliegen. Das Wetter wird noch schlechter!

FRAU *nickt.* Es is kühl.

MANN Wie lang die schon kommen?

FRAU Schwalben können sehr alt werden, heißt es.

MANN Wieso weißt du des?

FRAU Das weiß ich nimmer, aber es is so.

MANN Wenns auf ihrem Flug in den Süden nicht von die Italiener zamgfressen werdn.

FRAU Glesn werd ich es haben.

MANN Was?

FRAU Daß sie alt werden können, die Schwalben.

MANN *schaut, nickt, summt:* Schon sind die Schwalben gen Süden gezogen . . .

FRAU Noch ned. Jetzt muß es erst noch einmal richtig

Sommer werdn.

MANN Ich mein das Lied.

FRAU *nickt, und singt es – im Gegensatz zu ihm – richtig.*
Schon sind die Schwalben gen Süden gezogen, über die
Felder, die Wälder und Auen. So heißts.

MANN *nickt.*

FRAU Wenn man die Vögel, die im August unwiderstehlich
nach dem Süden drängen aufgrund von ihrer inneren Uhr,
nicht wegfliegen laßt, sondern einsperrt, dann fliegen die
trotzdem.

MANN Was?

FRAU Die tun in ihrem Käfig so, als würden sie fliegen. *Nickt.*
Und zwar ganz genau nach Süden. *Kleine Pause.* Und wenn
die andern vor Afrika sind und einen Schwenk nach Osten
machen, damit sie genau an der richtigen Stelle in den afrika-
nischen Kontinent hineinfliegen können, dann machen die,
wo eingesperrt sind, diesen Schwenk mit und fliegen auf
einmal in ihrem Käfig auch nach Osten!

MANN Des glaub i ned.

FRAU Wenn ich es sag. Im Fernsehen hab ich es gesehn. *Nickt.*
Die Simulation der eingesperrten Zugvögel mit dem Drang
nach Süden.

MANN Was heißt Simulation?

FRAU Simulation heißt: ich stell mir vor, daß ich etwas mach,
was ich in Wirklichkeit nicht kann. Aber meine Vorstellung
ist stärker wie die Wirklichkeit, die mich behindert.

MANN *lacht, nickt.* Genau. *Kleine Pause.* Aber warums immer
wieder wegfliegen, das weiß niemand.

FRAU Weil es ihnen zu kalt is bei uns.

MANN Das is doch klar. Aber der wirkliche Grund! Wenn das
der einzige wär, dann könntens doch in Afrika bleiben.

FRAU Die Heimat ruft.

MANN Afrika is doch auch ihre Heimat.

FRAU Zugvögel.

MANN *lächelt.* Da sinds wieder. Hallo! Wie gehts euch? Schon
startklar?

FRAU Esel.

MANN Das sind immer die gleichen, die kommen. Die finden
immer wieder her.

FRAU Der Instinkt.

MANN Die starten irgendwo in Afrika im März und fliegen Tausende von Kilometern. Und finden haargenau her zu uns. *Schüttelt den Kopf, schaut, kleine Pause.* Kalt is mir.

FRAU Mir auch. Soll ich den Heizstrahler anschalten?

MANN *nickt.*

FRAU *tut es.* Im Traum hab ich vor kurzem auch einmal furchtbar gefroren. *Denkt nach, kleine Pause.* Aber dann hab ich gelbe Flugzeuge am Himmel gesehn.

MANN Was für ein Himmel.

FRAU Kurze, gelbe Flugzeuge mit braunen Untersätzen.

MANN Bomben.

FRAU Es war mir kalt. *Kleine Pause, betont es:* Und da hab ich das Wort Üppigkeit denkt.

MANN Was?

FRAU Üppigkeit! Sommer, Wärme, Gelächter. Und ich hab ganz fest an das Wort Üppigkeit denken müssen.

MANN Warum?

FRAU Das war das Zeichen. Dann haben die gelben Flugzeuge ihre braunen Untersätze abgeworfen –

MANN Doch Bomben.

FRAU Die sind herunter gfallen, und man hat nicht gsehn, wo sie aufschlagen. Das hat mich interessiert. Ich hab mir denkt, da mußt du hin. Ich hab gar nicht weit laufen müssen, dann hab ich es gsehn. Das waren Blumenbomben.

MANN Was?

FRAU Blumenbomben. Wo die braunen Untersätze aufgeschlagen haben, da sind sie zersprungen, und die schönsten Blumen, wo es bloß im Treibhaus gibt, die haben sehr üppig herausgeblüht. *Nickt.* Ich hab mir denkt: das ist der Frühling, das geht jetzt anders wie früher.

MANN *lacht.*

FRAU Mir war aber immer noch kalt. *Kleine Pause.* Ich war im Schnee und hab mir denkt: da mußt du hin. Ich bin gelaufen, aber wie es im Traum ist, ich bin schlecht vorwärts kommen. Ich bin eingesunken.

MANN Hättst einen Schneepflug braucht, der voraus fährt. Oder eine Fräse sogar!

FRAU Ich war nicht allein. Überall sind welche gelaufen oder sogar gesessen, weil sie nicht mehr weiter haben können und ausruhen haben müssen. Einer hat gsagt: das ist eine Falle, die wollen, daß mir alle aus die warmen Häuser heraus laufen, weil mir auf die Blumeninsel wollen. Aber in Wirklichkeit erfrieren mir unterwegs.

MANN Wo war ich?

FRAU *zuckt die Achseln.*

MANN War ich nicht dabei in dem Traum?

FRAU Ich glaub nicht. *Kleine Pause.* Ich hab mir denkt, ich muß durchhalten. Aber dann hat es mich zwischen den Beinen geklemmt. Ich hab mir denkt, was kann das sein? Es war hart. Des Rätsels Lösung: Ich habe meine Tage gekriegt, und weil es so kalt war, ist es sofort gefroren. Ich hab einen roten Eiszapfen zwischen die Füß ghabt.

MANN Hast immer viel geblutet.

FRAU Ja. Das hat mir noch gefehlt, hab ich mir denkt. Der muß weg. Ich hab meinen Rock hoch getan und die Hose herunter.

MANN War niemand in der Näh, der dich sehen hätt können?

FRAU Darauf hab ich nicht aufpassn können mitten im Schneetreiben. *Kleine Pause.* Irgend jemand is gekommen, hat es sich angschaut und gsagt: das haben wir gleich, hat mir mit dem Fuß in den Bauch ghaut, und da is der Zapfn abgebrochen von mir.

MANN Wer war der Jemand?

FRAU Irgend jemand, der auch am Erfrieren war und schnell weiter is. Mehr hab ich auf den nicht aufpaßt mitten im Schneetreiben.

MANN Und dann?

FRAU Bin ich weiter.

MANN Bist hinkommen?

FRAU Nein, weil es zu weit war. Aber wärmer is es dann trotzdem geworden.

MANN Vielleicht hat dich jemand zudeckt! Vielleicht is jemand aufgestandn und hat das Fenster zugemacht, während die Frau von andere Männer träumt!

FRAU *lacht.* Träume sind Schäume.

MANN Wer weiß.

FRAU Das is schön, gell, wenn man merkt, man mag sich trotz allem.

MANN Wenn sie dir noch recht is, die Liebe, von einem arbeitslosen alten Wichser.

FRAU Warum denn Wichser?

MANN So sagt man halt. *Kleine Pause.* Und jetzt? Weiterleben zwischen Eis und Afrika?

FRAU *nickt, schaut zum Fenster.* Alles sucht die Wärme.

MANN *deutlich:* Aber verbrennen will man auch nicht.

FRAU Man will nicht verbrennen und nicht erfrieren.

MANN Ja.

Das Material

Skizzen
Notate
Varianten

Erster Akt

1. Szene

In der kleinen, modernen Wohnküche, hinten raus sehr kleiner Balkon, Wohnung im 5. Stock, Blick auf Vorortsiedlung.

Willi hektisch, zerfahren, zwischendurch still, zerbrochen, schnauft viel, kriegt wenig Luft; gekleidet ist er fast feierlich, oder feierlich zerstört, wirr.

Martha arbeitet am Herd und an der Spüle. Sie trägt einen Hausfrauenkittel, bißchen schlampig, Haut ganz weiß, Gesicht vom vielen Rauchen rötlich blau, sie ist zu dick, aber fleißig ist sie.

Sie beachtet ihn wenig, und er steigert sich, je weniger Aufmerksamkeit sie seiner ›Vorstellung‹ gönnt. Sie kennt das alles schon . . .

Pause

WILLI *schaut ihr beim Arbeiten zu, verschränkt die Hände, spannt sie, bis die Knochen krachen, haut auf den Tisch, wischt den Schlag entschuldigend wieder weg, schweigt, steht auf, geht zum Balkon, schaut hinaus, plötzlich laut:* Die Verzweiflung. *Nickt.* Die Verzweiflung, der Tod. Die Tiere im Käfig rütteln. *Rüttelt am Balkonfenster.* Hallo? Ist da noch wer? Ich will mit Ihnen reden. Hallo, ich heiße Willi Gerngroß. Ich bin ein kleiner Mann, in einer kleinen Wohnung mit einer kleinen Frau, *haut Martha schnell auf den Hintern,* die ich liebe. Genau. *Pause.* Hallo? *Er geht vom Balkon weg zur Wand, horcht dran, klopft.* Morsezeichen der Versuchstiere. *Hochdeutsch:* Wie bringt man die Pferde zum Saufen? Die wollen nicht. Die deutsche Wirtschaft hat keinen Durst. Weil sie keinen Durst hat, kriege ich keine Luft mehr. Ich, der Gerngroß Willi mit dem Audi 80, bin als Arbeitsloser das Versuchstier der Wirtschaftslenker und Herren Politiker. Am guten Willen für den Willi fehlt es ihnen nicht. Man will die Investitionstätigkeit der trägen Pferde anregen mit allen Mitteln. Man spart sogar bei meiner Unterstützung, wenn gar nichts anderes mehr hilft, und schenkt das Ersparte den Unternehmern, vielleicht daß sie mir von meinem Ersparten einen Arbeitsplatz schaffen. Wenn ich ein Einsehen zeige und darauf verzichte, daß ich *laut* jeden Tag ein Fleisch im Teller habe und der Kaffee immer ein echter sein muß, und im Falle einer Krankheit nicht die Krankenkasse belaste, sondern die Zähne zusammenbeiß, und im Falle eines Todes auf einen pompösen Sarg verzichte, kann sein, die Rettung ist nah. Ich muß verzichten lernen, ich muß den Gürtel enger schnallen, ich muß einsehen, daß ich über meine Verhältnisse gelebt habe und faul war. Ich, Willi Gerngroß, lebend im Jahr 1982, habe zuviel. *Er geht in die angrenzenden zwei kleinen Zimmer, kleines Bad etc., einfach eingerichtet, sauber und wenig; er zeigt es dem Zuschauer.* Ich habe zuviel. Ich habe zuviel. Ich habe viel zuviel. Und das Schlimme ist: ich habe mich an dieses Vielzuviel gewöhnt. Das geht ins Uferlose! Ich habe momentan 875 Mark Arbeitslosengeld. Das ist zuviel. Auch meine Frau hat zuviel. Sie heißt Martha und arbeitet im Kaufhof, Mittwoch bis Samstag. Sie verdient 739 Mark im Monat für die Tätigkeit einer Verkäuferin bei den Strampel- bis Strumpfhosen. *Zu Martha zurück.* Du hast zuviel, du hast über deine Verhältnisse gelebt, du mußt den Gürtel enger schnallen. *Schreit:* Das sieht doch ein jeder, der Augen im Kopf hat, daß wir zuviel haben. Wie ich noch der Ehre für würdig befunden wurde, eine Arbeit tun zu dürfen, habe ich in manchem Monat sogar 1500 nach Hause gebracht. Ich sollte mich schämen. *Schreit sich an:* Schäm dich! Ich habe Polsterer gelernt und 1967, als ich in diesem Beruf wegen Konkurs meiner Firma nicht mehr habe arbeiten können, kurzfristig auf Lagermeister umgesattelt, Lagermeister in einer Papierwarenfabrik. Vor anderthalb Jahren hat die Firma den Direktverkauf eingestellt und mich ausgestellt. Seitdem bin ich im Wartestand und Versuchstier in der vom Staat nach Kräften geförderten Versuchsserie Wirtschaftspolitik: Man testet, wieviel man mir zumuten kann, bis ich mich umbring.

MARTHA *schnell, ruhig:* Stürztd dich vom Balkon, das is hoch genug. *Große Pause, er schaut sie an, er fällt zusammen, er lächelt, er haut wieder auf den Tisch, wischt den Schlag entschuldigend weg.*

MARTHA Tust vorher essn, satt stirbt es sich leichter.

Sie richtet das Essen her, deckt Tisch etc.
Pause
WILLI Gikerigi, da Hahne bin i, kochn tust du und essn tu i.
MARTHA *nickt.*
WILLI Hättst mich ned heiratn solln.
MARTHA Genau.
WILLI Spät, die Einsicht.
MARTHA Besser spät wie nie.
Sie essen, lange Pause.
WILLI Im Schweiße deines Angesichts sollst du dein Brot
essen. *Kleine Pause.* Ich hab schon lang nimmer gschwitzt.
Große Pause. Entschuldigung! *Ehrlich, ruhig:* Es tut mir
leid. Wenn man den ganzen Tag allein in der Wohnung is,
meint man, daß man wahnsinnig wird.
MARTHA Das stimmt. *Pause.* Nimm dir noch was, ißt ja wie
ein Vogel.
WILLI Kann nimmer.
MARTHA Mir schmeckts, leider.
WILLI *lacht*

2. Szene

*Willi allein zu Hause. Er »spielt« die Szene sehr real. Markiert
Antwort, Gegenrede etc.*
WILLI *geht wie auf einem Laufsteg auf und ab, verbeugt sich,
steht, wartet.* Das is die Nummer 1 – 1 – 2 – 6 – 9 – 3, die ham
wir jetzt schon bald zwei Jahre auf der Station, insofern
kann man grad bei diesem Exemplar die Langzeitfolgen
recht deutlich sehen. – Zwei Jahre schon? – Ja, fast. Es wär
bei diesem ja nicht mehr ganz jungen Exemplar sogar
denkbar, daß wir ihn für ganz dabehalten. Jetz schaun mir
uns einmal die Veränderungen an. Tun Sie sich einmal ausziehen. *Tut es.* So, na jetz kommens nur her, mir beißn ja
nicht. Wie schauts denn mit der Größe aus. Aha, ja man
kann immerhin sagen, daß das Exemplar seit der Einlieferung um fast drei Zentimeter kleiner geworden ist. Auch der
Knochenbau ist rückläufig, das sieht man vor allem an den
Schulterpartien und am Becken. Na, schiebens das Becken
einmal vor, daß man das messen kann. *Tut es.* So, da hamma

ganz beachtliche Verformungen. Langens nur her, Herr Kollege, das macht nix. Spüren Sie es. – Tatsächlich, hochinteressant, wenn man bedenkt, daß Sie das Exemplar ja eigentlich nur in Untätigkeit halten und zum Beispiel, wenn ich Sie richtig verstanden hab, keine Medikamente dem Futter beifügen. – Nein, gar keine, es ist eine reine Stillstellung, also sowohl Untätigkeit, darauf ist besonders sorgsam zu achten, und der damit bedingte Isolationseffekt, die Separierung von den andern Artgenossen. Mehr ist das eigentlich nicht, wir füttern reichlich, auch die Unterkunft ist zwar nicht komfortabel, aber ausreichend. – Das muß ich mir schon genauer anschauen. – Ja, vor allem ist auch noch inzwischen eingetretener Haarausfall zu beachten, der ja ganz enorme Maße angenommen hat. Das ist vor allem auf einen gewissen Vitaminmangel zurückzuführen, weil wir die Kost natürlich – obwohl ausreichend – bei den hochwertigen Produkten eingeschränkt haben. Ist übrigens kein Problem, das Exemplar verlangt selber nicht viel Futter. Das kommt vermutlich aus einer gewissen psychotischen Grundstimmung, die mir aber ja grad untersuchen wollen. Jetzt eigentlich das Wichtigste: wie schon beim Menschenaffen zu beachten war, läßt die libido sexualis in Gefangenschaft nach. Ebenso bei diesem Exemplar unter den Versuchsbedingungen, wie wir sie haben. Aber das is ja eigentlich nichts Neues. Nur, wenn ich Ihnen einmal den Effekt vorführen darf, bitte. *Er lächelt verlegen.* Seins doch einmal so gut, und zeigens dem Kollegen die Veränderung des, Sie wissen schon. *Leise:* Das tut er nicht gern, wenn ihm wer zuschaut. Aber er is ja brav. *Er beginnt zu onanieren.* So, jetzt hamma gleich die volle Erektion, und da sind die alten Meßwerte, schauns selber. *Leise:* Hier sind die Rückbildungen also wirklich vehement. Jetz langts schon, danke. Meßn mir einmal. *Mißt sich.* Sehn Sie und jetzt vergleichen wir die Ausgangswerte. – Unglaublich. *Lächelt.* Ja, ich hätt es auch nicht gedacht. So, zum Schluß will ich Sie noch auf die Knotenbildung im Mastdarmbereich hinweisen. Tun Sie sich auf den Tisch legen, und die Beine auseinander und schön entspannen. *Lächelt.* Sie kennen des ja schon, gell! *Tut es, langt sich dann selber in die Afteröffnung.* Langens nur hinein, das muß er schon aushalten. Spürn Sies? Ja?

Nickt. Eben, da sind doch ganz deutliche Veränderungen festzustellen. Ob das jetzt bösartig is, werdn mir nächste Woche mit einer Gewebsentnahme prüfn, sicher ist jedenfalls, da geb ich Ihnen mein kollegiales Ehrenwort, bei der Einlieferung war dieser Bereich vollkommen normal. – Worauf führen Sie die Veränderung zurück? – Ich glaub, es ist eine körperliche Manifestation der aus der Isolation und Stillegung gewonnenen Depression. So, Sie können sich wieder anziehen und wir gehen weiter. *Er schnauft, er kriecht vom Tisch herunter, die Erektion – sollte wohl künstlich hergestellt werden mit einer Prothese – ist noch vorhanden, er schaut, geht zum Spiegel, schaut sich an und onaniert richtig.* Arbeitsloser Wichser, arbeitsscheuer Wichser! Feige Sau.

3. Szene

Auf einer Parkbank, neben Willi eine Frau mit Kinderwagen, sie strickt. Sie sagt nichts. Willi schaut sie mehrmals an, lächelt, er schaut in der Gegend herum, schaut auf den Spielplatz vor der Bank, sehr auffällig schaut er, immer wieder.

WILLI *nach all dem Schauen, hin und her, etc.:* Bitte schön, beachten Sie mich gar nicht. *Er lächelt.* Verzeihung, aber ich tu nur meine Pflicht. *Die Frau schaut, nickt, lächelt.* Ich sag das nur, weil Ihnen mein Verhalten vielleicht sonderbar vorkommt. Das kann ich verstehen. *Die Frau schüttelt den Kopf.* Doch, natürlich. Ich darf mich vielleicht vorstellen: ich bin Polizist in Zivil, ich führe hier einen Beschattungsvorgang durch, deshalb schau ich auch immer in die Richtung, in der Sie sitzen. *Die Frau schaut.* Ja, ich *leise zu der Frau* bin kein Opa in der Rente, der seinen Enkel auf den Spielplatz führt. Der Enkel, den ich auf den Spielplatz führe – Sie wissen schon, Terrorismus, Entführungen –, ist das Kind sehr wohlhabender, aber eben auch sehr gefährdeter Eltern, ich sorge dafür, daß das Kind nicht entführt wird, ich bin, wie gesagt, Polizist. Das nur zur Erklärung meines Verhaltens. *Die Frau schaut streng, nickt.* Eben. Verzeihung. Wenn das Kind zu mir Opa sagt, dann hat das eine

traurige Geschichte. Es hat seinen Opa, einen Schwerindustriellen – den Namen darf ich nicht nennen –, vor einem
Jahr durch einen Terroristenüberfall verloren. Den wirklichen Opa. Jetzt sagt es eben zu mir Opa, weil es ja nicht
weiß, warum ich in sein Leben getreten bin. *Er lächelt,
nickt, die Frau auch.* Das bloß zur Erklärung meines sonderbaren Verhaltens. Verzeihen Sie. *Lange Pause, er nimmt
seine Überwachungstätigkeit wieder auf.*

4. Szene

*Es ist Nacht, Willi und Martha sind im Bett, alles ist dunkel.
Martha versucht zu schlafen, Willi wälzt sich lang hin und her,
immer wieder.*

WILLI Ich mein, es is uns schon auch schlecht gangen, hauptsächlich wie ich Kind war. Das weiß ich noch genau, wie der
Vater gsagt hat – immer wieder hat er das gsagt – jetz hilft
uns bloß noch ein starker Mann. *Kleine Pause.* Und dann is
eh der Hitler kommen. Und kaum war er an der Macht, der
starke Mann, da hat er als erstes die Gewerkschaften zer-
schlagn und die Arbeiterführer hinter Schloß und Riegl gebracht. Da hams oft debattiert daheim, der Vater und die
Mutter – weil die Mutter is ja praktisch aus einem viel anderen Haus kommen, die is ja freigeistlich erzogn worden,
des hat ihr der Vater oft unter die Nasn gerieben – und die
Mutter hat dann gsagt: jetzt siehst es, was das nutzt, ein
starker Mann. Aber der Vater hat gsagt: was brauch ich Gewerkschaften, wenn ich keine Arbeit hab. Wenn ich eine
Arbeit oder eine Gewerkschaft wähln kann, dann wähl ich
die Arbeit. Und eine Arbeit hat er dann auch kriegt, der
Vater, das Versprechen hat er gehalten, der Hitler, hat der
Vater oft gsagt, das vergiß ich ihm nie, daß er mich aus der
Schand geführt hat, hat er gesagt. Weil für den Vater, für den
war die Arbeitslosigkeit vor allem eine Schand. *Kleine
Pause, er lächelt.* Der hat noch einen richtigen Stolz ghabt,
als Arbeiter. Das gibts heut nicht mehr, für den war Prolet
kein Schimpfwort, sondern ein Lob. *Pause.* Schlafst? *Sie
schläft.* Sie schlaft. Sie hat den ganzen Tag gearbeitet, sie is
müd, sie hat ein Recht drauf, daß sie schlaft. *Pause.* Dabei

hat er bloß arbeiten dürfen beim Hitler, weil der einen Krieg vorbereitet hat, das weiß ein jedes Kind heute. Ich hätt ihn gern gfragt, später, ob er das nicht gewußt hat. *Kleine Pause, dann sehr leise, obwohl Martha schläft.* Ich sag dir ein Geheimnis: wenn der Krieg mich aus der Schand führen tät, in der ich bin, dann *Pause* dann tät ich in den Zug an die Front einsteigen. *Kleine Pause.* Hörst? Ich tät es. Wie der Vater vielleicht auch. Weil, daß der Krieg dem Arbeiter letztlich bloß schadet, das – *Große Pause.* Er kriegt ja ein Gewehr umghängt und den Marschbefehl, und dann marschiert er, und wenn er angekommen is, dann schießt er, irgendwo, wo er noch nie im Lebn war, wo er sich gar nicht auskennt, wo er vielleicht nix verloren hat, aber er schießt. Er schießt einen andern zam, der auch bloß ein Arbeiter is, ein kleiner Mann, er derschießt ihn und zündt seine Hüttn an. Und er hat ihn in seinem ganz Lebn noch nie gsehn, die kennen sich gar ned, die wissn nicht einmal den Nam voneinander, die ham auch nie einen Streit ghabt. *Große Pause.* Daß noch Menschen gibt, die in den Krieg gehn? *Große Pause.*

Kalt is mir, der Sommer laßt nach. Mir is richtig kalt. Is dir auch kalt? *Martha schläft.* Hast recht, schlaf dich aus, morgn mußt wieder arbeiten. *Pause.* Und wenn der Befehl ausgeführt is, dann zieht die Kompanie weiter, und das so lang, bis ein anderer kleiner Mann den einen zamschießt. *Pause.* Ein Krieg kann nicht als Rettung bezeichnet werden für den kleinen Mann. Aber aus dem Schatten, der schon fast eine Dunkelheit geworden ist, tät ich heraustreten wollen in die Explosion, wo hell ist. Wie mein Vater auch, der wo es nicht überlebt hat, wie du weißt. Aber erfroren ist er nicht, was lang dauert und keine Würde hat, er ist in den feindlichen Kugeln gefallen. *Pause.* Er war jung, für mich wäre die Front nicht mehr erreichbar. Nicht einmal die Front, geschweige das Heldentum. *Sehr, sehr lange Pause.* Martha, es ist Krieg, mir sind mitten drin und du schlafst, während dein Mann von die Granaten zerrissen wird und seine Stücke durch die Luft fliegen. *Das letzte hat er sehr hochdeutsch gesagt, aber Martha schläft und wacht nicht auf.* Ja. *Wieder eine sehr, sehr lange Pause.* Man könnt doch auch alle Arbeitslosen auf eine Insel im Pazifik tun, und dann läßt man eine Atombombe los, und das Problem ist gelöst, ohne daß andere darunter leiden müssen. Zwei Millionen Deutsche, drei oder vier Millionen Engländer, zehn Millionen Amerikaner, viele Italiener, ein paar Belgier und so weiter über den ganzen Erdball. Die werden eines schönen Tages abtransportiert, eingeschifft mit unbekanntem Ziel. Und dann kommen sie auf der Insel an, und dann sehen sie bloß einen hellen Punkt, ungewöhnlich hell und groß, und sie denken, is das ein Sonnenaufgang da am Meer, und dann rennen alle ans Ufer, weil sie es sehen wollen. Und der Punkt kommt näher, und dann wird es auf einmal so warm, und sie sehn, wie am Horizont mit dem Licht eine haushohe Welle kommt, die kocht, man sieht, wie sie dampft im Wasser, und die kochende Welln und das heiße Licht kommen näher und spüln über das Ufer und die Insel, und ziehn weiter, und äschern alles ein, spurlos! Wenn dann später ein UFO vom Mond kommt, das stellt bloß noch den Staub fest, viel Aschn, die wo in alle Farbn leuchtet, der Atomstaub is ganz bunt und so hoch, daß man einsinkt. 20 Meter tief oder mehr. Und der Staub is schwerelos, man kann ihn aufwirbeln zu einer Wolkn, wo die Sonne finster macht, aber ein Aschenregenbogen so groß wie die Milchstraße steht am Himmel. Die Marsmenschen macht die Strahlung nix aus, die ham einen Schutzanzug an, das is klar. Vom Menschen weit und breit keine Spur. Im Meer, hundert oder zweihundert Meter tief, is auch alles tot und verkocht. Erst weiter unten sind wieder Viecher, Fisch oder Lemuren oder wie das heißt, die waren noch nie oben, die wissen nix, die kennen nix anders wie die totale Dunkelheit vom Wasser, die ham noch nie was gwißt vom Licht. Erst jetz, wie der Atomblitz auch in ihre Dunkelheit einen Lichtstrahl bringt, da denken sie, oben muß was sein, und wie die Marsmenschen schon wieder ihre fliegende Untertasse starten und wegfliegen, weils denken, da is nix wie Aschn auf dem Stern, da tauchen sie langsam auf, aus die Wellen, die wieder ruhig sind, mit ihre riesigen Flügel, die langsam schlagen, wie von Dinosaurier, aber die Untertassn is schon zu weit weg, als daß die Marsmenschen noch sehen könntn, was aus der Tiefe des Wassers aufsteigt. *Sehr große, nächtliche Pause.* Draußn im Weltall fangen die Mondleut manchmal noch was auf, Morsezeichen, Hilferufe, aber sie denkn sich, das kommt von woanders her, und fliegen weiter durch das Weltall. Die Morsezeichen, die Funksprüch leben länger als die Menschen, aber sie entfernen sich schnell. *Große Pause.* Stille. Alles ist still. *Große Pause.* Martha? *Aber sie schläft.* Genau. *Pause, dann sehr sehr leise:* Martha? Genau. *Pause, sehr leise dann:* Martha?

MARTHA *ruhig:* Warst du jemals mündig?

WILLI Was?

Pause

WILLI Mündig?

MARTHA Ja, mündig.

WILLI *lange Pause, er schaut vor sich hin, schüttelt den Kopf, macht verschiedene Bewegungen, würgt, als müsse er etwas tief unten aus dem Magen heraufholen.* Wirklich mündig – des war ich noch nie. Nein. *Pause, er lächelt, schaut, schnauft.* Wie denn auch? Ich bin als Untertan erzogen wordn so wie alle, ganz selbstverständlich. Das war nix, wo man drüber redt, das war was, was man tut. In unserer Lage. *Feig:* Das muß man erziehn! Das kommt ned mitm Menschn auf die Welt. Da hat sich der Herrgott zruck ghalten. Ob du klein oder groß, stark oder gering werst, das hat er dir in die Wiegn glegt, des andere ned.

MARTHA Es gibt aber solche, die wo von Haus aus frech sind und immer vorn dran, und dann gibts –

WILLI Verreckerl!

MARTHA Ja.

WILLI Bei die Viecher. Des stimmt. Da is in eim Wurf immer einer dabei, der wo die andern über is. *Pause.* Der war ich noch nie. *Pause.* Da war ich schon eher bei die Herbstkatzeln, die wo eh derschlagn werdn.

MARTHA *schaut.*

WILLI *lächelt.* Ich hab ebn glernt, daß eine Ordnung gibt, in die wird man hineingeboren und nach der richt man sich. Ob man derschlagn wird oder ned.

MARTHA Wie die Viecher.

Sehr große Pause.

WILLI So ähnlich schon.

MARTHA Laß mich endlich schlafen und hör auf zu greinen.

WILLI Stoßt mich ab, das Verreckerl.

MARTHA Wennst weiter machst, leg ich mich ins Wohn-
zimmer.
WILLI Bin schon still.
Pause, er ist es.

5. Szene

*In der Wohnung. Abend. Sehr ruhig von ihr, aufgeregt von
ihm.*
MARTHA Willi, ich hab eine Entdeckung gmacht.
WILLI Amerika?
MARTHA Nein, einen Benzinkanister. Unter deinem Bett.
WILLI Unter meinem Bett is kein Benzinkanister, so ein Un-
sinn, spinnst etz du?
MARTHA Da is er.
WILLI Der war ned unter meim Bett.
MARTHA Wie ich herausgwischt hab, hab ich ihn gfunden.
WILLI Du brauchst nicht in jeder Eckn herum geistern und
spioniern.
MARTHA Ich hab nicht spioniert, sondern sauber gmacht.
WILLI Hab ich eben einen Kanister, warum denn nicht?
MARTHA Zu was brauchst du einen nagelneuen, vollen Ben-
zinkanister unterm Bett, wo das Auto verkauft is?
WILLI Sag ich nicht.
MARTHA Wiest willst. *Sie putzt weiter.*
Große Pause
WILLI Willst es wissen?
MARTHA *schweigt.*
Sehr große Pause.
WILLI Ich hab mir denkt, es is eine Lösung.
Große Pause.
WILLI Es hätt eine Überraschung werdn sollen. Hättst es aus
der Zeitung erfahren können. Hättst dir denkt, mein Willi,
einen guten Kern hat er doch ghabt, alles hat er sich nicht
antun lassen, er hat sich gewehrt.
MARTHA Gewehrt?
WILLI Freilich, er is hingangen, hat sich übergossen und an-
zunden.
MARTHA Und is verbrennt?

WILLI Es hätt ein Aufsehn gebn.

MARTHA Ja.

Sehr große Pause.

WILLI Ich hab mir denkt, daß es dich und mich befreit.

MARTHA So.

WILLI Mich von mir und dich auch von mir.

MARTHA Uns von uns.

WILLI Uns von uns, genau.

Große Pause.

MARTHA Und warum soll ich befreit werden?

WILLI Das sag ich nicht.

MARTHA Das is dein Geheimnis.

WILLI Ja.

MARTHA Du Schwein.

WILLI Wie bitte?

MARTHA Du Schwein hab ich gsagt.

WILLI Warum?

MARTHA Das is mein Geheimnis.

Pause

WILLI Weil ich einen Anstand hab und dich nimmer mit mir
belastn will? Und ein Zeichen setzn will, daß der Mensch
nicht alles mit sich machen laßt.

MARTHA Der Mensch?

WILLI Ja. Der Ich-Mensch.

Pause

MARTHA Kannst es nicht erwartn, bis ich es dir sag, daß ich
genug hab von dir.

WILLI Hast schon gesagt.

MARTHA *schaut.*

WILLI Das merkst du gar nicht. Aber ich merk es. *Kleine
Pause.* Das fühlt man.

MARTHA Hörst das Gras wachsen.

WILI Ja.

Pause

WILLI Ein Selbstmord aus Verteidigung.

MARTHA Schöne Verteidigung.

WILLI Jeder wie er kann.

Sehr große Pause.

WILLI Wie ich vorige Woch wieder einmal auf das Arbeitsamt
bin, da hab ich zu meim Sachbearbeiter gesagt: Jetzt bin ich

schon neunzehn Monat arbeitslos, wie lang soll das noch dauern, auf was soll ich mich einstelln. Sagn Sie es mir, hab ich gsagt, damit ich weiß, wie weit der Weg noch is, wenn man das weiß, dann is das Durchhalten leichter. *Kleine Pause.* Wann, glauben Sie, ist eine reale Chanse, daß ich wieder arbeiten kann?

MARTHA Ja.

WILLI *nach einer kleinen Pause.* Dann hat er blättert in dem Akt, der wo der meine sein soll. Wie er aufgeschaut hat, hat er genickt und gsagt: Lieber Mann, wenn ich mir das so an- schau, dann sag ich es Ihnen ehrlich, daß ich da eine vorge- zogene Rente eher sehn kann als wie eine neue Stell. Mir sind, hat er dann noch gsagt, ›mir‹, obwohl er ein junger Kerl is, doch auch nimmer der Jüngste.

MARTHA 56.

WILLI Hab ich auch gsagt. 56. Ja, hat er gsagt, das mein ich ja. Da seh ich bei der momentanen Arbeitsmarktlage weniger eine neue Arbeit als eine vorgezogene Rente.

MARTHA Du kriegst noch keine Rente.

WILLI Noch nicht. Ein bißl zahlt noch das Arbeitsamt, wenn das Arbeitslosengeld ausläuft, kommt die Arbeitslosenhilfe ein halbes Jahr, und dann geh ich aufs Sozialamt. Da krieg ich dann 350 Mark im Monat – wenn es hoch kommt – auf einem grünen Formular steht die Anweisung, das weiß ich schon, und das dauert dann auch zwei Jahr, und dann sitzt man sich wieder zam und dann befürworten alle die vorge- zogene Verrentung mit 60 vielleicht. Warum soll ich lügen, hat er gsagt, die Arbeitslosen werden vorerst mehr und nicht weniger.

MARTHA Genau.

WILLI Ich hab zu ihm gsagt: Ich sitz jetzt schon oft da draußen vor Ihrer Tür, und da hab ich auch schon mit andere geredet. Und da hab ich zumindest mit einem gesprochen, der wo eine Arbeit in meinem Fachbereich von Ihnen zugewiesen bekommen hat, und der is ned wie ich neunzehn Monat ar- beitslos gewesen, sondern erst drei. Warum ist der bevor- zugt worden und ned ich, wo ich so viel länger gewartet hab? Wie, hab ich gsagt, macht man das, daß man in der Schlange steht und das so lang und nicht dran kommt bei der Arbeitsverteilung, sondern jemand beschert wird, der wo viel später kommt? Muß man da was über Ihren Schreibtisch reichen, einen Hunderter vielleicht oder mehr?

MARTHA Und dann?

WILLI Dann hat er ganz ruhig gsagt: Mei, ich versteh ja Ihren Ärger und die Verzweiflung, drum nimm ich das letzte jetzt auch gar ned ernst. Das einzige, was Sie mir rüber schieben müßten, wär ein anderer Geburtsschein, weil eines können Sie vielleicht verstehen: Wenn es auf einer Stellenbeschreibung heißt: suchen für ein dynamisches junges Team einen Lagerverwalter zwischen 30 und 40. Soll ich dann einen zwischen 30 und 40 hinschicken, oder soll ich dann Sie hinschicken? Wen täten denn Sie hinschicken?

MARTHA Was hast du gsagt?

WILLI Nein, mich nicht, hab ich gsagt. – Und dann bin ich gangen, weil ich nicht wollen hab, daß ich vor dem jungen Hund auch noch zum plärren anfang. Und wie ich dann auf die Stufen vom Arbeitsamt gestanden bin, da hab ich mich umdreht und beim Umdrehn hab ich mir denkt: Ihr werts alle noch an mich denken. Sowas machts ihr nicht mit mir, und dann hab ich mir denkt, daß ich mir ein Benzin kauf und mich anzünd, aus Rache, und einen Brief schreib, damits ned sagen können, das is bloß zufällig vor dem Arbeitsamt passiert, der is aber wegen seelischer Depressionen gstorben. Schreiben hab ich so wollen: Sehr geehrte Damen und Herrn vom Arbeitsamt, liebe Mitbürger! Sie sehen mich brennen und fragen sich sicher, warum ich brenn. Ich brenn aus Protest, weil ich 56 Jahre alt bin und nicht zum alten Eisen geworfen werden will. Aber in diesem Staat, dem ich seit meinem 14. Lebensjahr als Arbeiter gedient habe und Staatsbürger, und den ich nie beansprucht habe, weil ich mein Leben lang in Arbeit gestanden habe, in diesem Staat gibt es jetzt für mich keinen Platz mehr. Ich soll sogar in die Fürsorge hinabgedrängt werden wie ein Bettler. Aber meine Ehre erlaubt das nicht. Lieber sterben, als in Schande leben!

Sehr große Pause.

MARTHA Vergiß die Streichhölzer nicht, wennst gehst. In der Küchnschublad sind welche.

Pause

WILLI Is das alles, was du mir zum sagn hast.

MARTHA Ja. Hättst mich auch nicht gefragt, wenn ich den Kanister nicht gefunden hätt.

WILLI Hättst ja den Brief lesen können.

MARTHA Seit wann müssen mir uns Briefe schreiben, wenn mir uns was zum sagen haben?

WILLI Eine Ausnahme.

MARTHA Genau.

Sehr große Pause.

WILLI Ich hab mir denkt – ein Protest, wo die andern Mut macht.

MARTHA Sich auch anzuzünden? Bis die ganze Republik brennt?

WILLI Nein.

MARTHA Damit sie dem Staat sogar die Transportkosten für deine ferne Insel im Pazifik abnehmen?

WILLI Nein, im Gegenteil. Ein Zeichen setzen.

MARTHA Wofür.

WILLI *leise, würgend:* Für den Widerstand. Dafür, daß der Mensch kein Viech ist. *Kleine Pause.* Selbstmord kommt in der Tierwelt nicht vor, oder sehr selten. *Kleine Pause.* Die wo schuld sind, sollen ein schlechtes Gewissen haben –

MARTHA – und dich um Verzeihung bitten, am Grab.

WILLI Die sollen in sich gehen und einsehen, daß man mit einem Menschen nicht alles machen kann, was man will, oder was die Wirtschaft will.

MARTHA Kann man doch, wenn der Mensch nix anders tut als sich umbringen. Feine Lösung für die oben, oder bist du so dumm, daß du nicht einmal das verstehst?

WILLI Ich bin nicht so dumm, aber –

MARTHA Doch!

WILLI – nein, aber –

MARTHA Magst wirklich nimmer leben?

WILLI So nicht. *Kleine Pause.* Schau, wenn es stimmt, was der auf dem Arbeitsamt gsagt hat, und das stimmt schon, wenn man nicht blind is, was für eine Zukunft hab ich dann noch? Wenn ich aufs Sozialamt zum Betteln muß, dann krieg ich nicht einmal soviel, daß ich allein davon leben könnt, dann muß ich jetzt, nach vierzig Jahr ehrlicher Arbeit, zum Schluß, das was du verdienst, mitverbrauchen, auf deiner Taschn liegn, weil es nicht langt. Von dir und vom Sozialamt – *schüttelt den Kopf,* da wär Verbrennen schon eine saubere

Lösung. Und es soll gar nicht weh tun, hab ich gelesen, es soll nicht weh tun.

MARTHA *nickt.* Ja.

Große Pause.

WILLI An Weihnachten wollt ich es tun. Am Vierundzwanzigsten wollt ich es tun.

Große Pause.

MARTHA *starrt Willi an, dann zittert sie, ihre Beherrschung läßt nach, sie schlägt Willi vollkommen unkontrolliert links und rechts mehrmals ins Gesicht, Tränen laufen ihr übers Gesicht.*

WILLI *ganz starr, wehrt sich nicht, still und gut.*

Zweiter Akt

1. Szene

Es weihnachtelt sehr. Beim Christbaumaufputzen, warmer Weihnachtstag, gegen Abend bereits, draußen wirds dunkel, Schnee, der taut auf den Dächern, Straßenbeleuchtung. Willi bechert während des Putzens langsam vor sich hin. Rotwein.

WILLI *nach einigem Tun:* Sag einmal, du glaubst es aber schon, daß ich arbeiten wollen tät?

MARTHA *nickt nur.*

WILLI Die andern ned. In der Zeitung hab ich es wieder gelesen, wie viele bloß arbeitsscheu sind. Und ich selber glaub es mir auch schon bald nimmer, daß ich will. *Pause.* Mir is immer öfter, als wenn das gar ned ich wär, der ich, als wenn das ein ganz anderer wär – *komisch, hochdeutsch* – der sich da plötzlich zu mir gepaart hat. Der ich, der is immer noch im Lager vom Barverkauf beim Manzinger, und ich bin. *Pause –* Ob ich betteln gehn sollt?

MARTHA *schaut.*

WILLI Es heißt, daß die Bettler alle Millionär sind, des kannst auch lesn in der Zeitung.

MARTHA *reagiert nicht.*

WILLI *nach einer kleinen Pause:* In Amerika. Aber bevor ich weiter in der Küch sitz und schau, wie der Tag nicht vergeht, könnt ich auch an einer Eckn stehn und betteln.

MARTHA Wärst an der frischn Luft.

WILLI *schaut, Pause, nickt, verdaut den Schlag.* Genau. Und das Bettelgeld wär sogar eines, das das Arbeitsamt nicht erfahren tät können. *Kleine Pause, er macht eine Pose.* Wie schau ich aus?

MARTHA Arm.

WILLI Eben, das müßt doch ein Mitleid erregen. Ich. *Kleine Pause.* Ich könnt mich ja in ein Stadtviertel stelln, wo mich bestimmt keiner kennt.

MARTHA Fahrst nach Augsburg jedn Tag.

WILLI Damit ich mehr Geld verfahr als ich derbettelt.

MARTHA Ja.

WILLI Hat an Weihnachten kein Mitleid die Frau, mit ihrem eigenen Mann.

MARTHA *schweigt.*

WILLI Weihnachten is das Fest der Liebe. Liebst du mich noch?

MARTHA *schweigt.*

WILLI Du liebst mich nicht, dir graust es vor mir, das is mir nicht entgangen. *Pause.* Seit ich dir das mit meinem Plan verraten hab, geht ein Ekel von dir aus, der nicht mehr zu übersehn is. *Pause.* Graust es dir vor mir, brauchst es bloß sagen?

MARTHA *schweigt.*

WILLI Auch Jesus hat eigentlich Selbstmord begangen, weil er hätt ja die Macht gehabt, daß er sagt: dieser Kelch soll an mir vorüber gehen, ich will ihn nicht saufen. Oder? Wenn er Gott is, kann er das. Aber nein, hat er sich gesagt, das tu ich nicht, ich nimm die Sünden der Welt auf mich und laß mich kreuzigen. *Kleine Pause, schon ziemlich blau, er meint es ernst.* Glaubst, das tät ich nicht? Glaubst, ich tät mich nicht jederzeit auch opfern für die Welt *kleine Pause,* doch sofort. Aber mich kreuzigt ja keiner, mein Opfer interessiert ja keinen, nicht einmal den lieben Gott, da muß ich es eben selber tun, hab ich mir denkt, wenn ich schon keinen Pilatus find, der mich verurteilt. *Pause.* Gott hat seinen Sohn geopfert – weil das was is, wie viele Mütter ham in Rußland ihre Söhne verloren? Freilich, die waren nicht Gott, und Jesus war Gottes Sohn. *Kleine Pause.* Aber zugleich war er ein Mensch, Mensch geworden, da is doch der Witz drin, daß er Mensch geworden, der Gott. Also das kann mir nicht imponieren, ich tät mich jederzeit für die Erlösung der Welt – Erlösung der ganzen Welt, stell dir das vor – jederzeit tät ich mich dafür kreuzigen lassen. *Pause, er schaut Martha an, die ihn feindselig, müde und auch gleichgültig anschaut.* Glaubst es mir nicht? Traust deinem Mann heute gar nichts zu, gell! *Er rennt in den Flur, reißt eine Schublade auf, holt einen Hammer heraus, sucht längere Zeit, bis er wirklich große Nägel findet, nimmt beides, rennt zurück ins weihnachtliche Wohnzimmer.* Da, da hast einen Hammer und Nägel – jetz brauchen mir noch ein Kreuz, aber das kriegen mir auch noch. *Er stellt den Couchtisch, der aus Holz ist, auf den Kopf, nicht ganz reicht er, aber er steht davor und macht*

sich klein. Mit ein bißl Fantasie geht es. Siehst, wie ich dasteh, also, jetzt nimmst die Nägel und schlagst sie mir durch
die Füße und die Hände, und wenn ich au schrei, dann darfst
mir den Hammer gleich auf den Schädel haun. Wetten! Bist
feig, traust dich nicht? Schau, wie ich da steh, Jesus is ein
Dreck dagegen, oder? Hau zu, immer rein mit die Nägel in
mein Fleisch und Blut. Steckst du mir einmal was hinein und
nicht umgekehrt, kannst dich rächen. Magst ned!

MARTHA Du bist doch der Mann mit der Axt im Haus, oder?

WILLI Ich bin der Heimwerker, genau. *Kleine Pause.* Hilf
mir, man muß einen guten Willen haben! Herr, laß diesen
Kelch an mir vorüber gehn! *Nickt ihr zu.* Aber nicht mein,
sondern dein Wille geschehe! Also nehme ich auf mich die
Arbeitslosigkeit dieser Welt, oder wenigstens die Arbeitslosigkeit der zwei Millionen Deutschen, opfere mich, und
nehme mit mir dieses Übel hinweg von dieser Welt, oder der
Bundesrepublik Deutschland. *Kleine Pause.* Hilfst mir
nicht, auch wenn es für einen guten Zweck is?

MARTHA *schnell:* Selbst is der Mann.

WILLI *kleine Pause.* Genau. Ohne Schuhe geht es besser! *Er
reißt sich die Schuhe von den Füßen, zieht Strümpfe aus,
dann die andern Kleidungsstücke, die Unterhose läßt er an
mit dem Hinweis:* Als Lendenschurz!

MARTHA *nickt.*

WILLI Was fehlt? Dreimal darf man raten. – Die Krone, die
Dornenkrone fehlt, wenn man sich auskennt. *Überlegt.*
Einen Stacheldraht tät ich brauchen, ein Stück. Hast du
einen Stacheldraht, wo du mir leihen kannst?

MARTHA Nein.

WILLI Dann tun mir darauf verzichten, weil es unnötig is. Auf
gehts. Der Jesus hat seine Helfer ghabt. Ich muß alles selber
tun, das zählt mehr wie der Stacheldraht. *Er rennt barfuß
auf den Haufen Nägel und Werkzeug zu, schreit plötzlich
auf, hebt den Fuß, tänzelt, jammert.* Au, au sag ich, aua.
Kleine Pause. Ich hab mich verletzt.

MARTHA *schaut auf.*

WILLI Da sind Reißnägl zwischen die richtign Nägl. *Kleine
Pause, er jammert, es tut ihm wirklich weh.* Wo ich immer
zu dir gsagt hab, tu mir keine Reißnägel zu die richtign
Nägel, da langt man hinein und sticht sich. *Kleine Pause.*

Hilfe! Hilfe, ich hab mir einen Reißnagel in den Fuß tretn.

MARTHA Tust dich ebn mit Reißnägl kreuzign, warum denn nicht.

WILLI Das is kein Spaß, weil es tut weh. Ganz hinein, schau. *Humpelt zu ihr hin.*

MARTHA Der is drin, genau. Fehlt noch einer im andern Fuß und zwei in die Händ.

WILLI Weh tut es, hilf mir. *Kleine Pause.* Herausziehn, bitte.

MARTHA *steht langsam auf, geht in die Küche, holt dort eine Art »Erste-Hilfe-Kasten«, kommt damit ins Wohnzimmer, kniet sich vor Willi hin, entfernt vorsichtig den Reißnagel, stillt das wenige nachkommende Blut mit einer Essenz, macht einen kleinen Verband, packt alles bedächtig wieder ein, trägt den Kasten zurück in die Küche – das alles sehr langsam, bedächtig, leise . . .*
Große Pause.

WILLI *sitzt da, in seiner Unterhose, kalt hat er, den Fuß verbunden, starrt auf den Weihnachtsbaum, auf die Unordnung im Zimmer, dann verlegen, peinlich:* Fröhliche Weihnachten.

MARTHA Kann ich den Tisch wieder hinstellen?

WILLI Bitte ja.

MARTHA *tut es.*
Große Pause

WILLI Kennst du das Lied: Ja, Herr, ich will dir danken, daß ich danken kann –?

MARTHA Was?

WILLI Ja, Herr, ich will dir danken, daß ich danken kann. – Ein Lied, das mir als Kinder glernt ham, im Religionsunterricht. Die Melodie hab ich vergessn. Die Worte nicht. *Kleine Pause.* Ich bin ein Sklave meiner Taufe.
Große Pause

WILLI *steht plötzlich auf, humpelt zu seiner Werkzeugkiste, nimmt den Hammer wieder heraus, humpelt damit in die Küche zum Herrgottswinkel, schaut den Gekreuzigten lange aufmerksam an, nickt ein paarmal, seine Lippen bewegen sich, als würde er beten, stumm beten, dann hämmert er ganz ruhig das an der Wand hängende Kruzifix nieder, schlägt so lang, bis praktisch an der Wand nichts von dem Jesus am Kreuz übrig bleibt, dann schaut er, dann trägt er den Hammer zurück in die Werkzeugkiste, dann geht er nicht zu Martha ins Wohnzimmer zurück, sondern geht wieder in die Küche, wartet.*

MARTHA *sitzt im Wohnzimmer, wartet ruhig.*

WILLI *leise, zu sich:* Widerstand. *Er buchstabiert es fast:* Wi-der-stand. *Kleine Pause, geht zur Wohnzimmertür, schaut Martha an, leise:* Ich glaub nicht, daß ich es kann. *Pause.* Redst nicht mehr mit mir. *Nickt.* Redst schon lang nicht mehr mit mir. Hast recht. Ich red Tag und Nacht mit mir. Sinnlos.

MARTHA Was redst denn mit dir?

WILLI Ich jammer mich an.

MARTHA *nickt.*

WILLI Das stoßt dich ab.

MARTHA *nickt.*

WILLI Ich weiß. *Kleine Pause.* Mich auch. *Kleine Pause.* Ich weiß nicht, wo ich mich – hintun soll. Das Lebn is so weit – weg von mir. Ich komm nicht mehr nach. *Große Pause.* Ich komm nicht mehr nach. Anschmeißn, das Lebn, jeden Tag, in der Früh. Schwer. Warum denn aufstehn, ich? Waschn, Kaffee machen, was essn, und kaum bin ich satt, dann kommt die Stille. So still. Menschen verhungern, Tiere werden ausgerottet, Wälder sterben. *Pause.* Ja. *Leise:* Wo denn? Bei mir is es nur still. *Macht verschiedene Handbewegungen, als würde er etwas beschreiben, was er nicht sagen kann, das dauert sehr lang.* Krieg. *Sehr langsam, buchstabierend:* Im Na-hen Os-ten. Nachrichten. Massaker in Beirut, zweitausend tote Kinder, Frauen, junge Männer. Wo denn? Oder ein Kernkraftwerk, in Brockdorf oder in Biblis oder bei Hamburg.

MARTHA Landshut is näher, und das, was in Rosenheim gebaut werdn soll, auch.

WILLI Du lügst, Martha, Landshut is sehr weit weg. Und Rosenheim auch. Auf unserm Balkon is die Luft gut, und wenn ich hinunterschau auf den Hof, seh ich die Kinder von die Nachbarn, satt. Dann mach ich die Augn zu, weil ich mir die Welt vorstelln will, und dann is die Stille da und sonst nix. Ich hab von der Welt gar keine Vorstellung, Martha. *Greift sich an den Kopf.* Da obn. Nix. Ich hab keine Vorstellungskraft, die Fantasie is mir totgetreten worden. Da hab ich mir denkt, schweife nicht ab, woanders is sehr weit weg, da reicht dein Kopf nicht hin, aber weil du mit vielen das Schicksal hast, daß deine Arbeit nicht erwünscht wird, tu da etwas. Aber es war nicht bloß die nicht vorhandene Arbeit allein, es war die Stille, Martha, die wo ich nicht mehr aushalten mag. Die Stille spricht mir Schuld zu, aber gegen die Stille kann man sich nicht wehren. Manchmal bin ich einer solchen Stille ausgesetzt, daß ich mir denk, jetzt zerplatz ich gleich vor Stille, aber es passiert nix. *Große Pause.* Und da hab ich mir denkt, wenn ich vor Gott hintretn soll, nach dem Tod – *kleine Pause* – siehst, was ich mir alles dausdenk, dann fragt er mich, was ich getan hab. Und dann sag ich – getan hab ich nix, aber ich hab es nicht ausgehalten, deswegn hab ich mich verbrennt. Und dann hab ich mir denkt, wenn ich nachweisn kann, daß ich es nicht ausgehalten hab, dann gibt er mir die Gnade und sagt sich, besser wie gar nix. Ein Stein, hab ich mir denkt, kann nicht Selbstmord begehn, und er sieht den Unterschied.

MARTHA Hättst ihm nicht den Schädel einschlagn solln, deim lieben Gott, wennst dich mit ihm noch unterhalten willst.

WILLI Das tut mir aber nicht leid. An der Wand hab ich ihn erwischt, aber in meim Kopf? Wie kann ich ihm in meim Kopf den Kopf einschlagn, ohne daß ich mein auch einschlag?
Große Pause.

MARTHA *plötzlich leise:* Ich will weggehn von dir, ich will weg von dir. *Schnauft, bevor sie weinen könnte, tief durch.* Ich will weg.

WILLI Ich weiß.

MARTHA Nicht mehr redn, ich hab mir denkt, nicht mehr redn, nicht anstecken lassen, ja nicht mehr anstecken lassen, wie wenn einer krank is, schwer krank is, ansteckend schwer krank is. *Kleine Pause.* Nicht in deine Nacht ziehn lassen, die Nacht. Stille. Ich will weg von dir, Willi, ned, weil ich dich nimmer mag, ich will weg, weil du würgst uns beide ab. Du ziehst alles hinunter, du bist wie einer, der ersauft, und jeden, den er erwischn kann, den umklammert er und zieht ihn mit sich hinunter. Ich krieg keine Luft mehr neben dir.

WILLI Ja.

MARTHA Ja sagn, des kannst, dankschön sagen, des kannst.

WILLI Soll ich um dich kämpfen? Wie denn? *Lächelt.*

MARTHA Warum hast du immer nein gsagt, immer auf stur gschalten, wenn ich mit dir hab redn wollen. ›Du mit deim politischn Schmarrn‹, ich hör es noch, als täts heut sein, immer dagegn, und warum? Weil es dir fünfundzwanzig Jahr gut gangen is, Willi, weil du dich ein Lebn lang einen Dreck um das gekümmert hast, was in der Welt lauft, solang du deine Arbeit, dein Auskommen und dein Friedn hast. Weil du wie ein Viech glebt hast, dem es nix ausmacht, wenn nebn ihm der Metzger einem andern den Kopf abschneidt, dem es nix ausmacht, wenn das Dorf abbrennt, solang sein Stall übrig bleibt, das den Kopf aus dem Heu bloß hebt, wenn man ihm selber drauf haut. *Kleine Pause.* Ich weiß es nicht, warum sich der eine Mensch zum Mensch und der andere zum Viech entwickelt, ich weiß es nicht, ich gib dir keine Schuld, ich sags dir bloß, wie es is.

WILLI Seit meiner Kindheit –

MARTHA Hör auf, um Gottes willen, hör bloß auf. Glaubst, ich hab keinen Lehrer ghabt, der gefürchtet war? Ich hab sogar einen ghabt, der ein alter Nazi war, der hat ned bloß offen den Hitler verehrt vor der Klass – nach 45 wohlgemerkt –, der hat auch zughaut. Der hat noch Tatzn gem, aber so, daß dir die Händ aufgschwolln sind wie Ballon. *Kleine Pause.* Mein Gott, ich red wie du, ich kram in der Scheißvergangenheit umeinander wie – bloß daß ich eine Entschuldigung find, einen Zettel, wo drauf steht: du bist ned schuld! Du ned. Dein Lehrer, deine Eltern, die Chefs, die *Große Pause.* Ich will mit dir nicht redn, Willi, ich will nicht.

WILLI Ich hab auch so einen Lehrer ghabt, und dann bin ich versetzt wordn und hab einen andern ghabt, der wo nicht zughaut hat. Und dann hab ich mich gfreut und es daheim erzählt. Und dann, das weiß ich noch genau, dann hat die Mutter immer gsagt: Freu dich nicht zu früh, weil es immer im Lebn ein gibt, der wo Tatzn austeilt, dem kannst du ned entkommen, einer is immer über dir, und wennst ned tust, was der sagt, dann kriegst ein paar hinauf.

MARTHA *laut:* Ja.

WILLI *lächelt.*

MARTHA Ich bin oft ghaut wordn, so ghaut, vom Vater meistens, aber von der Mutter auch manchmal, daß ich in die

Hosn bieselt hab, schon vor dem Hauen, einfach aus Angst vorher schon. Ja. Ein paar Spritzer oft bloß, aber naß war es. Ja.

WILLI Auf den Kopf oder auf den Hintern?

MARTHA Auf den Hintern, mir sind immer auf den Hintern ghaut wordn.

WILLI Ich auf den Kopf, ich bin viel auf den Kopf ghaut wordn. Das muß sich doch einprägn da obn, abbilden.

MARTHA *nickt.* Hast du nie zurück ghaut?

WILLI Nein.

MARTHA Ich auch nicht.

WILLI Mich haust schon.

MARTHA *lacht.*

Erster Abbruch

Nachdem ich jetzt bis zu diesem Zeitpunkt durch bin – und in der Scheiße landete, weils ja nach dem Jesus-Mord vorwärts und nicht mehr zurück gehen kann –, fällt mir ein: Arbeit – er arbeitet, er tut was, er läßt sich nicht mehr abstellen, abschalten, kalt stellen, er tut was, als erstes und wichtigstes tut er was! Wär das kein Ausweg? –

Denn es ist doch ganz klar: daran krankt das Ganze – vorerst. Immer noch hab ich die »positive Utopie« im Kopf – wo ich doch selber schon so oft nachgewiesen hab, was für ein Scheiß das ist (vor allem in bezug darauf, daß man den Realismus daran und damit festmachen will. Perlen, Juwelen des sozialistischen Realismus gehen »schlecht« aus, und die Figuren haben nichts, GAR NICHTS im Verlauf des Stückes gelernt. Beispiele: Nachtasyl von Gorki und Mutter Courage von Brecht). Nur: wie hilft mir denn die Wirklichkeit? Was gibt es denn in der Wirklichkeit, das die Arbeitslosen TUN? Ja, sie haben einen Kongreß abgehalten (da hab ich einige Eindrücke draus verarbeitet, oder will sie noch verwenden: Stichwort ARBEITSLOSENJUDENSTERN – sich nicht mehr schämen, sondern schreien: Ja ich bin arbeitslos, und es ist nicht MEINE Schande, sondern die Schande des Landes/der Gesellschaft in der ich lebe etc.).

Habe gedacht, daß der Willi, ohne jede Rücksicht vielleicht, wenn er sich aufgerappelt hat in der Wohnung, eine Werkstätte aufmacht – aber was soll ein Lagermeister tun? Was kann er herstellen? Mit wem kann er sich zusammen tun? – Wieder Polsterer machen, einfach ein Gewerbe anfangen, und vielleicht behaupte ich dann im Verlauf des Stückes sogar, daß ein Polsterer, der »schwarz« arbeitet, genug Aufträge kriegt. Vielleicht kann er alte Sofas aufarbeiten etc. – eine Marktlücke finden –

Ich merk schon, wie ich zu schwindeln, zu fabulieren anfang, wie ich was erfinde, was doch vollkommener Unsinn ist: vielleicht gibt es von den 2,4 Millionen Arbeitslosen ein paar – zehn oder hundert? –, die von Schwarzarbeit gut leben, oder es sind tausend, oder wieviel? – Aber die interessieren mich doch nicht, die sind doch nicht die Masse, die, die froh sind, daß sie arbeitslos sind, weil sie sich dann endlich ihr Haus bauen können (den Grund haben sie schon lang etc.) – das ist doch nicht die Geschichte, das ist doch nicht die Masse der Arbeitslosen, das sind ein paar Glückliche – und wenn ich deren Schicksal aufzeige, dann denunziere ich die andern, die es NICHT SCHAFFEN –

Die nicht schwarz arbeiten, arbeiten können, weil sie dafür keinen Beruf haben, weil ihren Beruf auch als Schwarzarbeit niemand will, weil sie etwas tun, was man gar nicht allein oder in kleinem Team tun kann, was man bloß in einem großen Verbund machen kann – usw. Nein, ich bin wieder in einem Scheißloch mit dem Stück – weil es einfach nicht funktioniert. Ich will ja den Willi so tief unten haben, so schrecklich tief unten (auch im Verhältnis zu seiner SCHWEIGENDEN, weil ihn letztlich verachtenden Frau!), daß er nach guter alter Kroetz-Dialektik auf der letzten Stufe, vor dem Selbstmord, sich aufrappelt, sich erhebt und steht und aufrecht geht und kämpft.

Das Problem ist: ich glaub, die Masse der Arbeitslosen, und um das und nichts anderes geht das Stück (die Stücke?), die kämpft nicht, die kann gar nicht, die WEISS NÄMLICH GAR NICHT, WIE SIE KÄMPFEN SOLL – daheim, im Schlafanzug, mit ein paar Mark und überall draußen, überall, wo soziales Leben möglich ist.

Da käme wieder eine Gemeinschaft, die man brauchen könnt für den deus ex machina – eine Partei, am besten gleich die DKP, die ihm Hilfe gibt –, und grade da hab ich es doch erlebt, im Bezirk Südbayern, wie man umgegangen ist mit altgedienten, sogar im Knast gesessenen Genossen, wenn man die aus der hauptamtlichen Tätigkeit hinausgeworfen hat, und man hat ihnen überhaupt nicht geholfen, entweder haben sie sich selber wieder eingliedern können in den früheren Beruf: Arbeitsprozeß, oder keine Sau hat ihnen geholfen, sie waren genauso arbeitslos wie alle andern auch, beispielsweise der L. H. – wer von der Partei hat dem geholfen, als sie ihn plötzlich im Kreisvorstand nicht mehr haben wollten: NIEMAND, sogar die Frau von ihm hat sich beschwert, in Worten, die man nicht wiedergeben kann!!!

Nein, mit Sozialromantik ist da nicht geholfen, mit Lügen und Getue auch nicht. Die Arbeitslosigkeit ist schlimm, schrecklich, sie beraubt einen aller Stützen, aller Würde, Ehre, Freunde etc. –

Das kommt unterm Strich heraus: ein hilfloser, separierter (weil überall rausgeschmissener) Mensch, der nichts hat und wartet, wartet, wartet – ich will das Stück noch einmal durcharbeiten und mir genau ansehen: wo hab ich Situationen gefunden, die ich wirklich GLAUBE, und welche Verbindungen haben sie – oder haben sie gar keine Verbindungen?

Brauche ich endlich den Mut zum großen, blutigen, unzusammenhängenden, weit AUFGERISSENEN Tableau – zur bundesdeutschen Schlachtschüssel – soll ich die alte Kroetz-Dramaturgie abwerfen und nur noch Bilder schaffen, einen extremen Realismus? Immer wieder fallen mir dabei amerikanische Künstler ein, die fast naturalistisch Menschen in ihrer normalen Umgebung modelliert haben, mit Fettwülsten und Tränensäcken, und die stellen sie in reale Möbel und Räume, und das erzählt, finde ich, wahnsinnig viel.

Irgendwie ist es wahr: das Stück geht nicht weiter – es hängt, weil ich gar keine Geschichte zu erzählen weiß, außer eine verlogene vom Wehren irgendwann und irgendwie und irgendwo, und ich weiß kein Motiv dazu – und die Frau, die bloß schweigt, wann kommt die zu ihrem Recht? Es ist doch auch was los mit der? Oder ist sie gar nicht DA.

Das Stück muß neu durchdacht werden, zertrümmert vielleicht sogar? Scheiße, ich weiß nicht weiter, elende Scheiße, verdammte.

Der Weihnachtstod

FRAU fleißig und rundlich, nicht mehr die Jüngste, aber gut
beisammen
MANN groß, fahrig, irgendwie vornehm, komisch auch, Mitte
50, schaut eher älter aus, gepflegter wie sie, wenn auch ohne
Erfolg

1. Szene

ER Sog amoi, du glabst as aba scho, daß i arbadn wui?
SIE *schaut ihn an, kleine Pause. Sie nickt.*
ER De andan ned. Und i seiba glab mas a scho boid nimma.
SIE Na glab is fia di mid.
ER *glücklich:* Gei, du glabst as scho, du scho. Mia is, ois wenn
i gor nimma i waar, ois wenn i an andana waar. Da i, dea wo
i wirkle bin, dea is oiwei no beim Menzinger und machd an
Lohn fia 300 Leit, den sigd ma ned, aba do isa. Und i, i bin an
andana, dea wo ma zuaglaffa is, und deni nimma los kriag.
An oana Eckn isa mi ogsprunga – obi bettln geh soi?
SIE Du schbinnsd ja.
ER Es hoaßd do, daß de Bettla olle Millionär han, des hobe
seiba glesn in da Zeidung.
SIE Oalle ned, oana in Amerika, und des is a ganz a aus-
gfuchsta.
ER Awa bevor i do in da Kuchl sitz, kannte aa an am Eck steh
und beddeln. Und des waar sogor a Geid, wos as Arbadsamt
ned dafahrn dad. *Lacht:* Wia schauge aus?
SIE Arm.
ER Em, des miaßad doch langa, oda ned?
SIE Arm san heut vui und kriagn nixe. De Zeid hodse gändat,
wennma seiba nix mehr hod –
ER nachad hodma a nix zum gem?
SIE Genau. Dadn mia heid am Bettla wos gem?
Sie schweigen.

ER I kannt ja wo higä, wo mi beschdimmd koana kennd.

SIE Fahrst nach Augsburg jedn Dog zin beddeln?

ER Vafahre mehra Geid oise dabeddl.

SIE Ebn. In Minga is bloß die Fußgängazone wos stengan.

ER Do kannt mi wer seng, wo mi kennt.

SIE Em, des duadsd nia, wennsd des duasd, nachat is aus.
Kleine Pause.

ER Und warum?

SIE Wos warum?

ER Warum is aus? Bloß weile zoag, daß ins so schlechd gäd –

SIE So schlechd gäds ins no ned.

ER Wenne as Arbadslosngeid nimma kriag und zur Wohlfahrt
muaß, moanst des is koa Beddln nachat?

SIE Aba ned auf da Straß.

ER Liaba wari auf da Straß, ois daße zua Fiasorge gä, wei dea
in da Fiasorge kennt me, dea hoda mein Akt, dea werd erm
ja zuagsteid vum Arbadsamt, den kriagda ja, dea redt mi mid
meim guadn ehrlichn Nam o, des koana, weias bloß außa
lesn muaß.

SIE Aba dea muaß da wos gem, weis insa guads Rechd is.

ER Aba dea duad aso, ois wia wenna ma wos schenga dad, ois
wia weni ned arbadn gangat, weile faul bin, ois wia weni erm
obeddln dad.

SIE No sama ned beida Fiasorge.

ER No ned, aba wann? In am hoibatn Jor is so weid.

SIE Do hosd wida a Arbad.

ER Liag mi ned o, Anni, und liag de seiba ned o.

SIE *schaut.*

ER I kriag nix mehr, Anni, des is gwiß, daßi nix mehr kriag.
Schaug mi doch o. Wenne drin schde am Arbadsamt bei
meina Vamittlung, wos glabsd, wos do fia Leit schdengan:
meine und deine Buam kanntn des sei, de wo do schdengan.
Und de kriagn nix. *Kleine Pause.* Mi nimmd koana mehr, fia
de bin i scho gstorm. *Kleine Pause.* Oiwei machsdas
foisch: zerschd miaß ma de Suibakettn uman Schdamm wig-
gein, und nachad erschd des anda, wei wennsd as umkehrd
machst, nachat steß i de Kugln obe, wenni de Suibakettn
wickel.

SIE Schdimmd.

ER Freile schdimmds. Oiwei machtses vakehrd. Oiweil. *Er*

nimmt vorsichtig die bereits aufgehängten Kugeln wieder ab und wickelt um den Stamm eine silberne Kette, von oben nach unten, das erfordert viel Mühe, er lacht.

SIE Wos lachsd?

ER Mia han vielleicht soachene Ogeba.

SIE Wiaso?

ER Hobe ned gsogd, heia kaff maran kloanan Bam, heia werda ned so groß, heia sans no deiriga wia as lezde Johr und i hob no weniga Geid auf da Seitn fia Weihnachdn, drum kaffma an kloanan Bam.

SIE Hamma kaffd.

ER Hamma ned.

SIE Schbinna.

ER Schaug das o: i wickl jeds Johr gleich eng, und heia aa, und de Schnur is oiwei a bißl zlang gwen, sodasis am End auslaffa lassn ko. Dea Bam is so lang, daß untn kaum glangd. Schaug hea.

SIE Schmarrn, mia ham vorigs Jahr aa koan gressan Bam ghabt.

ER An kloanan hamma ghabt mia Ogeba!

SIE Aba deiriga wara ned. Dea vorigs Johr hod 49 Mark kost—

ER sogsd du —

SIE soge, weile a Gedächtnis fia Zahln hob und du ned.

ER Oliagn duasd mi.

SIE Liagn hobe gor ned notwendi, weis d Wahrheit is.

ER Moansd.

SIE Vorigs Jor hoda oa Mark weniga kosd wiran Fuchzga und heia hoda 46 Mark kosd. Wer rechna ko.

ER Aba länga isa.

SIE Schena isa und mehra Äst hoda. Wei zu fria ganga han vorigs Johr, valauta Angsd, daßma koan mehr kriagn. Und wennma fruah gäd, nachat hans no deia, wei da Vakäufa moand, daßa oalle vakaffa ko fia sein ausgschammtn Preis. Heia san ma erst schbat ganga, und da waras Hauptgschäft scho rum —

ER Wos de mid de vuin übrig bliebna Baama dan?

SIE Wos scho, vabrenna.

ER Schod drum.

SIE Freile. Aba heia ham ned bloß mia weniga Geid ois wia letzds Johr, sondan de andan aa, und da hans auf am Haufa

Bama sitzn bliem, wei do werds vui Leit gem, de wo song:
heia foid da Baam amoi aus. Und auf des warn de Vakeifa
ned vorbereidt, und drum hans heia gega as End rum billiga
worn, wei no so vui do warn. Und mia ham deswegn a Glick
ghabt.

ER Bei ins foid da Baam ned aus! Der foidt ned bloß ned aus,
dea is greßa ois wia im letzdn Johr.

SIE Und wannst du a bißl gscheita warst gwen, nachat häd ma
sogor no handeln kenna und vielleicht häddma erm no um
fünf Mark billiga kriagd.

ER Mia han ned in Italien.

SIE Des ned, oba i hobs am Gsicht vum Vakeifa ogseng, daßa
uns den Baam vielleicht ano billiga gem häd, wennma a bißl
rumdo häddn, und wenn du ned glei gschrien hädst: den
nemma, den nemma!

ER Schrian hobe ned.

SIE Freile hosd gschrian und glei ziod.

ER I bin em a ehrlicha Mensch.

2. Szene

SIE Vui is heia ned, des woaßd scho.

ER Freile.

SIE Aba des Hemd hodma gfoin, und bracha kosd a a neichs
Hemd, wei de andan oalle an de Krägn ausfransen und bei de
moderna Fasern komma an Krong nimma umdrahn.

ER *hochdeutsch:* Ein schönes Hemd!

SIE Mia hods aa gfoin.

ER Sehr schön.

SIE *nimmt etwas in die Hand.*

ER Groß is ned.

SIE Laß mi seiba schaung und vadirb ma ned de Ibarasching.

ER Machs hoid af, weiles nimma abwartn ko.

SIE Keine Geduld dea Mensch.

ER I frei mi, wennsd du di freisd.

SIE *macht es ganz langsam auf, sie sieht ein Etui.* Aba des Etui
kenn i –

ER Des kosd du gor ned kenna.

SIE Freile kenni des, do wor doch dei Fülla drin, densd vor aa por Jahr kriagd hosd. Na, den moge ned – dea ghärt dia und isda von da Firma ois Präsent gem wordn fia 25jähriges Firmenjubiläum. Den moge ned. Dea ghärt dia.

ER Des is ned des Etui.

SIE Freile is des, ogstricha hosdas mid oana andan Farb.

ER Des Luada hod Aung im Kobf wira Luchs, dea entgäd nix. Etz machs scho auf.

SIE *tut es.* Koa Fülla.

ER *lacht.* Na.

SIE Erwin, du bist ja narrisch worn!

ER Gfoids da.

SIE Jaaa. Na.

ER Ned?

SIE Na, i mog koan Modeschmuck, des woaßd doch.

ER Des isa koana.

SIE Des werd koana sei, woaßd wos des kosd, wenn des echt waar –

ER Vui.

SIE Des kosd song. *Sie schaut das Armband genau an, plötzlich schnell, erschreckt:* Des is echd gei?

ER *nickt.*

SIE Wiaso is des echt.

ER Echt is, des is echt, wost koan Modeschmuck nia ned mägn hosd, hädida a nia oan kaffd.

Kleine Pause

SIE Des is wirke echd. *Pause, beißt die Zähn zusammen.* Du Schbinna, du narrischa, des gäd doch ned, daß du mia sowas schengsd. Hosd denn du gor koan Vaschdand in deina Birn? Ha. Des hod do mindestens fünfhundat Mark kost. Wo hosdn des Geid hea?

ER Hobe em ghabt.

SIE Wos hosd du ghabt, nix hosd du ghabt. An Uhr hobe hom woin fia 20 oda 30 Mark, a Quartsuhr fia des Geid hobe woin, i hobdas zoagd im Kaufhof, da hodses gem, und de hobe woin, damit wenigstns oana von uns woaß wia schbat daß is. Koa Armband hobe woin füa fünfhundat Mark. *Schaut ihn an.* Na, do hosd ma koa Freid gmacht, Erwin, des hädima nia ned denkt von dir, daßd aso dumm bist. I schbar und kaf nedamoi mehr a Rindsleba, weis aso deia is, sondan wart aufs Angebot fia de Schweinane und du haust as

Geid auße. Soie mid dem Armband zum Supamarkt renna und fia oan Dog einkaffa und ned mehra ois wia 10 Mark ausgem und des Bandl do am Arm hobn. Fia fünfhundat Mark.

ER Des langt ned.

SIE Des is deiriga gei?

ER Vui deiriga. *Kleine Pause.* Gfoits da ned? Gor ned?

SIE *weint.* Gfoids da ned?! Freile gfoids ma, des muaß oam ja gfoin, des gfoid do am jedn.

ER *lacht.* Wennsda gfoid, nachàt brauchsd doch ned woana. Warum woanst wenns da gfoid.

SIE *weint und sagt nichts.*

ER Vor a por Wocha han mia in da Maximilianstraß gwen und ham Auslagn ogschaut, woaßt as no?

SIE Jo.

ER Hamma Auslagn ogschaut fast an ganzn Dog. Wei, hamma ins gsogd, oschaung kost nix, und gfreit uns.

SIE Jo.

ER Und da hobe di fast nimma weg brochd vun oam Juvelier, woaßtas no, in da Maximilianstraß.

SIE Hosd mi scho wieda wegbrocht.

ER Abwa lang hods dauert, so hosd in de Auslag neigschtarrt.

SIE Weis so sche war, wos do drin war. *Kleine Pause, sie schaut den Schmuck an, sie schaut ihren Mann an.* Den Schmuck, den wori ma do ogschaugd hob, dea hod do drin, as kloanste Schdigl, zwoa – oda dreitausend Mark kost –

ER Genau.

SIE Is des Armbandl vo dem?

ER Na, vo dem ned.

SIE Aba vun am andan, wo aa so deirig is.

ER *nickt.*

SIE *sehr, sehr lange Pause, dann leise:* Gschdoin. *Sie schaut ihn an.* Aufm Konto feid koa Geid, i hob vorgestan de Auszüg ghoid. *Große Pause.* Gschoin hodas, des hoda gschdoin.

ER Zwölfhundatsechsafuchzg Mark hods – häds kosd.

SIE Zwölfhundatsechsafuchzg Mark.

ER Jo.

SIE Bettln und schdein, ois waar des as gleiche.

ER Ises ned, in insara Situation?

SIE Moansd?

ER Mia hams mei Arbad gschdoin und i hob erna des Armbandl gschdoin.

SIE Wem?

ER Da Wirtschaft. Des war koa kloans Gschäft wo i drin war,
des war a groß Gschäft, des ham de no gor ned gmerkt, des
merka de erschd, wenns Inventur macha, und nachat sans
vasichat.

SIE Des ham de scho gmerkt, wos aso deia war.

ER De denga in andane Dimensiona, des ham de no ned
gmerkt.

SIE Und de Vakäufarin, wenn de dafia grod schde muaß.

ER Des war a Vakäufa.

SIE Wei dea ned entlassn wern ko, wenn erm sowas bassiert.

ER Dea hod ned so ausgschaugt, ois wenna so arm gwen waar.

SIE Es schaugd oft oana nach wos aus und hod nix.

ER Dea ned, dea hod scho wos ghabt, und entlassn kona aa
ned wern, wei erschd miaßn de wissn, wem des Armbandl
gschdoin worn is, wei da warn no mehra Vakäufa und
Kundn warn aa grod gnua drinna, wiri drin war. Und vielleicht wissn sies ned amoi nach da Inventur, daß erna wos
gschdoin worn is.

SIE Des wissn de etz scho.

ER I hob aba an Drix ghabt.

SIE Du und deine Drix, wost ned amoi midm Weihnachts-
bamvakäufa uman Fünfa handeln kost! Deine Drix ham de
gleich durchschaut, des kost glam.

ER Hams ned, sunsd dads etza ned doliegn.

SIE I wui nix hean.

ER Nachat em ned.

SIE Gschdoin, wos wuistn do no mehra song. Packt und da-
vonglaffa werst sei. De Polizei werd scho a Personenbe-
schreibung hom. Warts nua ob. Weihnachtn! Pfui deife!

ER Wennst mi ned vazein laßt. Ich hob an Drix ghabt. I hob a
Armbandl gseng, des wo i hom woidt. Ungefähr. Und
nachat bini ganga und hob an Modeschmuck gsuacht, dea
wo genau so ausgschaugt hod ois wia des Armbandl, des wo
i woin hob. Und nachat bini eine und hob ma de Etuis zoang
lassn mit de Armbandl. Und nachat hobe aus dem, wo des
drin war, des wo mia gfoin hod, weis so ähnli is wia des, wo
dia in da Maximilianstraß gfoin ham, des echta außa und hob

des Foische eine do, wia da Vakaifa ned hergschaugt hod.
Beinah wars ma henga bliem an da Schbanga, aba i hobs nei
kriagd, und des andane in meina Manteldaschn vaschwindn
lassn. Und nachat hobe an Deckl von dem Etui, wo des foische drin war, a bißl zuagmacht, damit des foische ned gor
aso foisch außaleicht, aba ned ganz zua, damid da Vakäufa
siegt, do is no wos drin. Und wira nachat wieda kumma is
mid andane Bandl, do hoda scho gschaugt, aba nua kurz, er
hods in olle Etuis funkeln gseng, und na hodas zugmacht
und wieder untan Ladnbudl in de Ausstellung neido. Und
nachat hoda ma no andane zoagd. Und nachat hobe erm
gsogd: Na, de san olle so deia, guada Mo, de kone oalle ned
kaffa, i ibalegs ma no amoi, wia vui daße wirkle ausgem ko
und nachat kimm i wieda. Etza, hobe gsogd, vaschwimmt
ma ois vor de Augn, so deia is des Zeig, etza muaße erschd
amoi Luft schnappa. Und des hoda ma glabd, und i bin
ganga, ganz freindle hoda auf Wiedersehn gsogd, und i aa.
Und nachat ware draußn und hobs ghabt.

SIE *kleine Pause.* So bläd isa Schmuckvakäufa ned, dea siegt
des sofort, ob wos foisch is oda ned.

ER Freile siegd as, wennas segn wui. Aba in dem Moment
hoda koan Grund ghabt, daßa seine eigna Sachan oschaugt
obs echt han. *Lacht.* Des war ebn schlau von mir gei?

SIE Schlau – schlau. *Kleine Pause.* Wenn des wirkle wahr is,
wiasd as vazeist, nachat host du ned mid deina Schlauheit
gschdoin, sondern mit deim 55fuchzgjährigen ehrlich er-
worbna Gsicht. Mid deim ehrlicha Gsicht hosd du
gschdoin, ned mid deina Schlauheit.

ER Aba hom duris des Armbandl.

SIE Aba bloß oamoi, Erwin, a zwoats Moi ned. A ehrlichs
Gsicht nuzd se schnella ob ois wia ma schaugd, scho beim
nägstn Moi –

ER Weihnachtn is bloß oamoi im Johr.

SIE – scho beim nächstn Moi siegd es dia da bledeste Vakäufa
o, und nachat nutz de Schlauheit gor nix mehr.

ER Es war an Ausnahm und so sois a bleim.

SIE Wia dea redt, da Herr Dieb. Aufd Polizei sois des drong,
des waar as beste. Na kimmst ins Gfängnis.

ER Drogsd as aufd Polizei, wennsd wuist, kimmi ins
Gfängnis. Glabst des macht mia so vui aus. Glabst i sitz ned

scho boid liaba im Gfängnis ois bei dir in da Kuchl beim Nix
doa. Von dene im Gfängnis sogd ma, de kenna ned arbadn,
weis sitzn, aba von mir sogd ma i bin an oida, faula Depp,
dea ned arbadn mog. Da ware scho boid liaba im Gfängnis
des is vielleicht bessa, weis ehrlicha is, wei mas bessa
vaschded.

SIE Hosd ibahaupts koa Dangbarkeit mehr.

ER An wos?

SIE An unsa Gseischaft, wo ins so lang so guad danährt hod.

ER So lang so guad danährt, du duasd ja grod aso, ois hättns
ins 30 Jahr ois gschenkt, ois hädi ned dreißg Jahr arbadn
miassn, ois hädi Urlaub ghabt und häd as Geid nachdrong
kriagd fias nix doa.

SIE Da Staat –

ER da Staat, dea is doch schuid an insara Armut und insam
Unglick. Wos vateidign de Starfighter andas ois wia mei Arbadslosigkeit und mei Unglick. Wos vateidign de fira Freiheit, wenne frong derf? De Freiheit, daße nach Afrika fahrn
ko, wei ma offane Grenzn ham? I brauch ned nach Afrika, i
wui do in Minga an Arbad, und wennma uns wieda amoi an
Urlaub in Tirol leistn kenna, nachat bini froh. Wos vateidign de fira freie Marktwirtschaft, fia a freis Untaneh-
madum? De vateidign de Untanehma gega mi, de vateidign
de Wirtschaft gega an Arbeita und Ogsteidn! Etz woins ois
kirzn wos daglanga kennan, und wo: beim kloana Mo! Und
wennse da kloane Mo riaht, nachat hoins erna Polizei und
ernane Panza – grod wia in da Hitlazeid. Na, von dem, wos
mia wichtig is, verteidign de gor nix, der Staat, und de Frei-
heitn, de wo der vateidigt, des san de gleicha, mid dene de
Untanehma mid uns Schlittn fahrn. I scheiß da auf den Staat,
des woaßt scho. I wui an Arbad und i wui a menschnge-
rechts Lem, i wui ned schdein, i wui arbadn, aba wenns mi
ned arbadn lassn, wenns mei Arbad wegrationalisiern und
mi zum Bettla macha, nachat schdui i erna so guad i kon,
und so lang mei ehrlichs Gsicht ausreicht. Na, dea Staat, den
mia ham, midm Herrn Grafen ois Wirtschaftsminister und
so weita, des is ned da meine, des is dea von de andan.

SIE Redst, ois wenns da in da Ostzone liaba war.

ER Isma ned. Isma ned. Aba wenni de Wahl hob, daße de
große Freiheit hob, ibaoi in da Weid hinzreisn, und es hod

no nia in meim Lem fia mehra glangt ois wia fia Italien, und
wennma nachat de Freiheit nimmt, daßa arbadn ko wenne
mog, dann vazicht i auf de Freiheit von da großn weidn
Weid, de i mia gor ned leistn ko, und bleib in Bayern und
hob da an Arbad. De kloane Freiheit, daße arbadn derf isma
liaba, ois de große, daß i vareisn derf und koa Geid dazu
hob.

SIE De Freiheit im Westn is mehra.

ER Welche? De Gewerbefreiheit. De brauchan mia notwendig, mia zwoa, machma doch an Ladn auf oda gleich a
Firma, mid de zwoahundatsechzg Mark, de aufm Konto
san. Und wennma mehra hättn, und mia machatn wos auf:
wos denn? Wos längst a Dutzend größere gibt, de wo uns im
erstn Jahr schlucka. Gewerbefreiheit, de brauchan de
andan, de wo an Haufa Geid ham und de Wirtschafts-
schwindla, und de Gsetza rund um de Gewerbefreiheit, de
brauchans, damits den einfachn normalen Menschn fia sich
arbadn lassn kenna, daß erm ausnutzn kenna, daß erm aus-
pressn kenna wira Zitrone und wenna nimma ko, oda wenns
erm nimma braucha, nachat schmeißn erm aufn Misthaufa.
Sogor a Roß kriagd a Gnadnbrot, a Arbeita kriagd koans.

SIE De Rentn!

ER Erstens hammas no ned, und zwoatns is des des Geid, des
mia eizod ham a Lem lang, des ins abzong ham a Lem lang,
und den Teil, den wo da Untanehma zoid, den hoda a ned
von sich oda vom Himme, den hoda davo, wos erm von unsara Arbad übrig bleibt, wosa vadernt, weila uns arbadn laßt
fia sich. Na, de Freiheit brauch i ned. I brauch de Freiheit,
daß da Staat dafia sorgt, daß i arbadn ko wenne mog. Und de
hob i ned. Wenne arbadn ko brauche ned schdein, des Armbandl häd i da früha, wias mi no arbadn ham lassn, kaffa
kenna, do häd i higspart a hoibs Jahr und nachat ware stoiz
in den Ladn ganga und häds kafft. Wer isn do schuid, daßes
heit nimma kaffa ko, i oda da Staat?

SIE I hätt des Armbandl ned braucht.

ER *schreit:* Aba i hob das schenga woin! I hob das schenga
woin. I hob da ned a Uhr für 19.90 kaffa woin wira Lehrling
seina Freindin, sondan wos gscheits. Des is mei Freiheit,
daße arbat und wo kaff –

SIE oda schdui.

ER Ja, oda schdui in dem Foi und schlechts Gwissn hob i koans.

SIE Mia miassn aba olle sparn, weis da Wirtschaft schlechta gäd.

ER Freile gäds ihr schlechta, des is doch klar. Heia lassns 2,5 Milliona Menschn ned arbadn, von dene die meistn gern arbadn dadn, ja wos moanst denn du, wos des fia a Valust is fia de Wirtschaft, und de derfa ned bloß ned arbadn, de miassn aa no ausghoidn wern, wos glabsd denn du wos des fia a Valust is, wenn zwoaahoib Milliona Menschn a Johr ned arbadn! Wos glaubsd denn du wos des fia a Haufa waar, des war ein Gebirge so groß waar des, wenn ma des ois aufschichtn dad, wos de zwo Milliona in oam Jahr herschdein kanntn, wenn mas lassn dad! Lassn miaßad mas grod! Und de Regierung, wos duad de, nix duads dagegn, am Reagan in Arsch kriachans eine vor lauta Freid. Weis olle zamhaltn, und warum hoitns zam? Weis de gleicha Intaressn ham. Wenn i an Haufa Geid hob, wos is nachat mia wichtiga: die Inflation oder die Arbeitslosigkeit? 10 Prozent Inflation kostn mi von meim Vamögn 10 Prozent Geid, aba 10 Prozent Arbadslose kostn mi gor nix. Im Gegenteil, de bringan mia sogor no was, wei bei 10 Prozent Arbeitslosigkeit dan de 90 Prozent, de wo arbeitn derfa, bestimmt nimma aufmucka, da arbadn de fia weniga und weniga, und san brav und fleißig und draun si ned amoi mehr grank wern, und draun sie ned amoi mehr auf a Kur gehn, vor lauta Angst, daß auße fliang, und fliang is leicht, solangs auf da andan Seitn Milliona gibt, de arbadn wolln. Na, fia de Menscheit is de Arbeitslosigkeit a Unglück, aba für de Bankn is a Seng. Und wer vahindat, daß des andas werd, da Staat mit seine Armeen und seine Panza? Und wer zoid des, de Armee und de Panza: Da Arbeita mid seine Steian, dea werd zwunga, daßa de zoid, de erm, wenna se muckt, aufn Schädl haun, seine eigna Henkasknecht muaßa zoin, da Arbeita. Des is de Freiheit, de wo mir ham, des is de Freiheit, de de westliche Allianz vateidigt. Ned mi, und ned di, und ned unsa Recht und ned unsa Geid und ned unsa Wohnung. De andan vateidigt a, de wo die Freiheit ham, daß uns untabuttan. Fliagn wennis hör iba uns, de Düsnjäga, und nauf wenn i schaug, da denk i scho lang nimma: fliagsd nur, ihr fliagsd für mi und mei Freiheit. Obaschiaßn mechat is, obaschiaßn und des waar a richtig. Freile hamma de Freiheit: mia kenna a eigne Zeidung raus gem, mia kenna a eigne Partei gründn, mia kenna a eigne Firma aufmacha, mia kenna jedn Grund kaffa und jeds Haus und mia kenna ois wern bis zum Bankdirektor und Minister. De Freiheit hamma, aba de Freiheit is am Arbeita aufm Papier erst zuabilligt worn, wia da Kucha scho vateilt war. So lafft des! A por ham ois, und da große Hauffa hod nix. Do sogd ma: wenn oana von de por wos hergibt, nachat kenntses hom, vielleicht vakafft as euch, aba ihr habts koa Geid, oda er schenkts eich. Kenntses hom, wennas hergibt. Aba wenn ned, nachat ned. Des is Freiheit, des is Marktwirtschaft. – Erst an Kuacha aufteiln und wenna aufteilt is, Gabeln vateiln und song: wennts no wos findts, wos koam ghärt: freßtses . . . Des is unsa Freiheit.

SIE Früher hosd andas gredt.

ER Mi hod de Arbeitslosigkeit zu am Feind von dera Gsellschaft gmacht. Des ko ma koana vadenga. Und schuide bini ned. I hob nia üba meine Verhältnisse glebt: ham mia iba unsere Verhältnisse glebt? Wia denn, wann denn, schaug di doch um?

SIE Na, hamma ned.

ER Bestimmt ned. Und hams mi gfrogd, wias des neiche Buchungssystem in da Firma eingführt ham, ob mia des recht is. Freiheit is, daß ma gfrogd werd, wenns oan ogäd. Des neiche Buchungssystem is kumma und i bin auße gflogn. Wem sei Freiheit is nachat des? De meine? Bestimmt ned. Des is de Freiheit von da Firmenleitung, daß duad wos wui. Und wia hamms erna den Computer kaffa kenna für 40 Millionen? Doch von dem Geid, des mia vaderdnt ham. Wei mir ham Stricksachan hergsteit, und de Stricksachan hod ned da Herr Paulig in seim Büro hergsteit, sondan de Arbeita –

SIE An seine Strickmaschinen –

ER An seine, ja. Des is a a Freiheit in unserm System, daß des seine san. Ogfangt hoda mid fünf Strickerinna, de in Heimarbeit garbad ham. Dene hoda so wenig gem fia de Strümpf, daßa boid sovui Geid ghabt hod, daßa a Strickreihe hod eirichtn kenna. Und nachat hoda seine Heimarbeiter ind Fabrikhalln einegsitzt und dort arbadn lassn. Fira bißl mehr Lohn hams vui mehr gstrickt. Und so is weida ganga. Mia

ham erm den Reichtum brocht, mia, mid unsara Arbad
hammas erm brocht. Und des is sei Freiheit, da schaugt da
Staat Tag und Nacht, daß an dera Freiheit ja nix passiert: daß
ma andere Leit für sich arbadn laßt, daß mas schlecht zoid
und ausnuzt. Des is de wichtigste Freiheit, auf der des System funktioniert. Und dagegn hättn mia sogar gar nix
ghabt. Aba je mehra Geid daßa vadernt hod, da Herr Untanehma, um so mehra hod erm da Hafan gstocha: und um so
mehra is erm um sei schens Geid, des wosa seine Arbeita
gem hod miassn, weis ned ganz umsonst arbadn, leid worn.
Und do hoda ogfangt, von dem, wos mia erm an Reichtum
vadernt ham mid unserm Fleiß, sochane Maschina zkaffa, de
wo koane Menschn mehr braucha. Mid unserm Geid hoda
uns ausradiert aus seiner Firma. Inverstionen erleichtern
hoaßts bei dene ganzen Schwindler in der Wirtschaft. Wer
investiert denn no in am Arbeitsplatz? Koana, in da Vanich-
tung vom Arbatsplatz werd investiert . . . Und des kenna
mia olle ned vahindan, ned amoi unsere Gewerkschaften.
Jede Woch wern a por dausend Arbeitsplätz wegrationali-
siert und de Gewerkschafter schaugn zua. Mia ham de Freiheit, daß mia zuschaung, wia de andan uns am Kragn umdrahn . . . Mehra ned.

SIE Aba da Herr Paulig hod a wos do, der hod zumindest
gwußt, woßa fia Maschina kaffa muaß, damit a konkurrenz-
fähig bleibt, und er hod de Ware aa vakafft: herstein ko boid
oana, aba vakaffa muaß ma aa kenna.

ER Beim Kauf von de Maschina häd erm jeda Depp beratn
kenna: de wo mid de wenigsten Menschen und mid dem ge-
ringsten Aufwand am meistn stricka. Des is bestimmt
schwar, daß ma da drauf kimmt. Und vakaffa: Braucha de
Menschn koane Strumpfhosn, hosd du koane o? Is des unnötig? Des is ned unnötig, de Nachfrage is do gwen und sie
is do und sie muaß do sei, weis bei uns aso koid is. Wenns a
Kunst is, a Ware, wo die Menschn braucha, zum vakaffa,
dann liegt des ned da dro, daß des wirkle a Kunst is, sondan
do dro, daß der Markt wia bei da Maffia vateilt und beherrscht werd von welchane, zu dene ma an guadn Draht
ham muaß, daßma im Gschäft bleibt. Wenns de ned gabat,
de wo an Markt in da Hand ham, nachat kannt ma a Ware,
wo an Nachfrage danach besteht, ganz einfach vakaffa. I

kriag nia mehr an Arbad, Emmi, des is an Illusion. Solang
mia des System ham, des wo mir ham, is des a wichtige Freiheit fia des System, daß i draußn bleib. Mia miaßn uns
durchfrettn, und im nächstn Jahr zur Fürsorge, und nachat
ko i vielleicht in zwoa Jahr für die vorgezogene Rente eigem,
des is ois, wos i no an Freiheit in dem System hob und du aa.

SIE Siegst ois schwarz.

ER Is aba so, und mia braucha uns ned zafleischn deswegn, des
ändan mir nämli ned. Ned, solang des System so frei is, wias
is.

SIE Aba du hosd seiba oft gsogd: liaba bei uns arbatslos ois wia
dribn mid Arbad. Erstens verdien i bei uns ois Arbadsloser
mehra ois wia drübn als Hauptbuchhalter und außadem
hobe mei Freiheit.

ER Hobe gsogd, ja. Des hobe gsogd, wiri no ned arbadslos
war. Heit mechat i arbadn, scho boid um jedn Preis. Des
schlimmste is doch, daß i do bei dir in da Kuchl sitzn muaß
an ganz Dog, und daß i aufd Uhr schaug und de Zeid ned
vagäd, und daße ned woaß, wose mid da Zeid ofanga soi, bevors Fernsehn losgeht. Naus trau i mi ned, weili ma deng, de
Leit, wo mi seng, frong se: warum hodan der Zeid, daßa
spaziern gäd, wo de andan Menschn arbadn. Und nachat
songs: dea is arbadsschei. *Kleine Pause.* Des is ois wira
Grangheid, vaschdesd, des is, ois wenni an Aussatz häd,
mid soichane Binkeln im Gsicht, und wer rennt damit scho
gern umananda.

SIE Hosd koana Binkeln. Bist ned schuid.

ER Mir is aba, ois wenne Binkeln häd. Und schuid bine ned.
Bine wirkle ned schuid? Bine ned schuid, daß du koa Arbad
hosd? Hobe ned gsagt, es langt, wenn i arbad, war des ned
mei Wunsch.

SIE I arbad scho 25 Jahr nimma, i hob zwo Kinda aufzong.

ER Freile, und wennst etz wida arbadn dadst woin, nachat da-
dans an Lachgrampf kriagn aufm Arbadsamt. I mecht wissn,
wia vui Leit wirkle arbadslos han, ned bloß de, wo an Recht
ham, daß wenigstens registriert han am Arbadsamt, sondan
olle, de wo koa Recht, koa Registrierung ham, de wo gern
arbadn gangatn, abase gor ned meidn, weis wissn, es is aussichtslos. Des waar no oa Million dazua.

SIE Des hodma ned wissn kenna, daß amoi aso werd.

ER I bin ned schuid, des hobe ned wissn kenna. Warum ned? Unwissen schützt vor Strafe nicht, hoaßts. Hobe ned jahrelang de Metzga gwählt und du aa, de wo uns etza as Messa neirenna? Hamma uns ned jahrelang um nix kimmat, und nia gwehrt.

SIE Und etz mechatst am liabstn de Starfighter midm Luftgwahr vom Himme owa hoin.

ER Ja.

Pause

ER *lacht.* Woaßt, wose mechat, wenni in Himme kumm?

SIE Ja?

ER An Arbad. Wenni wissat, daß dort oane gibd, nachat dade an Gashahn aufdrahn. Vorher hoben ned aufdraht, weilma dengd hob: erscht wuie da dei Gschenk gem, des hobe no dalem woin, daß mi des freit.

SIE Daschreckt hods mi, aba ned gfreit.

ER Weist a Angsthos bist.

SIE Jednfois lebma no.

ER Ja, und an bessern Zweck fia den Schmuck gibts eh ned.

SIE Is wirkle aussichtslos?

ER Ja, i glab scho, fia uns scho.

SIE De Fürsorgesätze liegn unta dene vom Arbatsamt?

ER Ja. 200 Mark in da Wocha werma kriang oda weniga.

SIE Und doa koma gar nix.

ER *lacht.* Bring ma uns um?

SIE I woaß ned, obs im Himme ned a a Arbadslosigkeit gibt, und nachat kumma vom Regn in die Traufe.

ER As Sterm is aa aso, daß ma dene, wo uns kaputt gmacht ham, no an Gfoin duad, wei ma se seiba ausm Weg rammt. Wos hoaßtn des, wenn mia uns vagasn: a Arbatslosa weniga. Damma erna grod an Gfoin. Und ohne daß ma sogd, warum ma gäd, hods aa koan Sinn, sunst hoaßds grod: Todesgründe unbekannt, Depressionen. Da waars bessa, wenn imi vorm Arbadsamt hinschdein und mid am Kanister Benzin ozindn dad.

SIE Mir ham koan Kanister, wei ma koa Auto ham.

ER Den ko ma aso aa kaffa.

SIE Ohne Auto?

ER Freile, wennst an Reservekanister wuißt, kosd oan kaffa, den miaßns dir gem, wennst erm valangst.

SIE An Kanister scho, aba as Benzin?

ER Des aa. Ma ko ja sagn, es is führn Rasnmäher.

SIE Wo mir ned amoi an Gartn ham.

ER Eine Notlüge muß schon erlaubt sein.

Pause

SIE I woaß ned, es muaß doch no merha gem, ois daßma se hischdeit und vabrennt.

ER Und wenns wos nutzd? I schreib: Ich protestiere dagegen, daß ich seit drei Jahren arbeitslos bin, Erwin Fackler. Und nachat zünd i mi o.

SIE Und wos soi des nutzn?

ER Ein Signal.

SIE Wost du dot bist. Da zindst liaba an Panza o, des is aa a Signal, und schreibst: Du vernichtest meinen Arbeitsplatz, weil du soviel kostest und keinen Sinn hast. Und nichts herstellen kannst außer dem Tod. Und dann schreibst Erwin Fackler.

ER Ein Panzer anzünden is aber schon eine Kunst, das is ned so leicht, die san ja baut, daß durch die Feuerstürme rasen können. De brennen ned wegn fünf Liter Sprit.

SIE Da brennst du scho leichta.

ER Vui leichta sogar.

SIE Aber da Panza tät ma sympathischer sei.

ER Liebst mich.

SIE Depp. *Kleine Pause.* Mir können doch wählen.

ER Was?

SIE Mir können doch wählen.

ER Eine Partei, aber ein anderes System mit weniger Freiheit und mit mehr Gerechtigkeit?

SIE Das kann man nicht wählen?

ER Nein, das nicht.

SIE Und wie kriegt man das?

ER Das kriegt man so, daß es vielen Leuten so geht wie uns, und daß sie –

SIE Dann kriegn mir vielleicht einen neuen Hitler und dann ham mir weder Freiheit noch Gerechtigkeit. *Kleine Pause.* Mit normalen Mitteln kämpfen.

ER Als Arbeitsloser? Wo denn? In der Betriebsversammlung? Hat man keine mehr. In der Gewerkschaft? Ohne Betrieb? In der Öffentlichkeit mit die Pestbeulen im Gsicht?

SIE Aber wehren muß man sich doch können, mir sind doch
   Menschen.
ER Klauen.
Pause
SIE Mir könnten in die Bildzeitungskästen jeden Tag in der
   Früh eine billige Farb schütten, dann können mir jeden Tag
   ein paar Tausend Zeitungen kaputt machen.
ER Die stellen Millionen im Tag her.
SIE Aber ein paar Tausend könnten die Menschen nicht ver-
   dummen, die paar Tausend, auf die mir eine billige, braune,
   klebrige Farb geschüttet haben.
ER Wie lang geht das.
SIE Bis uns erwischen, aber nicht weil mir ein 1000-Mark-
   Armband gstohlen haben aus Protest, das glaubt uns keiner,
   sondern weil mir gegen die Verdummung der Menschen
   protestieren, gegen die Freiheit, die Bildzeitung zu machen.
ER Dann sperrens uns ein.
SIE Ja, aber vorher gibt es einen Prozeß, und da machen wir
   auf unsere Lage aufmerksam, und auf die von denen, wo in
   unserer Lage sind.
Pause
ER Ein paar Zeitungen jeden Tag. Mein Gott!
SIE Erwin.
ER Was ham mir davon?
SIE Unsere Selbstachtung ham mir davon wieder.
ER Warum?
SIE Sitzt du nicht da und denkst über deine Binkeln nach, die
   wo du nicht hast?
ER Doch.
SIE Aber du sitzt ned bloß wegen deine Binkeln da wie ein
   Waschweib, du sitzt noch wegen was anderm da und willst
   sterben lieber wie leben.
ER Wegn was?
SIE Dreimal darf der Mensch raten.
ER Weil ich arbeitslos bin und es eine Schande ist.
SIE Nicht bloß deshalb, sondern auch deshalb, weil du dich
   nicht wehrst, du bist nicht bloß deshalb zum sterben bereit,
   weil du arbeitslos bist und unglücklich, sondern deshalb,
   weil du dich vor dir schämst, weil du dich nicht wehrst.
   Wenn du dich wehren tätst gegen das Unglück, dann hättest

du kein schlechtes Gewissen, dann tätst du nicht resignieren, dann tät es dir gleich besser gehn, so gut, daß du sagen tätst: jawoll ich bin arbeitslos, aber ich wehre mich gegen diese Arbeitslosigkeit. Und dann könntst du wieder lachen.

Pause

ER Die Farb müßt billig sein, weil man jeden Tag eine braucht.

SIE Und viel.

ER Mischen.

Pause

ER Aber die Polizei tät schnell ein paar Spione unsichtbar neben die Kästen stellen, und mir tun unsere Farb hinein, und schon sind wir ertappt. Ein kurzes Wehren.

SIE Aber mir haben doch Zeit und mir haben Fahrradl. Und mir können immer woanders hin fahren in der Früh mit unserm Eimer und immer in einem andern Stadtteil uns wehren. München ist groß. Und mir brauchen es nicht jeden Tag tun. Un wenn es in der Zeitung steht, daß es geheimnisvolle Kräfte gibt, die wo sowas tun, dann will man wissen, wer tut es, und warum tut er es. Und dann schreiben mir einen anonymen Brief und dann wird der –

ER nicht abgedruckt –

SIE Oder doch, in einer andern Zeitung! Bei den Alternativen, den Grünen, weiß der Teufel wo? Und später kommen mir in die Zeitung, wenn sie uns erwischt haben. Aber nicht als ein Haufen Asche auf den Stufn vor dem Arbeitsamt, sondern mit einem Kopf und einem Mund und Augen, zum Reden, zum Sagen, zum Wehren. *Pause, unsicher:* Ist die Bildzeitung wirklich schuld an unserm Unglück?

ER Nicht mehr und nicht weniger als tausend andere. Es müßt gar nicht immer die Bildzeitung sein. Ich radel am Abend zum Bahnhof und kauf die Zeitungen vom nächsten Tag, die gibts schon am Abend vorher, und dann lesen mir sie alle durch, und dann reden mir drüber, und dann suchen mir die aus, die wo am dreckigsten ihre Freiheit gegen die unsere stellt.

SIE Und der passierts am nächsten Tag.

ER Ja.

SIE Die Idee – ist gut und steht an jeder Straßenecke.

ER Und dann kommen wir ins Gefängnis und sind getrennt.

SIE Ja, vielleicht, das is schwer. Aber draußen sind dann welche, die haben ein Beispiel, daß man sich einsetzt. Mir sind doch gar nicht so allein, so wenig tun doch die andern gar nicht. Da gibt es welche, die ketten sich an Müllfässer, damit die nicht in das Meer geworfen werden können ohne sie, da gibt es welche, die legen sich auf die Straße, damit die Panzer nicht die Straß, ohne sie zu überfahren, passieren können, da gibt es Millionen, die haben unterschrieben, daß sie in Deutschland keine Atomwaffen wollen, die treffen sich, die reden mitnander, die besetzen Bauplätz und die besetzen zukünftige Raketenstellungen. Die tun was. Ich glaub, daß viel mehr Menschen was tun, als wir denken. Und wenn wir etwas tun, was andere nachmachen können, dann hat es doch viel mehr Sinn. Wenn du dich nur verbrennst vor dem Arbeitsamt, dann sehen die andern alle: protestiert hat er, aber jetzt ist er deshalb tot. Das bringt sicher nicht viele dazu, daß sie es dir nachmachen, wenns dich tot sehen. Man muß etwas tun, wo man am Leben bleibt und sich sogar freuen kann noch, weil man sieht, daß man den andern einen hineingewürgt hat… Man muß etwas wählen, was andere gern nachmachen, oder besser machen, nichts, was so traurig ist.

ER Das stimmt. Wenn sich alle Arbeitslosen verbrennen, dann hat die Wirtschaft und der Staat bloß eine riesige Sorge weniger. Dann sind die froh.

SIE Eben, wenn sich aber alle Arbeitslosen dagegen wehren, daß man sie mit Lug und Trug abspeist, dann ist das besser. *Kleine Pause.* Tun mir das zuerst, und erst wenn mir das getan haben und mir sehen, daß es überhaupt nichts genutzt hat, dann bringen mir uns um. Aber vorher muß man alle Möglichkeiten ausschöpfen, die man lebendig hat, das tät ein jeder sagen, der einen Verstand im Kopf hat. Man muß was tun, und man muß mehr tun, als sich aus dem Weg räumen, damit es die andern, die Verbrecher, dann leichter haben, noch leichter, weil man weg ist.

ER Freiwillig gehen mir nicht? Auch wenns keinen Platz mehr für uns haben in der Gesellschaft.

SIE Nein, freiwillig nicht, erst tun wir was.

ER Ja.

SIE Man kann Tiere befreien, die in Versuchsanstalten gefoltert werden für die Kosmetik.

ER Aber nicht fünfzig, wie die im »Stern«.

Pause

SIE Man braucht nicht sich anzünden vor dem Arbeitsamt, man kann im Arbeitsamt eine Scheibe einschmeißen in einem Büro, wo man besonders viel gelitten hat, und dort ein Feuer legen. Man kann in allen Behörden, in denen man mit Füßen getreten worden ist, ein Feuer legen. Man kann viel tun, bevor man sich aus Protest umbringt. Viel tun, was andere nachmachen und besser machen können. Den Selbstmord können die wenigsten nachmachen, und wenn sie es tun, dann auch bloß einmal.

ER Man kann die Reifen von Polizeiautos durchstechen.

SIE Man kann sich wehren, zumindest so lang, bis sie einen erwischen und einsperren. Aber dann sitzt man gut, viel besser, als wenn man verweint und hilflos in der Kuchl herum sitzt und sich nicht hinaus traut. Im Gefängnis sitzen, weil man sich gewehrt hat, das ist doch schön, daheim sitzen und nichts tun, das ist wirklich eingesperrt.

ER Vielleicht wachen mir morgen auf, und alles ist vorbei, und mir denken, jetz haben mir gestern zuviel getrunken und bloß einen Blödsinn geredet.

SIE Nein. Solange du arbeitslos bist, müssen mir nachdenken und ausführen, wie man die, wo uns das Recht nehmen, etwas antun kann. Solang, bis sie uns bemerken. Wenn wir sie zwingen, daß sie uns als ihre Feinde anerkennen, dann ist das Leben nicht mehr sinnlos. Jetzt sind wir arme Hascherl, aber wenn wir sie zwingen, uns als Feinde zu behandeln, dann sind wir ihnen ebenbürtig. Und wenn wir untergehen, gut: denn wir haben es uns redlich erarbeitet... *Kleine Pause.* Frohe Weihnachten, Erwin.

ER Frohe Weihnachten.

Zweiter Abbruch

Hab absichtlich weiter geschrieben – wollte einfach durch, wollte die Geschichte in einem Satz/Sitz hinschreiben. Ist mir auch gelungen, ein Nachmittag Arbeit und ich hatte sie.

Obwohl – klar, obwohl ich wußte, daß sie ab dem zweiten Drittel nicht mehr stimmt, obwohl ich wußte, daß es sogar unsinnig ist, weiter zu machen, weil es einfach nicht stimmt. –

Und warum stimmt es nicht? –

Solang es tief bayrisch ist, ist es schön, und ich könnt es mir im Studio des Münchner Volkstheaters gut vorstellen, daß es so funktioniert – aber, erstens, will ich nicht fürs Studio schreiben, und zweitens hat das Volkstheater keines –

Spaß beiseite –

Der Bruch ist dort, wo die beiden Figuren nach Lösungen suchen – von dort ab ist es die reine, verblödete Erfindung, und man glaubt nichts mehr, weil nichts mehr stimmt.

Das ist leider wahr – ich hab es sogar unbewußt/bewußt markiert: dort, wo es wirklich falsch und verlogen wird, dort schreib ich plötzlich nicht mehr das tiefe Anfangsbayrisch, sondern bin fast hochdeutsch geworden – und bleibe es während des Restes der Geschichte.

Komisch, wie tief das in mir drin ist: es ist schwer, im Bayrischen zu lügen, und es ist einfach, das Lügen in Hochdeutsch... Der Dialekt ist schon die Mutter meiner Literatur.

Dabei –

dauernd schreibe ich »lügen« – was heißt denn das eigentlich? Ich hab die beiden Menschen dazu gebracht, daß ein braver Buchhalter lügt und stiehlt, daß er sich anzünden will, daß seine Frau fragt: gibts denn nichts Besseres, als sich umzubringen – sie sind wirklich am Ende, sie sind dort, wo ich immer gesagt hab, daß es mich interessiert, wo das totale Niedergetretenwerden umschlägt in sich wehren, sich verteidigen –

In diesem Text suchen die Figuren (zusammen mit ihrem Autor, hahaha!) nach einem Ausweg, sie wollen etwas tun und was verändern, sie wollen mehr tun als nichts – und was fällt ihnen ein?

Es ist ja kein Attentat auf Reagan oder sowas, es sind kleine, handfeste Sachen, die sie sich überlegen, die sind gar nicht so ungeheuer weit draußen aus ihrer Identität –

und doch –

es stimmt und stimmt nicht.

Es ist einfach nicht wahr, ich glaub es denen nicht, daß sie wirklich auf solche Gedanken kommen wie Panzer anzünden etc. – Arbeitsamt anzünden oder so – ich glaub es ihnen nicht, ich kann es ihnen nicht glauben.

Also wieder: ich finde keinen Ausweg, ich habe, wie im letzten Stück auch, die Figuren verfolgt, in ihrer Demütigung, ihrer Niedergeknüppeltheit, ihren Schmerzen – und an dem Punkt, wo sie aufstehen und sich endlich wehren müßten, da hör ich entweder auf, weiter zu schreiben, oder ich fang an zu »lügen« – jedenfalls was zu erfinden, wovon ich selber nicht überzeugt bin und was ich als DKP-Good-Will-Scheiße bei andern abtun würde.

Dabei weiß ich, daß es mit den Stücken jetzt weiter gehen muß, sonst schmeiß ich sie in die Ecke und rühre sie nie wieder an – und das wäre schade, Scheißwort »schade« – es wäre falsch, weil erstens weit und breit keiner über die 2 Millionen Arbeitslosen schreibt – weil das allein dem Scheiß-»Theaterheute«-Nostalgie-Schmarrn Paroli bieten kann (auch wenn alles als Rückfall in die finstere DKP-Zeit dann verrissen wird!)

und zweitens –

doch es gibt ein zweitens, weil nämlich das, was ich hab, das ist doch nicht schlecht, das soll und kann man nicht wegschmeißen, das muß man irgendwie bergen, aufheben, rausholen –

mein Gott, beim Tagebuchschreiben tu ich mich wieder mal leichter als bei den echten Texten –

beide Stücke, die ich angefangen hab, das steht jedenfalls fest, sind genau an dem Punkt festgefahren, wo sie in das Positive umkippen sollen, wo dialektisch aus der Scheiße die rote Nelke herauswachsen sollte –

da hängt es bei beiden Arbeiten (denn ich will mir nichts vormachen: beides, der Weihnachtstod und das andere Stück ohne Titel, sind Anfänge von zwei Stücken, nicht von einem, leider!)

Vielleicht sollte ich einfach aufhören, das Scheitern zugeben, aber das ist ja auch nichts, vor allem – sogar wenn eine Bühne sagt, wir spielen deine »Versuche« – dann muß das Publikum immer erst lesen, warum es Versuche geblieben sind – also diesen Scheiß-Text – sonst versteht es nicht, was los ist – außerdem hass ich das.

Ich hab eines wirklich gelernt, mit Theater-Texten umzugehen, und ich hab schon aus soviel aussichtslosen Situationen Stücke gemacht –

hier hab ich gute, doch zumindest teilweise gute Texte, die hab ich doch, und ich komm einfach nicht weiter –

da kann man doch nicht aufhören, da muß man sich doch was Neues überlegen (hab dazu noch ganz andere Themen im Kopf und zum Teil schon angefangen – ich will mal was über einen feigen Dichter machen etc.)

ich platz vor Ideen – aber ich krieg sie nicht in ein normales Stück, ich muß mir was

man muß irgendwas anders machen, es stimmt die Methode nicht, die ich anwende.

Aber ich hab keine andere.

Versuch, Konsequenzen zu ziehen!

Diese Szenen entstanden aus dem Wunsch heraus, schneller mit der Arbeit auf Ereignisse reagieren zu können! Ein normales Stück, geschrieben in konventioneller moderner Dramaturgie, ist ungeeignet, die verschiedenen Aspekte der Wirklichkeit SCHNELL einzufangen, SCHNELL wiederzugeben.

Man muß lange beobachten, alles genau hin und her wenden (um allen beteiligten Figuren gerecht zu werden), lange skizzieren und noch länger planen, damit wirklich ein Stück, das spielbar ist, heraus kommt.

Oft möchte man aber nicht so reagieren; denn diese Art zu reagieren birgt ja schon eine Lüge in sich, die heißt: man tut so, als sei alles, was uns umgibt, GEEIGNET, ein Stück zu werden, als sei alles fertig, erklärbar, nutzbar, einsehbar, abrundbar, beschreibbar usw. Andersrum wäre es wahr: das meiste, das mich in unserer Gesellschaft zur Zeit TRIFFT, eignet sich NICHT für ein großes Stück, eignet sich nicht fürs bekannte Drama. Was mich trifft, ist nämlich seiner eigenen Natur nach unfertig, unverständlich, nutzlos, kaum einzusehen, unrund, unbeschreiblich usw.

Die Wirklichkeit ist so widersprüchlich, wenn man sich auf ihre einzelnen Teile – Nachrichten – einläßt, daß kaum eine für sich genommen ein »ganzes« Stück verdient oder zuläßt.

Andererseits ist schnell reagieren eben auch ein Teil der Lust am Schreiben und Darstellen.

So begann ich mit einem »großen« Stück – wie immer. Ich begann wieder, weil der erste Versuch untauglich schien. Und nach einem weiteren Versuch hatte ich drei untaugliche Stückanfänge und kein Stück.

Nach einer längeren Pause hatte ich das Gefühl, in allen drei Arbeiten sei – auch wenn das Stück, so wie es mir vorschwebte, eindeutig mißlungen war – eigentlich alles gesagt, was ich hatte sagen wollen, die »Kerne« zeichneten sich ab, das Fleisch rund herum weigerte sich mein Inneres diesmal zu liefern.

So kam ich auf die Idee, unter Zuhilfenahme eines alten Plans, einen Einakterabend zu schreiben.

Das wollte ich schon mal, da sollte oder wollte ich zu Brechts »Furcht und Elend des Dritten Reichs« einige Szenen aus der BRD schreiben, und so sollte ein gemeinsamer zusammenhängender Abend entstehen. Der Plan wurde verworfen, weil es mir nicht gelang. Es gelang mir – glaube ich heute – mit Recht nicht. Das eine kann und soll man mit dem andern nicht zusammen tun.

Aber die Methode blieb: kurz und genau, unter Zuhilfenahme einer Minutendramaturgie, Zustände aufreißen, die man mit einer andern Dramaturgie nicht so deutlich und KURZ hätte darstellen können. Und KURZ ist wichtig: weil es ermöglicht, VIELE Aspekte dieser BRD im Jahr 82 zusammen auf die Bühne zu bringen, weil es historisch stimmt: die BRD 82 wird nicht von einem großen übergreifenden Gedanken und seiner Gegenrede zusammen gehalten. Sie besteht aus vielen kleinen Teilen, an ihr ist gar nichts Großes, gar nichts Übergreifendes, gar nichts Ewiges. Die BRD ist ein zerrissener, ungenauer, verwaschener Zustand. Die BRD 82 IST kein großes Stück, aber viele kleine?

Mag sein. Es wurden mehr und mehr Szenen, seit ich mich mit der dramaturgischen Methode angefreundet hatte. Jetzt reicht das Ganze für ein halbes Dutzend Stunden auf der Bühne und ist trotzdem noch unvollständig.

Trümmer und Träume

Zwei ältere Menschen sitzen am Fenster und schauen hinaus.
Vielleicht in eine Decke eingewickelt.

ER I moan, es is uns scho aa schlecht ganga, hauptsächlich
hoid, wiri a Kind gwen bin. Des woaß i no genau, wia da
Vatta gsogd hod – oft hoda des gsogd – etz huifd uns bloß no
a starka Mo. *Kleine Pause.* Und na is eh da Hitla kumma.
Und kaum wara an da Macht, da starke Mo, do hoda glei
amoi die Gewerkschaftn daschlong und die Führa eigsperrt.
Da hams oft debattiert dahoam, die Muatta und da Vata, wei
de Muatta is ja praktisch aus am vui andan Haus kemma, de
is ja freigeistlich erzong worn, des hod ihr da Vata oft vor-
gworfa – und de Muatta hod nachat gsogd, etz siegsd as, wos
des nuzd, a starka Mo, und da Vata hod gsogd: wos nutzn
mi de Gwerkschaftn, wenne koa Arbad hob, weni de Wahl
hob zwischn oana Arbad und da Gwerkschaft, nachat wähl i
de Arbad. Und an Arbad hoda nachat kriagd da Vatta. Des
Vasprechn hoda ghoitn, hoda oft gsogd, des vagiß i erm nia,
daßa mi aus da Schand gführt had. Wei fiarn Vata war de Arbadslosigkeit vor allem a Schand, der hod no an richtign
Stoiz ghabt, des war zwar a Arbeita, aba irgendwo auch a
Herr – komisch.
SIE Wea woaß, wia dei Vata redn dad, oda gredt häd, danach.
ER Des hobima ofd denkt, daßi erm des gern no gfrogd häd,
ob er do a Vabindung siegt –
SIE Zwischn da Arbad und am Kriag?
ER Ja, er hod ja bloß arbadn derfa, weis an Kriag vorbereitet
ham, ohne an Kriag häda koa Arbad kriagd. I vaschde ned,
daßa des ned vaschdandn hod, daß erm den Strick macha
ham lassn, an dems erm nacha aufghängt ham. Dabei is doch
des wirkle koa Kunsd, daßma des durchschaugt, daß da
Kriag am Arbeita bloß schodt, zerschd ziagd er an Gwehr-
lauf, nachat macht a de Bigs, nachat vakafft da Fabriksbe-
sitzer de Bigs zu am horrenden Preis an Staat, oiso an kloan
Mo zrück, nachat kriagd er de Bigs umghängt und marschiert, und schiaßd irgendwo, wo er no nia war, wo er gor

ned himecht, wora nix valorn hod, wo er koan kennt, an andan kloan Mo zam und zindt a Hittn o, so lang, bis an andara kloana Mo erm daschiaßd und sei Hittn ozindt. Und de zwoa ham se no nia im Lem gseng, de kenna sich gar ned, de wissn ned amoi an Nam vonananda, de ham a koan Streit, weis tausend Kilometa weid ausnanda wohna. Daß no Menschen gibd, de in Kriag gengan –

Kleine Pause

ER Koid isma, mia is heit irgendwia koid, da Somma laßt nach. Wennma etz an Ofa hättn, kannt ma eihoazn – so derfma wartn, bis de Hausvawaltung de Kältn fia würdig findet, daß wos dageng duad.

SIE An Elektroofa kenna ma ostecka.

ER A Feia, i moan a Feia.

Pause

ER Glabsd du, daß zvui Menschn gibd auf da Weid?

SIE Warum?

ER Ma kannt doch olle Arbadslosn auf oa Insl im Pazifik doa, und nacha laßt ma a Atombombn los und des Problem is gelöst, zwoa Milliona Deitsche, drei oder vier Milliona Englända, zehn Milliona Amis, an Haufa Italiener, a por Belgier, und so weita, de wern abtransportiert, eingschifft, mit unbekannten Ziele weg, und nachat kummas auf a Insl, und nachat sengs bloß an helln Punkt, ungewöhnlich hell und groß, und sie denga, mei is des a Sonnenaufgang im Meer, und nachat rennas olle ans Ufa und woins seng, und dea Punkt kimmt näher, und nachat werds auf oamoi so warm, und da rennas olle ins Wassa eine, aba des Wassa is a scho warm und sie seng wia am Horizont midm Liacht a ganz a große Welln kimmt, de kocht, ma siegd, wias aufkocht ausm Meer, und de kochate Welln und des hoaße Liacht kumman näher und schbuin iba des Ufa und de Insl druaba, und ziang weida, und äschern ois ei, schburlos. Wenn späta a Ufo vom Mond kimmt, des schdeid bloß no an Staub fest, vui Aschn, de in olle Farbn leicht, da Atomstaub is so bunt und so hoch, daßma eisinkt, a paar Meta tiaf, aba da Staub is fast schwerelos, den ko ma aufwirbeln zu oana Woikn, de in Regnbognfarbn nachat am Himme städ. De Marsmenschn macht de Strahlung nix aus, de ham des längst hinta sich, de ham strahlnsichere Anzüg an. Vum Menschn weit und breit

keine Schbur. Im Meer, hundert oda zwoahundert Meta
tiaf, alles tot, erst weida untn wieda Viecha, Fisch oder so
was Ähnlichs, die warn ibahaupt no nia, seid die Welt besteht, obn, de wissn nix, de kennas ned andas, de san in da
Dunklheid vom Wassa, de wissn nix vum Liacht, und des
war erna Rettung. *Pause.* Draußn im Weltall fanga de
Mondleit manchmoi wos auf, Morsezeichen, Funksignale,
aba sie denga sich, des kimmt von woanders her, des kimmt
ned von dem staubbedeckten, verstrahlten Stern, wos grod
warn, drum fahrns weida und suacha woanders.

SIE I hob gmoant, des san bloß de Arbadslosn –

ER I hobs scho weida denkd, daß da Hergod de Notbremsn
ziagd, weila si dengd, oan Fehla hobe gmacht, da Mensch is
ma mißlunga und aus da Kontrolln gratn, bevor daß er mir
des ganze Universum zastört, zastör i erm.

SIE Aber mia san doch sei Ebnbild.

ER Des glabi ned, mia san a Fehla, den dad a koa zwoats Moi
macha. Wos soin der in uns wieda aufwecka, dea is doch
froh, wenn a Mensch dot is, dea muaß doch sei ganze Schöpfung im Kobf hom und ned bloß an Mensch. Moanst wirkle,
dea mog uns liaba ois wia de Wale oda de Robben? Warum
denn? Habgier, Haß, Neid, Brutalität und Bosheit, des is
doch im Menschn, des is doch ned in da Natur.

SIE Sigsd ois schwarz heit.

ER Is ned aso.

SIE Na.

ER I schdei ma des so vor: i kriag an Gartn, und i oana
schwern, langan Arbad mach i an ollaschenstn Gartn aus da
Wüste, und es wachgst und gedeit, und de Viecha san da, Eidechsn, und Vögl und Käfa, und ois, wos em in oam Gartn
drin is, und nachat bini fertig mid da Arbad, und nachat setz
i no an Gartnzwerg eine, und nachat leg i mi ins Bett, und
wia i in da Fruah aufwach, da merk i, daß der Gartnzwerg as
lem ogfangt hod, und i deng ma, guad, na werda si scho frein
über mein Gartn. Aba wos duad a? De Bam schneidt a zam,
de Viecha bringt a um, grod werka duad a und ruiniert ois,
wos i gmacht hob.

SIE Na vatreibst erm.

ER Den vatreib i ned bloß, i daschlogn aa no.

SIE Aba wenna si hisizt und schbuit Musik?

ER Musik?

SIE Mozart, Beethoven. Er sitzt do und macht Musik und lacht und freit se.

ER De wo Musik macha, derfa bleim.

SIE Und Kinda kriagns, und woana dans, wenn oans stirbt, und betn dans zu dir, und sovui Böse wias gibd, sovui Guade gibts, und wennsd wo neihaust, triffsd olle zwoa Sortn.

Sie sehen Schwalben.

SIE Wia lang de scho kumman?

ER Schwoibn kenna sehr oid wern, hoaßts.

SIE Wieso woaßd du des?

ER Des woaß i nimma, wieso i des woaß. Aba sei duads aso.

SIE Wenns auf ernam Flug in den Südn ned vo de Italiena zamgfressn wern.

ER Glesn weris wo hom.

SIE Wos?

ER Daß oid wern kenna, de Schwoibn.

Pause

ER *summt:* Schon sind die Schwalben gen Süden gezogen –

SIE No ned, etz muaß erscht no amoi richtig Summa wern!

ER I moan des Liad.

SIE *lächelt, nickt und singt es dann im Gegensatz zu ihm richtig:* Schon sind die Schwalben gen Süden gezogen. Über die Felder, die Wälder und Auen. – So hoaßts.

Pause

ER Wennma de Vögl, wo im Herbscht unwidastehlich nach Südn drängan, auf Grund vo ernana innan Uhr, wennma de ned fliagn laßd, sondan eisperrt bei uns, nachat fliagn de trotzdem!

SIE *schaut.*

ER De fliagn in ernam Käfig auf da Südseitn. Und wenn de, wo in Wirkligkeit in Südn fliagn, wenn die scho in Afrika han –

SIE – am Kap der guten Hoffnung –

ER Des woaßi ned. Aba wenn de in Afrika ernan Schwenk nach Ostn macha, damits in afrikanischn Kontinent nei-fliagn kennan genau an da richtign Schdei – wenn de des macha in Wirkligkeit – nachat machan de Vögl, wo eigsperrt san, den Schwenk mid und fliagn auf oamoi im Käfig aa nach Ostn.

SIE Des glabi ned.

ER Wennis sog. Des hobe im Fernsehn gsegn, de *hochdeutsch:* Simulation der eingesperrten Vögel mit dem Drang nach Süden!

SIE Wos hoaßd Simulation?

ER Simulation hoaßd: I schdei ma vor, i mach wos, wose in Wirkligkeit ned macha ko. Aba mei Vorstellung is stärka wia de Wirkligkeit, de wo mi behindert. *Nickt, strahlt.*

SIE Aba warum de imma wieda in Südn fliagn, des woaß ma ned.

ER Weis erna bei ins zkoid is.

SIE Freile, des is doch klar. Aba da wirkliche Grund! Wei, wenn des da oanzge sei dat, nachat kanntns ja in Afrika bleim, wei dort is ollawei warm, und de Reise waar nimma nötig!

ER *hochdeutsch:* Die Heimat ruft!

SIE Aba Afrika is ja aa erna Heimad.

ER Zugvögel ebn.

Pause.

SIE Da sans wieda.

ER Schön. Hallo, wia gäds eich? Schon startklar?

SIE Esl.

Pause.

ER Des han imma de gleichn, wo kemman. Des findn ollawei wieda her. Tausende Kilometer sands weg, und nachat kemmans.

SIE Da Instinkt.

ER *lacht.* Da fliagn de irgendwo in Afrika weg im März, und nachat fliagns de tausend vo Kilometa und nachat findn de haargenau do her zu ins.

Sie lächeln.

SIE Soie doch an Elektrohoaza omacha?

ER Ja, koid is ma.

SIE Mir aa.

Pause

Über die Angst vor Gewalt

ER Vielleicht is der Widerstand bloß bei uns noch nicht angekommen.

SIE Nein, bei uns ned.

ER Ich glaub, daß es das is, was man mir als erstes und Wichtigstes ausgetrieben hat. Ich weiß es noch, ich hab einen
Lehrer ghabt, der war gefürchtet, so ein alter Nazi, der had
ned bloß den Hitler verehrt – des war mir damals als Bub
wurscht –, sondern der hat auch zughaut, der hat noch
Tatzn gem, aber so schon, gell, daß dir die Händ aufgschwolln sind wie – und dann bin ich versetzt worn und
hab einen andern Lehrer kriegt, und dann war ich froh und
habs daheim verzählt. Und da hat die Mutter gsagt, das
vergiß ich nie: freu dich nicht zu früh, weil immer im Lem
wirds so einen gem, dem kannst ned entkommen, einer is
immer über dir und wennst ned tust, was der sagt, dann
kriegst ein paar hinauf. Das is leider so im Lebn.

SIE Wars so?

ER Tatzn hab ich keine mehr kriegt, später, aber Watschn
noch genug *leise, lacht plötzlich ein wenig, unsicher:* Ich hab
des vollkommen vergessn – *kleine Pause* – oder ned vergessn, aber vadrängt em, weil es is ja keine schöne Erinnerung: ich bin unheimlich viel ghaut wordn in meiner Jugend.
Schaut, lächelt, nickt. Doch, des stimmt *kleine Pause* auch
wenn es mir ned viel gschadt hat – *wieder kleine Pause, unsicher* – körperlich mein ich, ich hab keine Gehirnerschütterung ghabt, und ich bin nie von Balkon gschmissen wordn
und auch ned mit dem Schürhakn ghaut worn, sondern bloß
mit dem Praker – ein paar Mal hab ich mich – *kleine Pause,
schaut und lacht* – ich hab mich ein paar Mal anbieselt, wie
ich ghaut worn bin, einfach aus Angst, oder irgendwas, is es
einfach glaufen, wie ich ghaut worn bin, bloß ein paar
Spritzer meistens, aber des is öfter passiert – ich möcht gern
wissn, wie oft des in meim Lebn passiert is –

SIE *schaut weg, es langweilt sie, oder es ärgert sie, weil es ihr
genauso geht, oder will sie nicht so »weit« zurück?*

ER – ich mein bloß, daß mich das *Pause, sucht Worte, unsi-*

cher: da obn – *langt an den Kopf* – geprägt hat, oder nicht geprägt. *Unsicher:* Wenn man einem dauernd auf den Kopf haut, ich bin viel auf den Kopf ghaut worn, das muß sich im Kopf doch abbilden –

SIE Abbilden?

ER Ich mein – wenn man z.B. ein Viech mit der Hand haut, dann wird es handscheu, das is sogar ein Fachausdruck, handscheu, und drum soll man ein Viech nie mit der Hand hauen, sondern mit was anders – jetz is das ein Viech – doch, ich tät es schon gern wissn, wie oft ich vor einem gstanden bin, der größer und stärker war, und der hat mich links und rechts hergwatscht, und ich hab nix anders tan, als ein paar Spritzer aus Angst ind Hosn zu lassen –

SIE hättst zruckghaut –

ER Da hätt ich viel zum hauen ghabt. Die Mutter hat weniger ghaut, aber dann hats ja wieder gheirat, und der Plembin hat dann wieder das Hauen angfangt, nicht bloß mich und die Rosa, also wo nicht seine leiblichen Kinder warn und wo man es verstehn hätt können, sondern den Hermann, die Zitha und den Berndi auch – uns alle, mich vielleicht am meisten, weil ich der größte war, aber das soll doch normal sein. *Kleine Pause.* Schau mich ned so an, als wenn ich mich beschwern tät, ausweinen bei dir – nein. *Lauter deutlicher:* Ich möcht ja bloß wissen, was das Hauen da drin in meinem Kopf geändert hat, von meinem Auf-die-Welt-Kommen bis – vielleicht – zu meinem 20. Lebensjahr. Und daß ich nicht weiß, was das verändert hat in meinem Kopf. *Pause.* Ich weiß es nicht. Is das so ein großer Unterschied, ob man groß is oder noch ein Kind? Der Stiefvater hat mich ghaut, der Lehrer – der eine besonders – und dann in der Arbeit, in der Lehr, das hast doch gar ned zählen können, wie oft du da von eim ältern Kollegn oder vom Meister ein paar hinter die Ohrn kriegt hast.

SIE Von mir bist jedenfalls nicht gschlagn wordn, hast ein Glück ghabt, gell!

ER *nickt, schaut, kleine Pause.* Ich kotz dich an, gell.

SIE Ja, weil du suchst bloß Entschuldigungen, nichts als wie Entschuldigungen, und da findest immer einen, der schuld is, den du verantwortlich machen kannst, der es war – vom Papst bis zum Hitler, von der Mama bis – du hast keinen

Willen, nach vorne zu gehn, du hast einen Willen, vorn und hinten Entschuldigungen zu suchen für dein Stehnbleiben und Zurückweichen. *Kleine Pause.* Ich glaub, daß du wirklich feig bist. *Kleine Pause.* Warum kommst denn nie zu was Konkretem. Ich hab dir was vorgeschlagen, und was tust du, du haltst mich damit auf, daßd mir eine ellenlange Begründung dafür lieferst, warumst dich wieder mal raushalten wirst – weil da Bubi so viel ghaut worn is, und außerdem von schwächlicher Statur – laß dich doch einglasen und mich in Ruh –

ER Für mich is das wichtig. Ich bin einer Ordnung zu-geschlagen worden, der ich mich gefügt hab, die ich erfüllt hab, die ich nicht verletzt hab. Und wenn, dann is einer groß über mir gstanden und hat auf mich runter droschen –

SIE – hättst dich gwehrt!

ER Da hätt ich viel zum tun ghabt, von der Mutter übern Stiefvater bis zum Lehrer, und zu die Meister, und dann, nachdem ich einzogn wordn bin, die Feldwebel. Auch wenn ich nimmer an die Front kommen bin, ich war mit 18 Jahren, wie der Krieg vorbei war, kein freier Mensch, ich war ein an ein eisernes Spalier genommener Baum, und das Spalier hat mich ohne jede Rücksicht darauf, wie der Baum hätt wachsen wollen, in seine Richtung gezogen, Zentimeter um Zentimeter.

SIE Es gibt auch andere, bei denen is es umkehrt, die sind auch gschlagen wordn und heut –

ER – schlagen sie. Aber wen? Ihre Kinder oder wen?

SIE Oder ihre Frau, freilich, such dir nur immer das raus, was dir paßt. Mein Gott, wie der tut, als wenn der Widerstand etwas wär, das man unter Millionen Fällen bloß einmal finden tät, als wenn das bloß die Manderl vom Mond machen tätn. Schau dich doch einmal um in der Wirklichkeit, da kämpfen Indios in Brasilien für ihre Rechte, Mineros in Bolivien, Neger in Afrika –

ER Weit weg alles –

SIE *laut:* Alles weit weg? – Dann geh doch die 10 Minuten in das besetzte Haus – geh einmal hinüber und sag: Hallo, guten Tag, aber du bist ja zu feig, auch bloß dran vorbei zu gehen, vorbei zu gehen –

ER Stimmt, ich hab Angst. Komisch, ich hab eine furchtbare

Angst. Ich hab Angst vor der Polizei, sogar wenn ich dran vorbei geh, ich hab Angst, und wenn ich es im Fernsehn seh, wie sie draufhaun mit die Gummiknüppel auf die Köpfe – die haun auf die Köpf, das sieht man genau – dann hab ich Angst. *Kleine Pause, dann sehr laut, schreit es heraus:* Ja, freilich, ich hab Angst, ich hab Angst, daß ich mir in die Hosen mach. *Kleine Pause, er denkt nach:* Ja. *Leise:* ich hab Angst vor einem Wasserwerfer, vor einem Schlagstock, vor einem – *kleine Pause* – vor einem Schuß hab ich keine Angst, komisch, weil ich mir denk, daß er tödlich ist, ich hab Angst vor dem Wehtun. *Kleine Pause.* Obwohl ich gar nicht so empfindlich bin, beim Zahnarzt z.B. sagt der immer, Sie halten was aus! Ich hab – *kleine Pause* – ja – *sehr leise:* ich hab vor der Gewalt Angst, die hinter einem Schlagstock steckt, da steckt doch was dahinter, davor hab ich Angst, Schiß. Da is was dahinter, hinter dem – *er macht einen Schlag von oben nach unten* – nicht der Schlag, nicht daß es weh tut – Gewalt, etwas, das mir bekannt is, mit dem ich nicht umgehen kann und vor dem ich eine wahnsinnige Angst hab.

SIE *lächelt.* Ich hab dich jedenfalls nie gschlagn!

ER *schaut sie an, nickt, muß lachen.* Komisch. Du hast keine Angst vor die Schläg, und ich, wo so viel ghaut worn bin, wo ich eigentlich eine Übung haben müßt, wo es mir eigentlich bekannt sein müßt, ich fürcht mich davor.

SIE Ja, dabei bist du nicht blöd, es is doch ned so, daß du es ned durchschauen tätst, was lauft in unserm Land. Ganze Vorträg haltst du mir, wie der Arbeiter grad jetz wieder ausgschmiert wird, und was es heißt, wenn mir aufrüsten, aber tun tust nix – das is das Komische, daß ich bei dir merk: man kann es wissen, besser vielleicht sogar wie so mancher andere und nichts – nichts – tun.

ER Ja, das gibt es.

Über das Jenseits

ER Nein, das glaub ich nicht.
Kleine Pause
Nein. Was wär denn in mir, das es wert is, daß sich jemand die Mühe macht und es »wiedererweckt«. »Herr, du hast mich aus der Gnade gestoßen«, heißt es, wenn einer stirbt, jedenfalls hat es der Pfarrer gsagt beim Salmos, auf deutsch hat er es gsagt *lacht* und ich hab es mir gmerkt. Aus der Gnade des Lebens hab ich verstanden. Aber, hat der Pfarrer gmeint, nach diesem »vorübergehend« wird er inzwischen auf der andern Seiten vom lieben Gott schon begrüßt wordn sein. *Kleine Pause.* Als ob der nix anders zu tun hätt, der liebe Gott! Und wenn er gar nix zu tun hat – was is es denn wert in mir, daß es gerettet wird für die Ewigkeit. *Lacht.* Da herunten auf der Welt hams mich braucht, vor allem weil ich ein guter Arbeiter war, aber jetz bin ich denen da herunten schon zu alt und langsam, und im Himmel solls ja keine Arbeit gem, also, das fallt weg, Polsterer brauchens dort keine, da hams ja die Wolkn. *Pause.* Ich kann mir mich ohne Arbeit ned vorstelln, was soll man tun den ganzen Tag, und warum soll man noch was tun, wenn man tot is. Dann nickt der liebe Gott, schaut mich an, schüttelt den Kopf, denkt nach und fragt mich – *er lächelt dabei:* Was hast denn sonst noch getan auf der Welt, was du mir sagen kannst, was Besonderes, damit ich einen Grund seh, daß ich dich wiedererweck, weil es was is, von dem ich mir denk, das soll weiter lebn, was sag ich dann? Da denk ich jetz oft dran, was sag ich dann? Ich bin ein guter Schachspieler, sag ich dann, das is meine Leidenschaft, mein Hobby, das Schachspielen. Wahrscheinlich findet der liebe Gott, weil er allwissend is, das Schachspielen aber so langweilig wie ich das Schwarzer Peter. Vielleicht sagt er zu mir: paß auf, ich zeig dir ein paar, die ham was getan, was Erweckenswert is, vielleicht fallt dir dann auch was ein: und dann zeigt er mir die von Green Peace, die wo tot sind, aber Wale und Delphine und Robbenbabies gerettet ham, und er erklärt mir: das is nämlich meine Schöpfung, und daß die sich dafür eingesetzt ham, daß meine Schöpfung nicht ausradiert wird, dafür sinds jetz hier. Und dann zeigt er mir

vielleicht einen Indianer, der für das Wohl seines Stammes gestorben is, und jemand, der eine große Erfindung gmacht hat.
– Wer ruhig schlaft, kommt nicht in den Himmel – ich hätt nix
ghabt, aber ich hätt ihm gsagt, nachdem ich mich verbrennt
ghabt hätt: ich hab es nicht ausgehalten mehr.

Klassenfrage

ER Na, des midm Büro war ned guad, im Büro hobi mein Charakter valorn. I war doch stoiz, daße koa Arbeita mehr bin, i war doch froh, daßi Lohnbuchhalta wern hob kenna, i hob mi doch oft gfuit, ois wenn i da Belegschaft as Geid persönli gem dad. Da is da Klassnuntaschied drauf ganga, wiri von da Werkbank an Schreibdisch ganga bin, und i war zblöd, daßi des gmerkt häd und wos dagegn do häd.

SIE Mei, des is aba aa da Schnee von vorgestern.

ER Aba es druckt mi ollawei no. *Pause, er schluckt wieder, als wenn er würgen tät.* Allein. Seit i im Büro gwen bin, han mir alloa, hab ich koan wirklichn Bezug mehr zu die Kollegn ghabt, hobi mi ois wos bessas gfuit und die andan ham mi ausgstoßn. Drum sitzma etz do und san allein. Wo kenna mia denn higen? Zu oana Gwerkschaftsvaanstaltung? Zu am Mietavarein, zu am Kleingärtnerbund – woaßt du, daß mia ganz alloa san? Mia san isoliert und mia ham uns seiba isoliert. I häd ned umschuln soin, i häd a Prolet bleim soin, de hoidn zam. Da war ma da Wirklichkeit näha, bestimmt. Des kummt ma heit imma noch feig vor, daß i damals aufgherd hob: Fahnenflucht. Fahnenflucht vor mir seiba. *Pause.*

SIE Ob du heit ois Schmied no a Arbad hädsd? Ob ma do ned genauso do sitzn dadn?

ER Aba i waar a Schmied, des is doch an Untaschied und ned a Büromensch.

SIE Schmied, da dadns di doch heit am Arbadsamt auslacha.

ER De lacha aso aa. I häd ja auf Werkzeugmacha umschuln kenna. Wo i a Liebe zum Eisn ghabt hob, hädi Werkzeugmacha aa wern kenna. De Liebe zum Eisn –

SIE Die Liebe zum Eisn! Du dadst heit genauso zum oidn Eisn ghearn, mid oda ohne Liebe zu deim Eisn.

ER Der Mann aus Eisn.

SIE *nickt, lacht.*

ER Die große weite Welt –

SIE mia is kalt –

ER mia aa –

SIE Tun mir doch den Elektrowärmer einschaltn.

ER Ja. *Tut es, es ist ein Radiator.*
SIE Dea braucht mehr Strom ois er warm macht.
ER I wuis wärma hom.
Pause

Mittagessen

*Willi allein in der Küche. Er ist beim Geschirrabspülen. Aus
dem Radio hört man die Meldung, daß jetzt gleich der Hausfrauenfunk kommen wird. Willi schreit auf, macht das Radio
lauter und arbeitet schnell und schneller; bis er fertig ist.*

*Dann steht er da, geht zum Kühlschrank, schaut hinein.
Macht ihn wieder zu. Nimmt von der Kredenz ein Kochbuch
herunter, blättert drin herum, »spielt« den Begeisterten und
den Verzweifelten; simuliert, was er alles brauchen wird.
Rauft sich die Haare!*

*Dann hat er eine Idee: er zieht sich aus, rennt in das Zimmer
seiner Frau und holt sich dort Strümpfe, Straps, Mieder, Rock,
Bluse etc., alles, was er an »Weiblichem« finden kann. Er rennt
damit in die Küche und zieht sich das alles – unter den Klängen
und Worten des Hausfrauenfunks – an. Er ist zufrieden mit
sich.*

*Er rennt ins Bad, schaut sich im Spiegel an, ist bestürzt und
macht den Rest des verbliebenen Schnurrbartes ab; dann setzt
er sich ein Tüchlein auf, wie es »Hausfrauen« gerne aufsetzen,
wenn sie Hausarbeit machen, und rennt so wieder in die
Küche.*

*Er beginnt nun etwas systematischer mit den Vorarbeiten zu
einem Essen; wirklich nicht ungeschickt. Dann fällt ihm ein Ei
oder was Ähnliches auf den Boden. Er schreit hysterisch auf
und rennt nach Putzzeug, immer unter wilden Gestikula-
tionen: er spielt den Putzzwang. Plötzlich hält er inne, er starrt
auf die Ata- oder Vim-Dose, Pause. Er lächelt so, als würde er
ein liebenswürdiges Kompliment erhalten haben, schüttelt verlegen den Kopf, wartet; dann rammt er sich, so gut er kann, die
Ata- oder Vim-Dose zwischen die Beine.*

*Er schreit verletzt oder »entjungfert« auf, spielt das Wehren
und Neinnein, tut dann so, als würde die Kraft des Mannes ihn
überwältigen und er nachgeben. Spielt den Geschlechtsverkehr
mit wachsendem Entzücken.*

*Er klemmt die Dose zwischen die Beine, unter den Rock,
watschelt zum Radio, macht es besonders laut und tanzt in der
Küche herum (Hausfrauenfunk mit Musikeinblendungen und*

*Werbung!) Dazu spricht er, mal männlich tief, mal weiblich
hoch:*

Ich geh jetzt – ja geh nur – sei nicht traurig, es muß sein – ich
hab dein Kind in mir, geh nur – tapfere kleine Frau – Liebster
– das Schiff wartet nicht – *lacht tief* – ich weiß – ob in Bombay,
Rio und Shanghai, ich denk an dich – ich auch – nenn das Kind
Otto, wenns ein Junge wird – Otto – ja Otto – gut Otto – *lacht
tief* – wenn er dich mit 15 verprügelt, mach dir nichts draus,
ich war genauso – ja Otto – und wenn er Seemann werden will,
kleine Frau! leg ihm nichts in den Weg – nein Otto – und bleib
mir treu, verstehst du – immer Otto – irgendwann, du weißt es
nicht, steh ich wieder vor der Tür – ich warte auf dich – und
bin da, einfach da – jajaja – und wenn ich dann – nie – wenn ich
dann – nie *lacht tief* kleine Frauen müssen sauber bleiben, ganz
gleich, was ihre Männer treiben – ja – adieu Seemann, adieu –
tschüß du süße kleine Fotze, ich denk an dich –

*Er rennt zur Tür, schmeißt sie hinter sich zu, oder vor sich,
starrt die Tür an, nickt, Pause.*

*Das Spiel ist anscheinend vorbei, es fällt ihm nichts mehr ein.
Er denkt nach, zieht langsam die Frauensachen aus, schmeißt
sie hin, steht da, wartet, blättert im Kochbuch, strahlt plötzlich.
Er nimmt verschiedene Gewürze und schüttet sie sich über den
Körper, dabei krümmt er sich wie ein Braten zusammen, er be-
schmiert sich mit Fett, läßt Speiseöl über sich laufen, nimmt aus
dem Kühlschrank verschiedene Dinge und »garniert sich
damit«, versucht, sich mit einer (Wäsche?-)Leine zu binden. Er
will wohl einen Rollbraten machen aus sich.*

*Er öffnet das Backrohr, will hinein, kommt aber nicht
hinein. Er macht die große Platte (Elektroherd) an, starrt, setzt
sich schließlich drauf, so wie er ist. Er spielt die langsam auf-
kommende Hitze. Friert er oder brät er schon?*

Er hält es lange aus und sagt: Gegrüßet seist du Maria voll
der Gnaden, der Herr sei mit dir, du bist gebenedeit unter den
Weibern und gebenedeit ist die Frucht meines Leibes Otto.
Heilige Maria voll der Gnaden, bitte für uns arme Sünder jetzt
und in der Stunde unseres Todes Amen. Guten Appetit.

*Pause – mit einem Satz springt er herunter vom Herd, schreit
und gestikuliert, rennt heulend aus dem Zimmer, kommt zurück, rennt, wie wenn er »Pfeffer im Arsch« hätte, in der Wohnung herum, jammert, stöhnt, heult, wirft sich auf den Boden,*

springt wieder auf, rennt zum Kruzifix, wirft sich davor auf die Knie und sagt: Schau mich an, was ich getan hab für dich. Es ist dein Kind, das ich in mir trage. Ich will es tragen stolz wie eine Königin und gebären in Schmerzen. Komm herunter, wir brauchen dich, du armes Schwein, schau uns an. Wer alle Schmerzen freigiebig verteilt, was soll dem noch bleiben? Schau, wie dein Kindlein Hilfe braucht, schau es an, schau nur, welcher Hunger, welche Neugier, wie ein Vogel so leicht, wie ein enthäutetes Kaninchen so zart und wie Beton so hell. Magst ned? Kein Interesse an deiner family? Ha? Biebbieb-bieb! Wo is Henderle? Ha? Biebbiebbieb, schau, es gibt ein feines Fresserchen! Kommkommkomm!

Pause. Er starrt auf das Kruzifix, auf seinen Bauch, dann wild: Wenn er nicht will, dann will ich auch nicht. Wie du mir, so ich dir. Ja von was sollen mir denn leben, du Depp du damischer, ha, wenn du keine Arbeit hast und bloß herumhängst? Hast du dir das einmal überlegt, ha, du arbeitsscheuer Wind-hund! Runter und arbeiten, wie es sich gehört. Soll ich dir Beine machen?

Er nimmt ein Einwegfeuerzeug und brennt dem Jesus am Kreuz die Füße an. Er sagt: Jetzt wirds dir warm, gell! Jetzt hupfst herunter, weil ich dir sonst die Haxen abbrenn. Ver-standen. Hupfen sollst! *Pause: er starrt das Kruzifix an.*

Er sagt: Tut nicht, der Herr, was man ihm sagt. Gut! *Laut:* Dann will ich auch kein Kind von dir. Das kann ich mir gar nicht leisten, daß mir der liebe Gott ein Kind hineinspeibt und sich dann aus dem Staub macht. Nix da. *Schlägt sich auf den Bauch.* Pfui, pfuipfui, gehst weg! Du bist nicht eingeladen, man geht nicht wo hinein, wo niemand herein gesagt hat, man klopft an, wenn man wo hinein will! *Er spielt Wehen.* Wehe, wehe du Viech, wennst mit dem Kopf heraus schaust, dann schlag ich dir den Schädel ein – buz, buz, buz, wo is Biberle, wo is – pfmmm, pfmmm.

Dritter Abbruch

Denke mir grade: die Wirklichkeit ist doch ein bescheuerter Schreibpartner: Sammle derzeit – ja »sammle«, ein schreckliches Wort – Arbeitslose, die Selbstmord begangen haben. Es kommt immer wieder und immer öfter vor in der Zeitung – am schrecklichsten der arme Kerl, der sich vor dem Arbeitsamt verbrannt hat. Auch das Betteln – wenn ich von unserer Wohnung zum Viktualienmarkt einkaufen geh, dann komm ich bei drei oder vier Bettlern vorbei – ist mir früher nicht aufgefallen. Waren sie nicht da? Oder sind es mehr geworden? Ich glaub schon, daß es mehr geworden sind.

Aber diese Beobachtungen helfen mir so wenig weiter, sie sind so hoffnungslos. Ich will die Geschichte mit der Selbstverbrennung vor dem Arbeitsamt schon schreiben – aber was soll es? Wem macht es Mut? Und wenn die Bettler Arbeitslose sind – wem soll das helfen? Was ist das für eine Empfehlung? Ich hab immer mehr das Gefühl (viel mehr als bei andern Stücken diesmal), daß mir das Thema einfach über den Kopf wächst, daß ich ganz verrückt werde beim Schreiben.

Schließlich muß aber doch jemand darauf reagieren, auf 2 Millionen Menschen im Unglück muß man doch reagieren, die kann doch die Literatur nicht einfach links und rechts liegen lassen. Aber es endet alles so depressiv (mir spukt immer noch dieser blöde sozialistische Realismus im Kopf herum, immer noch!) –

nein, ich setz mich hin und schreib jetzt einfach mal runter, runter – es muß raus. Ich schmeiß sonst alles hin.

Aber dieses Mal ist das Problem, daß die Sache selbst so viele Aspekte hat – das Thema »Arbeitslosigkeit« ist so groß, so variantenreich (wieder so ein elendes Wort, diese Scheißdichter, die sich am Elend der andern aufgeilen und ihre Schreiberei damit füttern!) – ich will möglichst viele Varianten und »Vorfälle« beschreiben, weil ich ein Tablett schaffen möchte mit – ja »Schlachtschüssel« nennt man es und ist es wohl auch, des Kapitalismus gebenedeite Schlachtschüssel – (positive Idee: jemand hungert so lang, bis die Entlassung von ihm selbst und die seiner Kollegen zurückgenommen ist – das geht aber nur auf einer Massenbasis, nicht als individuelle Plauder-, Dämmer-, Kampfstunde. Und wie kriegt man Massen auf die Bühne, ach Gott, die Katze beißt sich immer wieder selber in den Schwanz!)

Brennen wie ein Licht im Dunkeln

SIE Willi, ich hab eine Entdeckung gmacht.

ER Amerika?

SIE Nein, einen Benzinkanister unter deim Bett.

ER Unter meim Bett is kein Benzinkanister, so ein Schmarrn,
spinnst etz du.

SIE Da is er, der war unta deim Bett.

ER Dea war ned unter meim Bett.

SIE Wo ich Staub außergwischt hab, hab ich ihn gfundn.

ER Du brauchst ned in jeder Eckn herumgeistern und spioniern.

SIE Ich hab ned spioniert, ich hab sauber gmacht.

ER Ja, gut.

SIE Fia wos brauchst du einen Benzinkanister?

ER I hob ma denkt, es is eine Lösung.

SIE Ohne mir was zum sagn.

ER Es hätt eine Überraschung werdn solln. Hättst es aus der
Zeitung glesn, hättst dir denkt, mein Willi, einen guten Kern
hat er doch ghabt, alles hat er sich ned antun lassn, und er hat
sich gwehrt.

SIE Gewehrt?

ER Freilich, er is hingangen, hat sich übergossen und an-
zundn.

SIE Und is vabrennt.

ER Es wär groß in da Zeitung gwesn.

SIE Mit Bild.

ER Ja.

Pause

ER I hab mir denkd, daß ich dich und mich befrei damit.

SIE So.

ER Dich von mir und mich auch von mir.

SIE Uns von uns.

ER Uns von uns.

SIE Und warum soll ich von dir befreit werdn?

ER Des sog i ned.

SIE Das is dein Geheimnis.

ER Ja.

SIE Du Schwein.

ER Was?

SIE Du Schwein, hab ich gsagt.

ER Weil ich einen Anstand hab und dich nimmer mit mir belastn will und ein Zeichn setzn will, daß ich mit mir ned alles machen laß.

SIE Ich bin deine Frau, ich sag es dir schon, wenn ich von dir genug hab.

ER Sagst nicht, aber hast schon lang denkt.

SIE Hab ich nicht.

ER Doch.

SIE Des werst du wissn.

ER Des fühlt man.

SIE Hörst das Gras wachsn.

ER Ja, weil es laut genug is. Ein Selbstmord aus Verteidigung.

SIE Schöne Verteidigung.

ER Wie ich vorige Woch auf dem Arbeitsamt war, da hab ich gsagt: jetz bin ich schon über ein Jahr arbeitslos, wie lang soll denn das noch dauern, auf was muß ich mich denn einstelln? Sagn Sie es mir, hab ich gsagt, wenn man weiß, wie weit der Weg noch is, dann is das Gehen leichter. Wann, glauben Sie, ist eine reale Chanse, daß ich wieder arbeiten kann?

SIE Ja.

ER Dann hat er blättert in dem Akt, der wo der meine sein soll. Wie er aufgschaut hat, hat er genickt und gsagt: Lieber Mann, wenn ich mir das so anschau, dann sag ich es Ihnen ehrlich, da seh ich eine vorgezogene Rente eher als wie eine neue Arbeit. Mir sind, hat er dann noch gsagt, mir, obwohl er ein junger Kerl is, doch auch nimmer der Jüngste.

SIE 57.

ER Hab ich auch gsagt, 57 – ja hat er gsagt, mir sind auch nimmer der Jüngste, das hab ich doch grad gsagt, da seh ich weniger eine Arbeit, da seh ich eher eine vorgezogne Rente.

SIE Du kriegst noch keine Rente, das is doch klar.

ER Nein, ein bißl zahlt noch das Arbeitsamt, zerscht noch das Arbeitslosengeld ein paar Monat, dann die Arbeitslosenhilfe ein halbes Jahr, und dann geh ich zum Sozialamt, da krieg ich dann 350 Mark im Monat, auf einem lindgrünen Formular steht das drauf, und das dauert dann auch noch ein oder zwei Jahr, und dann sitzt man sich wieder zam und dann befürworten alle die Verrentung und dann gehts mit 60 vielleicht. Das sind Ihre Aussichten, hat er gsagt, und ich hab gsagt: Aber ich hab da draußen, vor ihrer Tür beim Warten, auch schon mit andere gesprochen, und da hab ich zumindest auch mit einem gesprochen, der wo eine Arbeit in meinem Fachbereich von Ihnen zugewiesen bekommen hat, und der is ned wie ich seit einem guten Jahr arbeitslos, sondern erst drei Monat. Warum is der bevorzugt worden und ned ich, wo ich länger hab gwartet? Wie, hab ich gsagt, macht man das, daß man in der Schlange steht und das so lang und nicht dran kommt bei der Arbeitsverteilung, sondern jemand beschert wird, der wo viel später kommt! Muß man da was über Ihrn Schreibtisch schiebn, einen Hunderter oder was?

SIE Und dann?

ER Dann hat der ganz ruhig gsagt: Mei, ich versteh ja Ihren Ärger und die Verzweiflung, drum nimm ich das jetz auch gar ned ernst. Rüber schiebn brauchens bei mir gar nix, aber eines können Sie mir vielleicht sagen: wenns auf einer Stellensuche heißt: Suchen für ein dynamisches junges Team noch einen Lohnbuchhalter zwischen dreißig und vierzig, soll ich dann einen zwischen dreißig und vierzig hinschicken oder soll ich dann Sie hinschicken?

SIE Und dann.

ER Dann bin ich gangen, weil ich nicht wolln hab, daß ich vor dem jungen Hund auch noch plärr. Und wie ich dann auf die Stufen vom Arbeitsamt gstanden bin, da hab ich mich umdreht, und beim Umdrehn hab ich mir denkt: ihr werts noch an mich denken, sowas machts ihr mit mir nicht, und dann hab ich mir denkt, daß ich mir ein Benzin kauf und mich anzünd. Aus Rache. Und einen Brief schreib, damits ned sagen können, das war bloß zufällig vor dem Arbeitsamt, der is wegen seiner seelischen Depression gestorben. Schreiben hab ich so wolln: Sehr geehrte Damen und Herrn vom Arbeitsamt, liebe Mitbürger! Sehen Sie mich brennen, und fragen Sie sich, warum ich brenn?! Ich brenn aus Protest, weil ich 57 Jahre alt bin und nicht zum alten Eisen geworfen werdn will. Aber in diesem Staat, dem ich seit meinem 14. Lebensjahr gedient habe, den ich nie beansprucht habe, weil ich immer gearbeitet habe mein Leben lang, gibt es jetzt keinen Platz mehr für mich. Ich soll sogar in die Fürsorge abgedrängt werden. Aber meine Ehre erlaubt das nicht. Lieber sterben als in der Schande leben.

Große Pause

SIE In der Küchnschublad sind Streichhölzer.

Pause

ER Is das alles, was du dazu zum sagn hast?

SIE Fragst mich nicht, oder hättst mich nicht gefragt.

ER Hättst den Brief ja als erste lesen können.

SIE Seit wann müssn mir uns Briefe schreiben, wenn mir uns was zum sagn haben?

ER Eine Ausnahme.

SIE Genau.

Große Pause

ER Ich hab mir denkt, ein Protest – der wo die andern Mut macht!

SIE Mut, daß sie es dir nachmachen? Daß sie sich alle selber aus dem Weg räumen, die Millionen, für die es vorerst oder auf lange Sicht keine Arbeit mehr gibt, nimmst dem Staat sogar die Transportkosten für deine ferne Insel im Pazifik ab, tust es selber.

ER Die andern –

SIE sollen sich auch alle verbrennen.

ER Nein, die sollen bloß das Zeichen sehen –

SIE Und?

ER Und sich wehren, Mut kriegen.

SIE Mut durch deinen Selbstmord?

ER Und die wo schuld sind, sollen ein schlechtes Gewissen haben.

SIE Und dich um Entschuldigung bitten.

ER Es in Zukunft besser machen und einsehen, daß man mit einem Menschen nicht alles tun kann, was man will.

SIE Kann man doch, wenn der Mensch nix anderes tut, als sich umbringen.

ER Du verstehst mich nicht.

SIE Doch, ich versteh dich ganz genau.

ER Nein.

SIE Magst wirklich nimmer lebn?

ER So nicht. Schau, wenns stimmt, was der auf dem Ar-

173

beitsamt gsagt hat, was hab ich dann noch für eine Zukunft. Wenn ich aufs Sozialamt muß, dann krieg ich nicht einmal mehr soviel, daß ich leben kann, dann muß ich jetzt, nach 40 Jahren ehrlicher Arbeit, zum Schluß noch das, was du verdienst, mitverbrauchen, weil es nicht langt.

Hungertod oder Arbeit und Brot

1. Szene

SIE Die Angst nach dem Aufstehen, ich habe gelbe Flugzeuge gesehen am Himmel.

ER Was für ein Himmel?

SIE Gelbe Flugzeuge, fette kurze Flugzeuge– knallgelb mit braunen Untersätzen. *Sie gibt Essen in die Teller, aber er . . .*

ER Ned für mich.

SIE *schaut.*

ER Für mich ned.

SIE Hast dir den Magn verdorbn?

ER Ja.

SIE Vom Nixtun?

ER Ja.

SIE *lacht.* So schön möcht ich es auch einmal haben *bricht ab* so schön möcht ich es nie haben.

ER Nein.

Pause

SIE Mir schmeckt es.

ER Das is gut.

SIE Willst probieren?

ER Nein, danke.

SIE *ißt.* Braune Untersätze. Und ich denk mir noch: Was ham denn die, was schleppen denn die mit sich?

ER Bombn?

SIE Ich glaub ned, daß dir das was schadn tät. Die Leber is, auch wenns bloß eine Rindsleber is, butterweich und innen rosa, und der Lauch is sowieso magenfreundlich. Iß ein bißl, is ja schad, wenn es übrig bleibt, die Leber kann man ned aufwärmen, ohne daß hart werd.

ER Vielen Dank.

SIE »Vielen Dank!« wie der redt – als ob er eingladen wär bei mir.

ER *lacht.* Nein.

SIE Ebn. Iß ich die Leber ebn zam, deine auch, wennst bestimmt nix willst.

ER Nein.

SIE Träume sind Schäume, hat meine Mutter immer gsagt.

ER Bekannt, der Spruch.

SIE Den Lauch kann man aufwärmen. *Lacht.* Umeinandergei-
stern in der Nacht! *Schaut ihn an, lacht.* Haust dir ein oder
zwei Eier in die Pfanne, wärmst dir den Lauch, wennst
Hunger kriegst in der Nacht.

ER Genau so.

SIE Kannst das Fett nehmen, das in der Pfann is, ich laß es
drin, es is reiner Butter, war bloß die Leber drin.

ER Ja.

SIE Hast dir tagsüber eine Tafel Schoko hineingschobn?
Kleine Pause. Gib es zu!

ER Neinnein.

SIE Bist zu faul gwesn, daßd dir was richtest, obwohlst den
ganzen Tag Zeit hast, gib es zu, bist zum Konditor und hast
dir einen Schokolad kauft. Oder drei Stück Kuchn und hast
sie noch auf dem Heimweg verzehrt!

ER Nix verzehrt.

SIE Ich kenn dich.

ER Nein.

SIE Wie ein Kind, dem man nicht traun kann.

ER Kannst mir traun.

SIE Ja, ja, wer einmal lügt!

ER Nix gelogn.

SIE Hast früher auch gmacht, ich erinnert mich: Süßigkeiten,
ganze Berge hat er in sich hineingfressn! Ich hab ein Gedächtnis.

ER Heut ned.

SIE Wär auch schad, das Geld hinaushaun für Kuchn, wenn
man daheim was haben tät.

ER Nix nausghaut.

SIE Umso besser. *Sie ißt.* Ich bin im Schrebergartn vom Papa
gstandn und hab die Flugzeuge gsehn. Der Schrebergartn
war noch kleiner wie er in Wirklichkeit war, bevor er an die
Bahn hat zurück gegeben werden müssn. Es war kahl und
kalt, und ich hab an das Wort Üppigkeit denkt.

ER Was?

SIE *essend:* Üppigkeit, Sommer, Wärme, Gelächter. Denkt
hab ich mir, die Üppigkeit gibt es bloß im Traum.

ER Warum?

SIE Was weiß ich, was ich im Traum denk. Die gelben Flugzeuge ham ihre braunen Untersätz, die sie mitgschleppt
ham, abgeworfen.

ER Doch Bombn.

SIE Still, sonst krieg ich es nimmer zam.

Stille

SIE Große weiße Felder warn hinter dem Gartn, wie in Wirklichkeit nicht. Die braunen Untersätz sind herunter gfalln,
und man hat sie nicht gesehn, wie sie aufschlagen. Drum hat
es mich interessiert.

ER Keine Angst?

SIE Ich bin kein solcher Angsthas, wie du einer bist. Ich bin
über den Zaun gstiegn, hab mir den Rock zerrissen, aber das
hat mir nix ausgmacht. Ich hab mir denkt: macht nix, da
mußt du jetzt hin, zerrissen oder ned. Ich hab gar ned weit
laufen müssen, dann hab ich es gsehn: das waren Blumenbombn.

ER Was?

SIE Blumenbombn warn das. Wo die braunen Untersätz auf-
geschlagn ham, da sind sie zersprungen, und in weitem Umkreis der Aufschlagstelle war es ganz bunt, und die schönsten Blumen, wo es bloß im Treibhaus gibt, haben sehr
üppig geblüht. Ich hab mir denkt: das is der Frühling, das
geht jetz anders wie früher.

ER *lacht stark.*

SIE Die Behälter, die braunen, sind noch daglegn, zersprungen, und aus ihnen hat die Pracht bloß so herausge-
drängt. Das waren schöne Inseln im Schnee. So, die Leber
hab ich jetz leider zamgfressn.

ER Gut.

SIE Sehr gut, ja. Dann is mir kalt wordn im Schnee, und ich
hab mir denkt, das is eine Hilfsaktion, das machen sie, damit
mir warm habn. Du mußt bloß hinkommen, dann macht es
nix mehr, daß du bloß einen dünnen Rock anhast, der wo
zerrissen is.

ER Bloß ein Rock?

SIE Und eine dünne Bluse schon auch. Die Blumeninseln
waren ganz nah, und ich bin glaufen, aber wie es so is im
Traum, bin ich schlecht vorwärts kommen. Ich bin immer
tiefer eingsunken, und die Füß sind mir so schwer wordn.

Und gfrorn hab ich wie ein Schneider.

ER Hättst einen Schneepflug braucht, der voraus fährt, eine Fräse vielleicht sogar, wo dir einen Tunnel macht.

SIE Ich war nicht allein. Überall sind sie gsessen, und manche haben ein Feuer machen wollen, weil ein Wind kommen is, der eisig war. Ich hab mir denkt, die spinnen ja, jetzt bin ich gleich da, da werd ich mich im Schneegestöber nicht hinsetzen, daß ich erfrier. Es war aber doch ein weiter Weg, und ich hab mir denkt, das is eine Täuschung, eine optische, ich muß schon durchhalten. Dann hat einer, der auch dakauert is, schon wie einer, der gleich erfriert, so steif, der hat sagt: das war eine Falle, das war der Feind, das is die neueste Art der Kriegsführung, sie wollen, daß mir alle aus unsere warmen Häuser heraus laufen, weil mir auf die Blumeninseln wollen, weil die warm und schön sind. Aber in Wirklichkeit erfriern mir unterwegs, weil mir zu kalt haben und nicht hinkommen und zurück auch kein Weg mehr führt.

ER War ich auch wo?

SIE Was?

ER War ich auch wo dabei in dem Traum.

SIE Ich glaub ned.

Pause

SIE Nein. Ich hab mich ned abhalten lassen, ich hab mir denkt, das is wie beim Schwimmen, man muß bloß durchhalten, dann kommt man hin.

ER Weiter.

SIE Hab ich mir auch denkt. *Pause.* Die Leber war wirklich gut. Schad, daßd nicht probiert hast. Ich bin auch einfach weiter. Dann hat es mir zwischn die Beine weh tan. Ich hab mir denkt, was kann das sein.

ER Spannend.

SIE Blöd, aber logisch. Ich hab hinglangt, und es war da hart. Ich hab es nicht anschauen können zuerst, weil ich denkt hab, wenn ich den Rock hochtu und nachschau, dann hab ich noch kälter. Des Rätsels Lösung: Ich hab meine Tage kriegt auf dem Weg, und weil es so kalt war und ich keine Binde ghabt hab, is es einfach außer glaufen und sofort gfrorn. Da hab ich dann einen dicken roten Eiszapfen zwischen die Füß kriegt. Der is immer größer wordn und war eiskalt, den hab ich an die Schenkel hinunterwachsn gespürt, rotkalt.

ER Blutst immer viel.

SIE Ja, ebn. Der hat mir noch gfehlt, hab ich mir denkt, der muß weg und hab meinen Rock hochtan und die Hosn herunter, und da war er.

ER War niemand in der Näh, der dich nackert hätt sehn können?

SIE Darauf hab ich nimmer aufpaßt mitten im Schneetreiben. Es war wie ein richtiger großer Eiszapfen, der mir da heraus ghängt is, und ich hab ihn weggrissen, und das hat weh tan, weil er an die Haar auch verklebt war.

ER Und dann?

SIE Dann hab ich ihn in den Schnee gschmissn und bin weiter. Er is im Schnee gschmolzn und war bloß noch eine rote Lackn.

ER Hat ihn die Kältn auftaut.

SIE *kleine Pause.* Ja.

ER Und dann?

SIE Bin ich weiter.

ER *leise:* Ohne mich.

SIE Was?

ER Bist hinkommen?

SIE Nein, weil es zu weit war. Aber wärmer is es dann trotzdem wordn.

ER Weil ich dich zudeckt hab.

SIE Warum?

ER Hast dich abdeckt ghabt heut nacht, und weil ich es eh gewohnt bin, daß ich nicht schlafen kann, hab ich dich zudeckt.

SIE So?

ER Ja.

Große Pause

ER Warum redst du wieder mit mir?

SIE Was?

ER Warum du wieder mit mir redst auf einmal.

SIE Weil du so gut zu habn bist seit drei Tag.

ER *lacht.*

SIE So ruhig, so angenehm.

ER Bin ich dir so lieber wie vorher?

SIE Des merkst doch.

ER Ja.
Pause
SIE Bleibst jetz so?
ER Kann sein.
SIE Wär schön, weil das andere is sinnlos. Zerfleischt dich und
   laßt dir nicht helfen.
ER Beim Zerfleischn?
SIE Der Mensch braucht seine Würde.
ER Ja.
SIE Und wenn er aus dem Leim geht, verliert er sie.
ER Was?
SIE Die Würde.
ER Ja. *Kleine Pause*. Bin ich aus dem Leim gangen?
SIE Ja.
ER Aber viel dicker bin ich nicht wordn.
SIE Innerlich, das is schlimmer.
ER Bin ich aus dem Leim gangen.
SIE Ja. Stimmt doch, oder?
Pause
ER Daß sie wieder mit mir redt. Und wie sie redt, erzählt mir
   ihre Träume, wo ich eh weiß, weil ich sie zudeckt hab.
SIE Fangst dich wieder.
ER Ja.
SIE Komisch, warum eigentlich? Hast eine Aussicht auf eine
   Arbeit vielleicht?
ER Nein.
SIE Sagst es nicht, soll es eine Überraschung sein?
ER Nein.
SIE Sagst es nicht? Gib zu, daßd es nicht sagn willst.
ER Nein.
SIE Doch.
ER Nein, nein.
SIE Aber du hast was?
ER Nein.
SIE Lüge.
ER Wirklich ned.
SIE Hast eine Arbeit in Aussicht?
ER Nein.
SIE Komisch.
ER *lächelt*.

SIE Willst ned doch was essn?

ER Danke nein.

SIE Sag ned immer danke nein.

ER *nickt.*

SIE Ißt schon drei Tag nix, oder?

ER Drei Tag.

SIE Wenn des ned besser werd, dann mußt aber zum Doktor gehn.

ER Wird schon wieder.

SIE Tust untertags was essn, wenn ich im Gschäft bin?

ER Ja. *Kleine Pause.*

SIE *schaut ihn an.* Es fehlt nix im Kühlschrank, wenn ich heim komm.

ER Eß schon was untertags.

SIE Doch der Kuchn?

ER *schüttelt den Kopf.*

SIE Ist endlich wieder normal der Mann, aber hat einen Magen, daß er keinen Bissen hinunter bringt.

ER Ja.

2. Szene

ER Willst kein Arbeitslosensperma?

SIE Nein.

ER Ich auch ned.

SIE Ebn.

ER Laßt mich erst wieder, wenn ich eine Arbeit hab.

SIE Ja.

ER Genau.

SIE Schmarrn, mit der Arbeit hat das nix zu tun, sondern mit dem Menschen.

ER Aber der Mensch is seine Arbeit.

SIE Ja.

3. Szene

ER Warum hast mich so allein lassn? *Er lächelt.* So allein lassn?

SIE War jedn Abend pünktlich daheim, wenn der Wertkauf zugmacht hat.

ER Weißt schon, was ich mein.

SIE Hab dir kocht und den Haushalt gmacht. Hab nicht gsagt:
    Hast jetz Zeit, jetz machst du das.
ER Allein glassn.
SIE Hab keinen andern ghabt.
ER Kein andern ned.
SIE Kein andern.
ER *lacht*. In keinem Winkel des Herzens?
SIE In keinem, im hintersten nicht. Nein.
ER Daß du jetz redst. Die redt. Redn tut die! *Er lacht*.

4. Szene

ER Ich glaub es nicht, daß alles falsch war. Zwei Menschn
    haben zweimal ein Ich und ned bloß einmal. Zwei Menschn
    lebn auf vier Beine und ned bloß auf zwei.
SIE Aber der Ku-Klux-Klan warn mir nicht. Die halten zam.
ER Faschistn.
SIE Ned bloß Faschisten halten zam.
ER Menschn.
SIE Du warst kein Mensch mehr.

5. Szene

SIE Wann hörst du auf?
ER Was?
SIE Wann du wieder ißt.
ER *lacht*.
SIE Jetz gehts dir an die Substanz.
ER Ja.
SIE Jetz is es kein Spaß mehr, jetz gehts dir an die Substanz.

6. Szene

SIE Ich hab mir mein Weg denkt.
ER Bist derfrorn zwischn dem Schnee und die Blumenbombn.
SIE Ich hab meinen Weg ghabt und du deinen. Deiner war ned
    meiner.
ER Und jetz?
SIE Die Wege ham sich getroffen, glaub ich.

7. Szene

SIE Wennst kein Wasser mehr trinkst, stirbst du.

ER Hm?

SIE Du mußt das Wasser trinken, daß der Körper die Schad-
stoffe von dir weg befördern kann, ohne das Wasser stirbst
du.

ER Daß du immer mit mir redst.

SIE Willst du eine Zeitung empfangen?

ER Hm?

SIE Man will dich sehn und fotografiern.

ER Gib ihnen ein Foto aus den guten Tagen.

SIE Aber Hermann, auf der Straß stehn ein paar hundert Menschen, die stehn wegn jetzt da, ned wegn früher.

ER Aber früher war ich schöner. Gib ihnen ein Foto, wo ich
schön war.

SIE Warst ein sauberer Bursch.

ER Ebn, wenn sie sehn, wie ich jetzt ausschau, dann wissn sie,
daß der Widerstand häßlich macht.

SIE Bist ned häßlich, bist mager.

8. Szene

ER Du mußt mir jetzt helfen, ich will in kein Krankenhaus. Im
Krankenhaus verlier ich wieder die Würde. Da bin ich die
ersten Tag der Patient, der hungerstreikt, und wenn ich
zwangsernährt bin, dann kotz ich und fall zam, und dann
bin ich bloß noch ein normaler Patient. Du mußt mir jetz
helfen, du nimmst das Kleinkaliber und laßt kein herein.

SIE Die Feuerwehr.

ER Du mußt schießn. Du mußt schießn, ich will, daß du mich
verteidigst. Verlaß mich ned wieder, verteidig mich.

SIE Verlaß dich ned.

ER Es is jetzt anders. Ich bin nimmer dumm. Ich tu mein Bestes. Es muß durchgehalten sein.

SIE Ich nimm das Gewehr und komm ins Bett.

ER Das is gut.

9. Szene

ER Es war ein langes Denkn, aber die rettende Idee is mir von selber kommen. Die rettende Idee hat nämlich gheißn: du mußt dich wehrn, du mußt was tun.

SIE Das hab ich dir aber immer gsagt: Lang bevor du zum spinnen angfangen hast, hab ich es dir gsagt.

ER Ja.

SIE Du hast nicht hören wollen.

ER Weil es Fantasie war, deine verdammte Gläubigkeit an die Massen. Ich bin kein Massenmensch, niemand is ein Massenmensch von sich aus. Ich erst recht ned.

SIE *schweigt.*

ER Wer hat dir deinen Arbeitsplatz im Wertkauf gerettet? Ich oder deine Gwerkschaft?

SIE Du, aber –

ER Ich. Ebn.

SIE Aber jeder kann ned in Hungerstreik tretn.

ER Das braucht er auch ned. Ich verlang ned, daß jeder nix ißt. Nein. Ich verlang, daß jeder etwas tut, jeder tut etwas ganz persönlich. Mehr verlang ich nicht. Zum Arbeitsamt gehn und sich abschiebn lassen, das is keine Lösung. Daheim sitzn und fernsehen, das is auch keine Lösung. Das Arbeitslosengeld versaufen, das is auch keine Lösung. Sich verstecken is keine Lösung, sich umbringen auch nicht. Bloß sich wehren, das nutzt.

SIE Und eine große Demonstration nutzt nix?

ER Wenig.

SIE Das stimmt ned, Erwin.

ER *kleine Pause.* Vielleicht. Kann sein, daß es nutzt, wenn ein paar hunderttausend Menschn zusammen kommen und etwas tun. Wenn sie bloß zusammen kommen, irgendwo, wos brav ihre Demonstration angemeldet haben, schön in Reih und Ordnung nebeneinander, und vorn steht auf einem Podestl einer und sagt was, wo sie klatschen, und dann gehn sie brav wieder auseinander und heim und warten und fernsehen und trinken und wüten gegen sich selber, dann nutzt es nix. Das Kapital muß wissen: die sind ein Pulverfaß, jeder einzelne tut was, nur dann nutzt es was. Sonst is eine Demonstration nix wert. Der Unternehmer muß wissen: wenn ich meinen Betrieb schließ, dann wird er besetzt und mir aus der Hand genommen, er muß wissen, wenn ich eine Massenentlassung durchführ, dann streiken die andern so lang, bis der letzte entlassene Mann wieder eingestellt is, die Politiker müssen wissen: wenn wir für die Arbeitslosen nicht Arbeit schaffen, dann zünden sie die Arbeitsämter und die Rathäuser an, dann blockieren sie die Straßen und die Flughäfen, dann setzen sie sich auf die Bahnschienen und die Autobahn, dann stehlen sie und –

SIE Du redst wie ein radikalisierter Kleinbürger –

ER Ich red wie einer, der weiß: wenn sich die Arbeitslosen nicht bemerkbar machen, dann werden sie nicht gsehen. Wir müssen da sein, Tag und Nacht und immer, unübersehbar da sein, nur dann gibt es eine Rettung. Sonst nicht. Von denen, die Arbeit haben, können wir keine Hilfe haben. Wir sind sogar ihre natürlichen Feinde, weil wir keine haben. Arbeit ist Brot. Der Hungernde ist der natürliche Feind des Satten. Leider is das so, aber wer die Gesetze nicht sieht und einhält, der kommt so und so unter die Räder. Basta.

SIE Die Gewerkschaften sind für ein umfassendes Arbeitsbeschaffungsprogramm.

ER Wo ist dieses Programm? Wo bitte, wo?

SIE *schweigt.*

ER Zwei Millionen Arbeitslose sind eine Wunde am Körper unseres Staates. Sie können eine tödliche Wunde sein, wenn wir nicht zulassen, daß sie verschorft, solange sie da ist. Das muß bluten, bluten, bluten. Nur wenn der Staat merkt, er geht an dieser Wunde zugrunde, er blutet sich tot, wenn er sie nicht heilt, dann haben mir eine Chans, sonst ned. Und ein Arbeitsloser is auf sich gestellt, bis jetzt, er hat niemand. Wir brauchen eine Gewerkschaft der Arbeitslosen, wir brauchen zwei Millionen täglich auf sich aufmerksam machende, umgehende, sichtbare, Mut, sich zu zeigen habende Menschen. Ich *schnell, kurz:* will einen Arbeitslosenjudenstern. *Schreit:* ich will, daß man mich erkennt, ich will, daß man mich sieht, alle muß man sehen. Wir müssen den Mut haben, unser Schicksal herzuzeigen. Wer ist noch in der U-Bahn arbeitslos, der mit der U-3 um neun Uhr fünfzehn Richtung Harras fahrt. Ich will sie sehen. Jeder einzelne

muß sich zeigen, ned verstecken, ned lügen, ned weg-
drehen, ned so tun am Nachmittag, als sei er ein beschäf-
tigter Mensch, und dahin rennen auf der Straß, damit keiner
drauf kommt, daß er arbeitslos is, ned verleugnen, kein
schlechtes Gewissen haben: ich will sie alle sehn.

SIE Jeder allein?

ER Nein. Jeder einzelne muß sich wehren, aber ned allein, das
brauchts ned. Aber wir müssen schreien: hier sind wir, uns
gibt es, wir sind viele, wir haben keine Angst mehr, keine
Scham verbietet uns den Mut, kein Selbstekel und kein
Selbstmord schaltet uns aus! Wir sind und wir bleiben, und
wir bleiben eine Wunde, wir bleiben Blut, das fließt und das
hört nicht auf, bevor wir wieder Arbeit kriegen von der Gesellschaft. Entweder Arbeit oder verbluten! Nix anders.
Und das Wichtigste ist: wer kämpft, der kriegt seine Würde
zurück, seine Achtung vor ihm selber, der kann sich selber
wieder in die Augen schaun, wer kämpft, der hat das
Schlimmste schon überstanden, den Tod auf Raten, den Tod
auf Raten, wer kämpft lebt. Wer resigniert, wer aufgibt, wer
bloß noch weint und sich schämt, wer sich verkriecht, der
verliert die Achtung und die Würde vor sich selber. Wer die
Würde verliert, der is am Ende. Arbeitslosigkeit ist das
Schlimmste, was ein Staat seinem Bürger in Friedenszeiten
antun kann, das ist schlimmer wie Prügelstrafe, wer den
Schlag einsteckt, den täglichen, denn so oft man aufwacht
und keine Arbeit hat, kriegt man den Schlag in den Magen,
wer einsteckt und sich verkriecht, der is kaputt. Aus und
vorbei. *Kleine Pause.* Seit ich nix mehr eß, bin ich stark.

SIE Zitterst, wennst dich aufregst.

ER Aber ich hab wieder einen Respekt vor mir und meine
Würde zurück. Das war es, was mir gefehlt hat. Obwohl ich
es nie glaubt hätt, wenn es mir einer gsagt hätt, es stimmt
doch: ich kann aufs Fressn verzichtn, auf den Anstand ned,
den von mir zu mir.

SIE Aber das kann tödlich sein.

ER Noch bin ich ned tot, und ich hab auch nicht die Absicht
zu sterbn. Ich hunger, damit ich leb. Und noch gehts.

SIE *nickt.*

SIE Lieber Gott hilf mir, auch wenn du ned weißt, was arbeitslos sein heißt. Hilf mir, daß er einsieht, daß er allein nix erreichen kann. Das muß er einfach einsehn! *Kleine Pause.* Warum? Warum ich? Ob das was nutzd? *Leise:* Ich will ned, daß mein Mann stirbt. Ich bin aber keine Brücke nicht. Doch?

11. Szene

SIE Erwin? *leise, lächelnd:* Es hat einen Warnstreik gegeben, Erwin. Ich hätt die Sekunden zählen können, die er gedauert hat.

ER Sekundn?

SIE *leise:* Nein nein. Er hat eine ganze Stund gedauert, Erwin.

12. Szene

SIE Das is mein Mann, dein Kollege, von früher, erkennst ihn ned? – Ich brauch ein Foto von früher und von jetz.

13. Szene

SIE Nein, jetz bist du still, jetz muß ich eine Brücke bauen, kann sein, es klappt. *Schleppst einen großen Umdrucker herein.* Hab ich ausgeliehen. Kost fünfzig Mark am Tag, weil es ein alter is.

ER Geld nausschmeißn.

SIE Nein, wirst sehn. Jeder einzelne wehrt sich, aber ned jeder allein, hast du gsagt! Ich kann in eim Tag ein paar tausend Flugblätter machen und brauch sie gar ned. Ich muß den Anschluß schaffen zwischen dir und den andern, und zwar schnell, sonst stirbst du.

ER Ich halt noch lang aus.

SIE Aber irgendwann stirbst, das is es doch, wenn es keiner weiß.

ER Allein will ich es –

SIE Schmarrn, nix allein, du stirbst allein und basta. Mir brauchen die andern, wenn es einen Sinn haben soll, sonst geht es nie.

ER *sehr langsam löffelt er ein bißchen Suppe, das dauert sehr lange.* Ich brauch wieder eine Kraft, gell, daß ich bald wieder arbeiten kann!

SIE Ja. Die andern können schon am Ersten wieder anfangen. Du hast noch Zeit.

ER Aber bald bin ich auch wieder da.

Nickt, sehr langsam füttert sie ihn, er schaut schlecht aus heute, vielleicht wird es lang dauern.

Anmerkung

Wichtig ist vor allem, nur ganz kurz:

sie schneidet ihn im ersten Teil, weil er »spinnt«.

sie entwickelt – das muß noch geschrieben werden – ihr Gegenkonzept: Gewerkschaft und Co. Betriebsvers. und Co. im Wertkauf.

Peripherie: er hört auf, sich geistig zu zerstören, er beginnt den Hungerstreik;

sie redet mit ihm wieder, seit er wieder seine Würde hat – und weil es ihr schlecht geht (Kündigung?);

und ihre wichtigste Aufgabe: was er allein tun will und sinnlos täte, das macht sie – durch ihre richtige Überzeugung – zur Massensache. Dadurch gewinnen beide – und auch beide Richtungen . . .

Zungenschlag

SIE Man darf sich ned abdrängen lassn, vor allem ned abdrängen lassn. Weg von die andern, in die Einsamkeit
hinein, in die Depressionen. Wenn man weinend hinter sich
die Tür zusperrt und keinen mehr herein läßt, geht man
unter!

ER Ich ned.

SIE Schau dich an.

ER Schau dich du an, mit deinem Geschwätz. Ein Arbeitsloser
is sogar automatisch aus der Gewerkschaft draußen, weil er
keine Arbeit mehr hat.

SIE Is er ned.

ER Das werst du wissn, wo ich es weiß.

SIE Dann is es ungerecht.

ER Mach was dagegen. Du zahlst ein Prozent von deinem Einkommen, das is seit alters her so, und wennst kein Arbeits-
einkommen mehr hast, zahlst ein Prozent von nix, und
drum bist nimmer Gewerkschaftsmitglied.

SIE Zahlst es von der Arbeitslosenunterstützung.

ER Das is verboten.

SIE Was?

ER Das is nicht erlaubt, das is Betrug, wenns dir da drauf
kommen, dann wirst du gestraft und erst recht ausge-
schlossen.

SIE Spinnst du?

Pause

ER Eine Gewerkschaft hat nur einen Sinn, wenn jemand eine
Arbeit hat, das sagt doch schon der Name, das is doch klar.
Was is die größte Waffe, die der Arbeiter hat: alle Räder
stehen still, wenn dein starker Arm es will –

SIE Alle Räder stehn auch still, wenn dein starker Arm es will.

ER Genau. Hast du schon einmal einen Arbeitslosen streikn
gsehn?

SIE Nein.

ER Ebn. Ich auch ned. Und wenns in die Tarifauseinanderset-
zung geht, dann is mir bisher auch nix davon bekannt
wordn, daß die Gewerkschaft für die Arbeitslosen einen

Manteltarifvertrag abschließt *kleine Pause,* nicht einmal einen Mantelvertrag, wo jeder Arbeitslose wenigstens für den kalten Winter einen solchen kriegt. Nix.

SIE Du siehst alles schwarz.

ER Ich seh es so, wie es is, und du siehst es so, wie du es gern hättst. Das is der Unterschied. Ein Arbeitsloser fallt heraus aus die andern, wenn er arbeitslos wird, und keiner hält ihn. Wie wählt denn ein Arbeitsloser seinen Betriebsrat und seine Vertrauensleut? Wo er ohne Werkausweis ned einmal mehr am Pförtner seiner alten Firma vorbei kommt. Und einen interessierten Rentner, der lang genug dabei war, den laßt man bei der Betriebsversammlung auf die Veteranen-plätz zum Zuschauen, einen Arbeitslosen laßt man mit dem Saalschutz abführen, den schmeißt man hinaus. *Kleine Pause.* Das is es doch, was mich wahnsinnig macht, Emmi, daß du mich nicht verstehst, das is es doch: ein Arbeitsloser is allein. Vollkommen allein. Basta. Das is das Geheimnis.

SIE Dann muß er sich aus der Einsamkeit befrein.

ER Wie denn?

SIE Er muß. *Pause.* Du mußt wieder eine Arbeit kriegen, das stimmt schon.

Spiegelbild

ER Red mit mir, sonst schlag ich zu?

SIE Hermann, hör auf!

ER Red mit mir, sonst schlag ich zu!

SIE Was denn?

ER Irgendwas, aber red, sonst schlag ich dich zam.

SIE Schlag doch. Glaubst, daß das was nutzt?

ER Aber ich halt es nimmer aus.

SIE Es geht ned anders.

ER Doch, man kann den andern ned im Regn stehn lassn.

SIE Wenn er es naß habn will.

ER Will nicht.

SIE Freilich willst. *Pause.* Laß mich schlafen, ich muß morgn
arbeitn.

ER Ich weiß, ich ned.

SIE Laß mich schlafn, ich kann nimmer.

ER Red mit mir, sonst weiß ich nimmer, was ich tu.

SIE Weißt es doch jetz auch schon nimmer.

ER Es kann aber noch schlimmer kommen.

SIE Von mir aus.

ER Hast keine Angst vor mir?

SIE Nein.

Er schlägt sie ins Gesicht, vielleicht mit der Faust.

ER So, jetz glaubst es.

SIE *schweigt.*

ER Red mit mir, sonst schlag ich noch mehr.

SIE *schweigt.*

*Er schlägt wieder. Sie sagt nichts, sie tut nichts, ihr läuft Blut
aus der Nase.*

SIE Hab ich jetz Nasnblutn?

ER Ja.

SIE Bring mir ein Tempo, daß das Bettzeug ned voll wird.

ER Ja. *Er geht ins Bad, holt ihr eines.* Da.

SIE *nimmt es, stillt das Blut.*

Lange Pause

SIE Du brauchst niemand mehr, der mit dir redt. Du spielst
deine Rolln, vor dir, vor mir, vor die andern. Du brauchst

Zuschauer, aber niemand, der mit dir redt.

ER Ja.

SIE Warst ein anständiger Mensch und ein guter Mann. Hast dich sehr verändert, das kann ich dir verläßlich sagn. Bist uns entglitten, seit du arbeitslos bist. Mit allem bist kommen zu mir, mit jedm Dreck und hast dich ausgeweint. Das war schön. Und ich hab dich lassn, ob dir im Betrieb einer was antan hat, obst dich in der Trambahn geärgert hast, obst beim Einkauf beschissn wordn bist oder ein zu teures Benzin getankt hast. So klein hat ein Problem gar ned sein können, daß du ned zu mir kommen bist damit. Das war schön. Jetz sind die Probleme groß, seitst arbeitslos bist, aber kommen tust nicht mehr.

ER Lüge.

SIE Keine Lüge. Mir sind alles Eingsperrte, Vergitterte, für mich unterscheidn mir uns wenig von die Menschnaffn im Tierpark. Mir alle, wo unser tägliches Brot mit Arbeit verdienen. Nur wenig ham Ausgang. Erst wennst hinter einem Schreibtisch sitzn kannst und unkündbar bist, dann hebt sich der Käfig ein bißl. Solang du in Verhältnissen lebst, wost von Vierteljahr zu Vierteljahr auf die Kündigung wartn mußt oder dir sagst beim Termin: Gott sei Dank, ich nicht, is schon die Angst ein Käfig. Draußen sind schon ein paar, die bewachn uns, der Staat, die Gesellschaft, die hohen Herrn. Das Eigentum, die Sicherheit, die Ruhe, die Bildung und die Muße, die mir nicht haben, und wobei jedes Nichthaben eine Käfigstange is! Die Zooleitung, die Herrn, die alles haben, und die Herrn, die von denen, die alles haben, zum Regieren eingsetzt sind, die wachen schon darüber, daß mir ned entkommen. Der Unterschied zwischen der Massentierhaltung und der Käfighaltung des Menschen liegt bloß darin, daß die Viecher ned arbeiten, es sei denn, daß sie Schlachtvieh sind, dann is, daß sie fressen und fett werdn ihre eigentliche nutz- und gewinnbringende Arbeit. Bei die Menschn is der Unterschied, die arbeitn normalerweise für die außerhalb dem Käfig. Den ganzen Tag dürfen sie fleißig sein, und am Abend geben sie, was sie gemacht haben, schön brav durch die Käfigstangen ab, und kriegen dann ein Fresserchen dafür und warm gemacht, wenn es kalt is, und das Dach repariert, wenn es herein regnet. *Pause.* Seit sie dich nicht mehr arbeiten lassen, schlägst du den ganzen Tag wie ein wahnsinnig gewordener Gorilla gegen die Gitterstangen und glaubst, du schreist, aber dir habns schon lang die Stimmbänder durchgeschnitten, das weißt du bloß ned, und keiner hört dich, dreht sich nach dir um oder bleibt stehn. Du schlagst dir den Schädel blutig am Gitter, aber keinen interessiert das. Und wenn ich am Abend todmüd auf der Pritschn sitz, dann wart ich vergeblich, daß du zu mir kommst und mich brauchst. Du tobst weiter und brauchst niemand, erst wennst nimmer kannst, fallst um, erholst dich und machst weiter. Du brauchst mich nimmer! Das is es.

ER Du kannst den Käfig jeden Tag verlassn, ich nicht.

SIE Ich glaub, daß wir alle dazu gemacht sind, daß wir ihn verlassen können, in den letzten Jahrhunderten sind die Gitterstäbe schon weit auseinandergedrückt wordn, manche passen schon durch, und viele werden in den nächsten Jahrzehnten ihre Stäbe so weit auseinander biegen, daß man sie nicht mehr halten kann in ihrem Käfig. Vereinzelt werdn die draußen dann schießen auf die ersten, die sich frei bewegen, und wenn es immer mehr werden, werden sie ihre Polizei und die Armee einsetzen und alles dran setzen, uns tot oder lebendig hinter Gitter zurück zu bringen – aber es werden immer mehr werden, die auskommen, denn drin sind hunderte Male soviel wie draußen, und je mehr sich drin herum spricht, daß mir wirklich keine Gorillas sind, keine Untermenschn, keine Viecher, sondern Menschen, gleichwertige Menschn wie die draußen, umso mehr und leichter werden die Gitter gesprengt und eine Welt ohne Käfig Zukunft werdn.

Pause

ER *sehr bös:* Blöde, alte Kommunistin, träumt. Träumen kannst.

Pause

SIE Willst mir jetzt noch einmal auf die Nasn schlagn, weil ich jetzt mit dir red und meine Meinung sag.

ER Nein.

SIE Mir kommen ned zam, Erwin, wenn mir in die großen Probleme kommen. Ich glaub nämlich an die vielen, die hinter Gittern sind, und ich glaub bloß deshalb an ihre Befreiung, weil sie – im Gegensatz zu dir – fähig sind, sich untereinander zu verständigen, miteinander zu redn, sich zu organisieren, Erfahrungen auszutauschen, sich gegenseitig zu wärmen, zu helfen, zu kämpfen. Das bloß hebt das Gitter, in dem wir sind, hier und heute in diesem unserm Land, du bringst nix zustande, tobsüchtig und allein, du biegst keinen Gitterstab zur Seitn, du schlagst dir am dünnsten den Schädel ein und das findst du toll. Ich nicht. *Pause.* Willst noch mehr hörn?

ER Kenn ich alles.

SIE Dann laß mich doch, wie ich dich laß. Zerfleischn nicht mir sich gegenseitig, sondern lebn mir nebeneinander wie – Nachbarn wenigstens, die sich gegenseitig nix in Weg legn.

ER Will keinen Nachbarn.

SIE Ich weiß.

ER Will eine Frau, die Verständnis für mich hat.

SIE Ich kann nicht zuschaun, wie du dich umbringst, und Beifall klatschn. Da schau ich lieber weg und bin still.

ER Du treibst mich in Irrsinn.

SIE Nein, Erwin. Du bist ein verbohrter Einzelgänger, ein unverbesserlicher – das is gut gangen, solang dir niemand an den Pelz is, solangst deine Arbeit ghabt hast und deine Ruh, und jetz, wo das nimmer is, jetz gibt es für dich bloß eine Konsequenz, die Selbstzerstörung. Das Rudel kann sich wehren, wo der einzelne erschlagn wird. Aber du willst kein Rudel. Und ich schon, und ich laß mich von dir ned ins Abseits treiben. Ich hab meine Arbeit noch, und ich hab meinen Rückhalt bei den Kollegen, und ich weiß, daß ich den brauch. Du hast dich nie um die andern kümmert, und sie kümmern sich nicht um dich. So einfach is das.

ER Ich scheiß auf die andern. Rudel! Genau, so ein Schmarrn.

SIE Ich weiß, daßd mich anstecken willst, aber ich sag dir, du kriegst mich nicht dazu. Was die außerhalb vom Gitter wollen, das is, daß wir vereinzelt, verrückt und selbstzerstörerisch sind. Das Lebn im Käfig is nicht schwer, man gewöhnt sich so schnell daran. So, daß man gar nimmer sieht, wie man dran is. Man braucht eine Idee und man braucht die andern, sonst geht man zugrund. Schau dich an.

ER Nein.

SIE Schämst dich.

ER Nein.

SIE Ich mach dir kein Vorwurf.

ER Vor deinem Schmarrn brauch ich mich bestimmt ned schämen. Die Gitterstäb sind erst da, seit ich nicht mehr arbeit.

SIE Seitdem merkst sie.

ER *kleine Pause.* Ja.

SIE Bring mir noch ein Taschentuch.

ER Ja. *Er tut es.*

Pause

SIE Gehts dir jetz besser? Wo ich blut wie ein Schwein.

ER *schüttelt den Kopf.*

SIE Eine andere tät gehn, weil sie dich verläßt.

ER Du ned?

SIE Nein.

Pause

ER Aber der einzelne muß doch auch seinen Wert haben.

SIE Bloß in der Masse.

ER Glaubst du.

SIE Du bist allein ein armes Schwein, das vor dem Schlachten herzzerreißend quiekt. Wie traurig.

ER Ich bin kein Viech.

SIE Aber der Mensch is stark, weil er gemeinsam handeln kann.

ER Das können Tiere auch.

SIE Du nicht.

Vierter Abbruch

Und dahinter gleich das kommunistische Manifest – damit auch jeder versteht, um was es NICHT geht –
Wie schreibt man ein Lehr-Stück (so wie ich DAS NEST damals geschrieben hab?!) Aber da war der Sprung ein sehr kleiner – jetzt muß es doch mal weiter gehen. Da sitzen sie jetzt im Bett, sie hat die Nase eingeschlagen und spricht unverdrossen vom Fortschritt. Was macht jetzt er? Außer Taschentücher holen! Aber diese Dialektik im Widerstand von Masse-Einzelner, die ist doch eine ganz bedeutende in unserem Land. Man will keine Masse, und wenn man eine will, dann muß sie kontrolliert sein (wer reagiert aggressiver als der DGB, wenn sich UNKONTROLLIERT in der Arbeiterschaft etwas regt!). – Ich glaube, in diesem Land kann man, wenn man nicht lügt, überhaupt kein fortschrittliches Stück mehr schreiben.
Die Verhältnisse SIE SIND NICHT SO.
Komisch, ich hab das Gefühl, alle meine Figuren sind Vögel, die müßten sich aufs Fensterbrett setzen und einfach wegfliegen . . .
Aber das ist keine Dramaturgie, das ist höchstens eine Fantasie, wenn auch eine schöne.

Erster Friedens-Versuch

Pause. Das weiß ich nicht. Ich weiß ned, ob das wirklich was nutzt. Aber ich find, ETWAS muß man tun, man muß was – tun! Oder? Das is eine Frage, die ich mir auch stell. Die erinnert mich an mich. Genauso wie an jeden andern Menschn auch. *Pause.* Ich hab mit vierzehn Jahrn meinen Religionslehrer vor der ganzen Klass gfragt: Glauben Sie das alles, was Sie uns da verzähln? Der war Pfarrer, der Religionslehrer bei uns. Der hat bloß gsagt: Man tut, was man kann? Der hat sich nicht störn lassn von mir. *Pause.* Man tut, was man kann. Wie oft tut man in seim Leben, was man wirklich kann. Eine gemeine Frage. *Pause.* Genau. Ich tu eher selten alles, was man kann. Das gib ich zu. Meistens weniger, oft nix. *Pause, unvermittelt:* Man kann alles in den Dreck ziehen, mich auch, das weiß ich schon. *Nickt.* Das heißt doch nur Schwierigkeitn, die will sich doch bloß aufspieln. Mit mir muß man umgehen. Das wird bei uns nicht belohnt, bestimmt ned. Da kriegst eher eine auf den Deckl. *Pause.* Weil ich erzeuge auch Aggressionen. Das beobacht ich immer wieder, daß ich manche Menschen aggressiv mach. Is trotzdem mein Leben, oder ned? Bei der Arbeit, in der Beziehung, im Politischn. Was man nicht hat, das kann man sich nicht immer ausredn. Ich bin ich. Daran gewöhnen. *Lacht.* Vielleicht schon fast eine Unnormalität, die Zeit, die ich hab. Blöder Satz: Ich steh unheimlich auf den Friedn, ich find den gut. Ich find des auch ganz normal. *Kleine Pause.* Ich find es andererseits unnormal, wenn man nicht auf den Friedn steht. Das is mir krank. Ich find es das unnormalste von der Welt, wenn man sich gegen die, wo ausschaun wie ich, nicht wehrt. Ich tät mich wahrscheinlich auch gegn mich wehrn, wenn ich mir unvorbereitet begegnen tät? *Lacht.* Ich hab auch nicht das Geld, daß ich in die Karibik flieg, wenn es mir hier zum Versaften heiß wird. Ich muß schon einfach da bleibn. Ich kann doch mehr wie bloß jammern, ich muß mehr können. Wenn man sich da reindenkt, is das ein Wurm im Hirn. Unnormal? Ich bin unnormal. Aber wenn man von München bis nach Neu-Ulm fahrt mit sechs Personen im Auto – die schaun alle – und wenn man wo stehn bleibt, an einer roten Ampel, dann schauen die mit dem Neu-Ulmer Nummernschild, eine Feindlichkeit, die mir ganz vertraut is. *Lächelt.* Was wolln denn die bei uns? *Kleine Pause.* Fürs Häuslebaue ham sie sich 20 Jahr krumm gmacht *lacht* aber gegns Häusle-Zerstöre stehn sie ned auf. Da schaun sie uns an, als wenn MIR feindliche Außenseiter wärn. Wie ich? Ich find es unnormal, wenn die andern in ihrem Gartn stehn und zu uns Demonstrantn übern Zaun schaun, als wenn mir ihnen ihr Häusel in die Luft sprengen wolltn. Als wenn mir sie bedrohn tätn. Ich auch. Ich extra. Wenn ich auch die ganz genauen Zahlen nicht weiß und kein Militärexperte bin – Gott sei Dank –, dann weiß ich trotzdem, daß die Amis alle modernen Waffen zuerst ghabt ham, und die Russn immer nachzogn ham. Die Atombombe, die Wasserstoffbombe, die Neutronenbombe, die SX – und wie die ebn alle heißen. Sie warn immer voraus, die Amis. Amerika – *lächelt* – zum Beispiel über Nagasaki und Hiroshima, über Vietnam das Napalm. Ich war noch nie in Amerika. *Nickt. Pause.* Außerdem is des sowieso gleichgültig: wenn man den Tod gegen den Tod aufrechnet, dann leben mir jetz schon in dem Luxus, daß jeder von uns zehn- oder zwanzigmal sterbn kann. Soviel Vernichtungskraft is auf jeder Seitn. Toll gell?! *Kleine Pause.* Können Sie sich zehn oder zwanzig Wohnungen leistn? Zehn oder zwanzig Autos? Mein Vater war ein normales Parteimitglied und meine Mutter eine normale Mitläuferin. Bloß ich bin unnormal wordn. »Ich hab ned für den Hitler und die Nazi kämpft, ich hab für Deutschland kämpft!« *Kleine Pause.* Wo denn? Im Kaukasus? Ich kenn sein Album: schwarz-weiß, das ganz kleine Format, aber er is immer gut zu erkennen. Ich hab vorm Tod eigentlich genauso Angst wie alle andern. Und meiner Mutter glaub ich auch ned, wenns sagt, sie hat von allem nix gwußt. Das einzige, was ich meine Eltern – die seh ich selten, immer seltener – glaub, is, wenns gsagt ham: »Was hätten mir denn tun sollen? Was denn? Mir ham doch überhaupt nix tun können. Mir sind mit dir gstraft gnug.« *Pause.* Man tut, was man kann. *Kleine Pause.* Ich glaub, daß ich nicht unglücklich bin. Normal unglücklich höchstens. Ich war ein spätes Kind, zu spät, hat der Vater gsagt gern. *Pause.* Oft glaubt man es mir einfach nicht, daß ich genauso eine Angst hab wie alle andern. Des muß ja ned morgen sein, die Nazis ham ja auch sechs Jahr braucht. Meine Angst is bestimmt das normalste an mir. *Pause.* Tun, was man kann. *Pause.* Aber dann will zumindest ich weder sagen müssn, des hab ich ned gwußt, noch, was hätt ich denn tun solln. Was hätt ich – *Pause.* Auch wenn es nix genutzt hätt: man tut, was man kann. Ich bin mir keine Ausrede. *Pause.* Und daß es nix nutzt, is noch ned erwiesn, das hättn manche gern, dabei hams mehr Schiß vor der Friedensbewegung als wie der Teufl vor dem Weihwasser. *Lacht lange.* Ich find, das kann man sich eigentlich an die fünf Finger abzähln, daß so ein kleines, dicht besiedeltes Land wie das unsere auf eine Atombedrohung, die vielleicht wirklich da is, nicht mit Atom reagieren kann. Mir müssen anders reagieren, weil die Drohung mit Selbstmord kaum eine überzeugende Verteidigungsstrategie is, oder? *Pause.* Ich mach auch mit, weil die mich lassen. Ganz normal? *Pause.* So wie die Nazis von Anfang an ham durchblicken lassn, daß sie Deutschland in den Krieg hetzen, so klar is jetz: wenn mir zulassen, daß eine amerikanische Regierung, deren Weltbild zwischen King-Kong und Dallas lauft, ihre Atomraketen griffbereit auf den europäischen Tisch legt, und mir statt nein zu schreien ja sagen, ja, gern nehmts uns doch als europäische Schlachtschüssel, damit euer amerikanisches junk-food ned blutig wird, wenn mir das zulassen, dann kann 83 wahnsinnig viel mit 33 zu tun haben. Ob ich die Nazizeit überlebt hätt? Ich leb nicht ungern. *Pause.* Tun, was man kann, was kann denn ich? – Lernen, auch aus der Geschichte. Wer diese Mittelstreckenraketen stationieren läßt, der verrät uns, der verrät Land und Leute. Wer es wirklich ernst meint mit diesem unserm Land usw., der verhindert es. So wie die Nazis Deutschland geschlagen, geschändet und entehrt haben, so sind diese Waffen ein neuer Anfang in die falsche Richtung, eine Richtung, die mir Deutsche mit 50 Millionen Weltkriegstoten auf dem Buckel sattsam kennen sollten, so kennen, daß mir nie, nie wieder Angriffswaffen auf unserm Boden lagern oder lagern lassen, von niemandem! Wehren wir uns – wenn ich wir sag, glaub ich nicht – mit dem, was das Volk der Denker und Dichter haben sollt: Geist, Verständnis, Einsicht – Liebe, vielleicht sogar Liebe. *Pause.* Diese Nachrüstung – meine Lebenserwartung ist unnormal – führt früher oder später in einen neuen Krieg, nach dem – *betont es* – von uns nicht mehr soviel übrig bleiben wird, daß man es noch einmal teilen könnt. *Kleine Pause.* Höchstens Asche zu Asche und Staub zu Staub. *Große Pause.* Staub ist ekelhaft. Man kann nix mehr erkennen. Mich auch. Tun, was man kann, mich auch nicht. *Pause.* Solang man nicht tot ist, kann man etwas tun. *Pause.* Der eine mehr, der andere weniger, aber etwas. Etwas kann jeder tun. Sogar ich. Das ist das Schöne. Meine Spezialität sind Unterschriften. Mitnehmen tut man mich auch, aber selten, weil ich bin ein sperriges Gut. Achthundert Milliarden Dollar für die Rüstung und eine Milliarde Menschen vor dem Tod. Die Rüstung und der Hunger sind mindestens so unnormal wie ich. *Lächelt.* Keine Angst vor Rollstuhlfahrern! *Fährt langsam ab.*

Fünfter Abbruch

Ich könnt mich in den Arsch beißen vor lauter Verzweiflung – und Scham und Schande und –

hab doch aus dem todlangweiligen Friedenstext, bei dem einem die Füße einschlafen, wenn man ihn liest, weil er halt nicht dramatisch ist (Frage: wie dramatisch ist es überhaupt: für den Frieden kämpfen???) in meiner Verzweiflung eine rollstuhlfahrende Friedenskämpferin gemacht –

es ist ja scheißegal, weil deshalb, weil jemand auf der Bühne mit einem Rollstuhl rumfährt, ist ja in Wirklichkeit niemandem ein Haar gekrümmt, und außerdem (dünne Entschuldigung: ich hab bei der Menschenmauer in Neu-Ulm wirklich auch eine Frau im Rollstuhl gesehen, und das hat mich sehr berührt –)

bloß, was nutzt denn das, das nutzt doch gar nichts –

da war eine Menschenschlange von 100 Kilometern, und dazwischen war eine Rollstuhlfahrerin, das gesamte Bild war toll, war schön, herrlich –

das hat doch nichts mit meinem todlangweiligen Einakter zu tun – aber es ist schon zum Wahnsinnigwerden: über den Frieden, die Hoffnung, die, die, die was tun etc. – da fällt mir einfach nichts ein, da verläßt mich mein Talent, daß ich mir die Haare ausreißen könnt, es ist zum Irrsinnigwerden –

wieso ist denn das Positive nicht dramatisch, um Himmels willen, wieso ist das Gute so fad, wieso denn?

Und der positive Held in der sozialistischen Literatur – ich krieg schon das Kotzen, wenn ich daran denk.

Es stimmt einfach nicht, die Kunst eignet sich nicht als Propagandamittel – sie verweigert sich, diese Scheißhure geht mit jedem traurig-sentimentalen Arsch ins Bett (»ach, ich hätt so gern ein Leben, ich hätt so gern einen Schwanz, ich hätt so gern eine Erfüllung, ich hätt so gern eine Berührung« etc. mit der Scheiße) – und mir gelingt kein kleiner, sauberer Einakter über die Friedensbewegung.

Dabei schwitze ich am Schreibtisch seit sechs Stunden heute schon – muß jetzt raus, raus an die frische Luft, sonst schlag ich vor lauter Friedensscheiße (meine!) hier noch alles zusammen. A. will eh spazierengehen. Recht hat sie.

Zweiter Friedensversuch

SIE Hast du den Krefelder Appell unterschriebn?

ER Vor Jahren, mir wird ganz nostalgisch.

SIE Und daß München atomwaffenfreie Zone werden soll wie Lindau und andere Orte, wo das schon durch is.

ER Ja.

SIE Und –

ER In Neu-Ulm war ich zweimal, 82 und letztes Jahr, und in Mutlangen war ich drei Tag, und jetzt tun mir bumsen oder politisiern?

SIE Das kann man doch ned trennen. Mit einem Nazi tät ich nicht schlafen

ER Ich schlaf mit jeder, wenn sie *betont es* ein gefälliges Äußeres und ein leises Organ hat, das nicht zu oft anschlägt.

SIE Du bist unheimlich im Frust.

ER Es törnt mich ab, dieses Geschwätz. Genau.

SIE Mir is das Geschwätz wichtig, weil man muß was tun.

ER Her damit, wo is der Wisch, gegen die Bundeswehr, die Wehrpflicht, dafür, daß nur noch Schwule General werden dürfen – her damit. Kürzen mir die Prozedur ab, okay?

SIE Die Friedensbewegung –

ER will sich regenerieren. *Kleine Pause.* Zieh dich schon aus.

SIE *tut es.*

ER Schon schaut die Welt ganz anders aus. Eine Möse vor der Nase ist die höchste Friedensphase. *Pause.* Ich hab es so satt. Wenn ich die leidende Miss Kelly bloß seh, dann könnt ich Amok laufen.

SIE Schmarrn, die tut wenigstens was. Man muß was tun.

ER Sag ich ja, tun mir bumsen. Das is die höchste Form des Friedens.

Letzter Abbruch

Stimmt das letzte vielleicht nicht, Herr Kroetz? Ja und nein. Die Friedensbewegung hätte Besseres verdient – Besseres als meinen Schwanz?
Mein Gott, schnell spazieren gehen, es wird unerträglich.

Dritter Friedensversuch

Der Überläufer

In einem nicht zu großen Büro. Hell. Der Mann in U-Haft sitzt vor zwei freundlichen Herrn, im Hintergrund müde ein Wachhabender. Der Beschuldigte will hart, direkt und unbeugsam sein. Die zuhörenden Herrn stören ihn, weil sie nicken, auf Angriffe kaum reagieren, Verständnis zeigen. Der Beschuldigte wird immer lauter, verzweifelter. Seine Aggression wächst, bis er zusammenbricht. Rasche Szene.

HÄFTLING Nicht aufregen, nicht übertreiben, wer wird das Spiel nicht mitspielen, das spielen doch alle. Wer wird die Wahrheit sagen, das ist doch schlechter Geschmack, wer wird den Frieden stören. Ich bin ein Störer, es ist mir eine Ehre, heute hier zu stehen. Ich danke Ihnen! Ich hoffe, Sie erkennen nicht auf Bewährung. Ich will sie nicht. Ich bekenne, daß meine Straftaten das einzige sind, dessen ich mich in den letzten drei Jahren nicht schäme. Ich bin ein Wiederholungstäter. Mein Rechtsempfinden ist empfindlich gestört. Meine kriminelle Energie beachtlich. Ich bekenne mich schuldig. Ich bin ein Staatsfeind. Verurteilen Sie mich. Sie können es, Sie haben darin Übung. Tun Sie Ihre Pflicht. Ich schäme mich für einen Staat, der das einzige Ehrenwerte, das er hat, kriminalisiert. Ich komme nicht aus Moskau. Ich komme aus München. Ich schäme mich eines Staates, der sich an meine Brust schmeißt und der meine sein will. Er ist nicht der meine. Sie sind nicht meine Richter. Richten Sie mich! Meine Straftaten haben keine Einflüsterer, sie kommen von hier und jetzt. Auch wenn das der alte Nazi, der da rechts sitzt und über mich richten will, es nicht glauben kann, weil er meint, zwischen 33 und 45 sei der Widerstand ein für allemal liquidiert worden. Ich lebe. Für mich ist Christus der gekreuzigte Friede. Ich bin Christ. Kein Amtskirchen-Christ, kein Waffen-Christ. Ich bin ein Menschen-Christ. Herr, du hast mich aus der Gnade gestoßen. Staat, du hast mich aus deiner Verfassung gestoßen. Die Wirklichkeit unserer Verfassung ist nicht die meine. Ich bekämpfe sie. Ich habe Angst, ich bin verzweifelt. Ich habe gezittert. Ich habe meine Straftaten nächtelang überlegt. Sie wurden gut vorbereitet. Angriffswaffen auf deutschem Boden sind der Beweis dafür, daß dieser Staat von 1983 zwölf Jahre aus seinem Gedächtnis gestrichen hat. Ich kann mir 50 Millionen Tote nicht aus dem Kopf schlagen. Sie sind hartnäckig. Ich bin hartnäckig. Staat, gib mir meine Menschenwürde wieder, indem du mich verurteilst. Sperr mich ein, daß ich weiß, ich bin auf dem rechten Weg. Staat, tu was gegen mich. Ich fuhr oft mit Nachtzügen, quer durch Deutschland. Ich schaute aus dem Fenster auf das nächtliche Deutschland. Kaum ein Kilometer ohne Lichter, Häuser, Straßen, Bewohner. Überall zwischen Flensburg und Passau, zwischen Hamburg und Berlin: Menschen. Wer uns mit Atomraketen schützen will, kennt dieses Land nicht, oder er riskiert den Völkermord. Weiter: Die Vorbereitungen für den Atomkrieg – und für mich ist die Stationierung amerikanischer Atom-Raketen Vorbereitung von Atomkrieg – legitimiert das Bild vom globalen Auschwitz. Es wird vorbereitet. Ich sage nein, hör zu Staat, sperr deine Ohren auf. Nein. Atomwaffen einer amerikanischen Regierung, deren Weltbild von Kingkong bis Dallas reicht – das ist kein Witz, das ist das politisch-ideologische Denken eines Ronald Reagan – solche Waffen auf deutschem Boden, das ist Landesverrat. Ohne Wenn und Aber: Wir als vorgeschobene Atom-Geisel der USA: Ich heiße das Landesverrat: Ich lese Zeitungen. Die falschen? Ich lese in den falschen: 37 Prozent der Amerikaner sind laut einer Umfrage für Krieg, sie glauben, daß wieder einer kommt, er ist notwendig, meinen sie, unvermeidlich, meinen sie. Ich weiß: Dieses Drittel der Amerikaner ist für Krieg, weil es glaubt, daß er spätestens in London halt macht und nicht nach Seattle kommt. Es irrt sich, aber wenn es das merkt, sind wir Staub. Dann kann Deutschland zum letzten Mal geteilt werden: Asche zu Asche und Staub zu Staub. Ich rede vom Krieg. Ich rede vom Frieden. Wir haben zwei Atombomben, die eine heißt Plutonium und die andere heißt Hunger. Für eine Milliarde tickt die Atombombe Hunger, Elend, Krankheit, Seuchen, Durst. Wenn nichts geschieht, werden sie sterben. *Er hält ein Buch hoch.* So schaut das aus.

Das Buch heißt: An Illustrated Outline of Malnutrition in the Levant. Protein Energy Malnutrition. *Blättert in dem Buch.* So schaut Hunger aus. So schaut Verhungern aus. Wissen Sie, wieviele Menschen pro Minute auf der Welt verhungern? Wissen Sie, wieviel Dollar pro Minute für Rüstung ausgegeben werden? Was wissen Sie? Was weiß dieser Staat? Mir weiß er zu wenig. Rechnen Sie mit Ihrem Taschenrechner aus, wieviele Menschen täglich im südlichen Afrika sterben, wenn es im Jahr 5 Millionen sind. Ungefähr? Etwas mehr, etwas weniger? Fühlen Sie etwas im Kopf? Wird Ihnen warm? Hunderttausend mehr, weniger? Haben Sie den Toten jemals die Ehre erwiesen, sich wenigstens nach ihrer genauen Zahl zu erkundigen? Lernen Sie sie auswendig. Ich habe mir die Mühe gemacht. Das Buch mit meinen Aufzeichnungen liegt Ihnen vor. Der Zustand, in dem wir heute auf dieser Welt leben, IST Krieg, an dem, was verrüstet wird, wird anderswo in unvorstellbarem Ausmaß gelitten und gestorben. Rüstung ist Massenmord. Täglicher Massenmord, ohne daß ein einziger Schuß zu fallen braucht. Millionen verhungernder Kinder sind die Toten einer Rüstung, die ohne Krieg wöchentlich ein Hiroshima anrichtet. So schauen sie aus. Sie sollen herschauen! Winzige Greisengesichter mit weit aufgerissenen Augen. Diese Augen stellen Fragen, diese Augen klagen an. Mich klagen sie an. Sie schlafen gut. Ja? Ich nicht. Sie richten mich? *Schreit:* Richten Sie mich! Diese Augen richten Sie, es sind Millionen Augen. Sie haben keine Angst? Ich schon. Sie haben keine Angst vor Gott? Sie haben keinen Gott. Niemand wird Sie etwas fragen. Sie hören kein Jammern? Es jammert, solang es noch kann. Wenn es nicht mehr kann, schaut es so aus. *Zeigt wieder Bilder in dem Buch.* So. Und so. Wenn man diese Toten sieht, weiß man: Es gibt kein einziges gutes Argument für Rüstung. Keines. Das Gleichgewicht des Schreckens ist die Erfindung vollgefressener Europäer und Amis auf dem Rücken hundert anderer Nationen. Diese Erde ist unteilbar. Sie teilen. Ja? Alles? Ja. Rüstungsgelder als Menschenentwicklungsgelder. Sofort. Jetzt? Ja. Bei uns schauen die Kinder anders aus. In den Kinderwagen sind Menschen, die Morgen ein Recht auf diese Welt haben, so wie wir gestern. Der Vater des Krieges ist die Verachtung.

Sie sagen, ich sei nicht friedlich gewesen. Ich hätte Gewalt gebraucht. Ich sage: Der Frieden ist nicht friedlich, wenn die Gewalt den Frieden knebelt, muß er sich wehren. Viele, deren Gewissen sie selten bedrückt, kommen und wollen mir sagen, wie weit ich hätte gehen dürfen. Sie setzen dem Frieden enge Grenzen, in denen er sein darf. Wenn er die Grenze überschreitet, wird er verfolgt. Die Grenze heißt: Handeln. Nur die Gewalt hat das Recht zu handeln, der Friede nicht. Der Friedenswille hat zu schweigen, zu dulden, sich zu beugen. Nein. Der Friede muß handeln. Wenn der Friede schweigt, wird er die Hure der Gewalt. Die den Friedfertigen enge Grenzen ihres friedlichen Tuns setzen, haben zwischen 33 und 45 kein einziges Mal vom Frieden gesprochen, auch danach nicht, bei der Wiederbewaffnung, bei Vietnam nicht, heute entdecken sie den Frieden und ziehen ihm enge Grenzen. Ich lasse mir nicht von den Taktikern der Gewalt sagen, was noch friedlich ist und was nicht. Ich bin nicht friedlich. *Kleine Pause.* Ich hasse. *Verzweifelt:* Ich hasse meine Friedfertigkeit, ich hasse meine Geduld, ich hasse meine Leidensfähigkeit, ich hasse mein Geschwätz. *Laut:* Nicht reden, handeln. Ich hasse. *Er beginnt plötzlich zu weinen, verbeißt es, kann nicht.* Der Haß ist das beste an mir. Ich werde mich weiter an Sabotageaktionen beteiligen. *Pause.* Wenn ich weine, könnte ich mir selber links und rechts in die Fresse hauen. *Laut:* Ich hoffe, daß ich als unverbesserlich, hartnäckig und gemeingefährlich eingestuft werde! Ich will verurteilt werden. *Schreit:* Verurteilen Sie mich, nach deutschem Recht und deutscher Sitte. Im Namen eines schlafenden Volkes, im Namen der Gleichgültigkeit, vor Gott und den Menschen. *Pause, leiser:* Verurteilen Sie mich, sperren Sie mich ein, damit das aufhört, im Kopf sich zu drehen, verurteilen Sie mich, geben Sie mir Sicherheitsverwahrung, damit ich endlich wieder eine Nacht lang schlafen kann. *Schaut, schnauft, leiser:* Solang dieser Staat mich frei herumlaufen läßt, weiß ich, daß ich zu wenig gegen ihn tu. Das macht mich wahnsinnig. *Pause*

UNTERSUCHUNGSRICHTER Am heutigen dritten Tag der vorrichterlichen Einvernahme hat der Beschuldigte ein in weiten Teilen glaubwürdiges Gemälde seiner innern Verfassung gezeichnet. Die depressiven Zustände des Beschuldigten erreichten während der Tatzeit einen Höhepunkt, der meines Erachtens die volle Schuldfähigkeit des Beschuldigten von vorneherein ausschließt. Der Beschuldigte hat in seinen von heftigem Weinen unterbrochenen Darlegungen mehrmals seine übersteigerte Schuldfähigkeit – ich korrigiere, das übersteigerte Schuldbedürfnis des Beschuldigten hat schizophrene Ausmaße angenommen, in denen, nach Aussage des Beschuldigten, er sich am Zustand der Welt schuldig gefühlt habe. Dieses globale Schuldgefühl habe ihn nicht mehr ruhen lassen und ihm viele schlaflose Nächte bereitet. In diesem Zustand habe er den verzweifelten Entschluß gefaßt, sich durch die bereits an den vorhergegangenen Tagen zugegebenen Sachbeschädigungen freizukaufen von der Verantwortung, die unser Staat dem einzelnen durch ein Höchstmaß an freiheitlicher Selbstbestimmung auflädt. Der labile Beschuldigte ist in einem Zustand von erheblich verminderter Zurechnungsfähigkeit durch die Nacht geirrt, er hat mehrmals die Bundesrepublik in Nachtzügen durchquert, was auf seine Schlaflosigkeit zurückzuführen ist. Dabei hat er in selbstquälerischen Selbstgesprächen mit sich und seinem Gott versucht, eine Mitschuld an den von ihm als ungerecht erkannten Zuständen abzustreiten. Eine innere Stimme, die der Beschuldigte als eine Art vorgerichtliche Einvernahme des Jüngsten Gerichtes gedeutet hat, hat ihn vor Gott gestellt. Dieser religiöse Wahn hat ihn an sich selbst zweifeln lassen. Er hat das Gefühl nicht mehr losgebracht, daß er, in unserem Staate, der dem Bürger die Möglichkeit weitestgehender freier Gestaltung seines Lebens erlaubt, nicht in der Lage ist, das volle Maß an Freiheit und Verantwortung zu ertragen. Diese Zustände der Verzweiflung wurden stärker. Das Appetitbedürfnis des Beschuldigten nahm ab, er verlor während der Tatzeit ca. 7 Kilogramm – in Klammern: Diese Angaben sind ärztlicherseits bestätigt. Ein fortwährender Weindrang hat die Sehfähigkeit belastet. Der Beschuldigte wußte nicht mehr ein noch aus. Aus dieser existentiellen Gesamtbedrohtheit heraus hat der Beschuldigte die ihm zur Last gelegten Sachbeschädigungen begangen. Über das Ausmaß der einzelnen Schäden liegt eine gesonderte Aufstellung vor. Aus der psychischen Gesamtverfassung des Beschuldigten und den tatsächlich verübten Straftaten geht meines Erachtens hervor, daß es sich weder um eine Tatserie im Zusammenhang mit einer kriminellen Vereinigung handelt, noch daß der Angeklagte zielstrebig vorgegangen ist. Die Taten selbst, die auch bei ungünstigem Verlaufe eine Gefährdung von Menschen praktisch ausschlossen, zeigen alle Merkmale einer Verzweiflungstat, die ihren innern Kern in einem übersteigerten Minderwertigkeitskomplex hat. Der Beschuldigte macht den Eindruck eines Bürgers, dem die Freiheit unseres Staates nicht guttut. Er sehnt sich nach Bestrafung, erfleht eine Verurteilung, was meines Erachtens das Zeichen einer erlahmten kriminellen Energie ist, sofern diese überhaupt vorgelegen hat. Der physische und psychische Zustand des Beschuldigten ist so, daß eine Überstellung an den Hausarzt notwendig scheint. Eine Tendenz zur Selbstbestrafung, die beim Beschuldigten zu einem Hauptmerkmal seiner psychischen Struktur gehört, läßt Suizidverdacht aufkommen. Insofern sollte man zu gegebener Zeit eine psychiatrische Behandlung durchführen, die eine Stabilisierung des Lebenswillens des Beschuldigten zur Folge haben müßte. Möglicherweise ist eine Analyse vorzunehmen, die auf etwaige kindliche Mißhandlungen und Erlebnisse hinweisen wird, die in dem Angeklagten die Selbstvernichtungstendenz erzeugt haben. Eine fortdauernde Gefahr für die öffentliche Sicherheit stellt der Beschuldigte nicht dar, da sein Rechtsbewußtsein und sein Schuldbekenntnis – wenn auch neurotisch übersteigert – so doch manifest sind.

Im Hinblick darauf, daß das zu erwartende Urteil bei der bisherigen Lebensführung des Beschuldigten auf Freiheitsstrafe mit Bewährung lauten kann, sofern nicht überhaupt auf Geldstrafe erkannt wird, verfüge ich die Aufhebung der Untersuchungshaft.

Gibt es gegen den Beschluß Einwände? Wie ich sehe, ist das nicht der Fall. *Kleine Pause, freundlich:* Damit sind Sie frei.

HÄFTLING Hilfe! *Schreit.*

UNTERSUCHUNGSRICHTER Lassens ihn ausschreien und sich beruhigen und passens auf das Fenster und auf Ihre Dienstwaffe auf, damits keinen Skandal gibt. *Ernst:* Entweder er hört mit die Kindereien auf und entwickelt sich, dann sehn mir ihn wieder. Oder er bringt sich um. Des kann man in Ruhe abwarten. So is das noch nix, da brauchen mir uns keine Hoffnungen machen. Für den hat jede Großmutter Verständnis, und das is das wenigste, was mir brauchen können. Mit dem kann man keinen – Staat – machen. Scheiße! *Ab.*

Ehrenwort

Eher ein Kind als ein Mann, blaß und mager, aber drahtig.
Schaut irgendwie lustig aus, unbekümmert:

Ja, ich gebs ja zu, ich hab einem Bullen ein paar über die
Rübe gekippt, ich hab auf ein Bullen voll reingedonnert,
stimmt ja, ich hab seine Fresse gesehn, hab gesehn, wie er sein
Knüppel rausholt, und hab gesehn, wie ihm das Maul aufgeht
zu irgend so eim Schrei, der hat so weit ausgeholt, der Bulle,
ehrlich, der hat ausgeholt, wie wenn ichn Elefant sein tät,
weißte, wie man das in de Röhre sehn kann, in de Zeitlupe
sehn kann, so hat der ausgeholt, der hat och gar keene Angst
gehabt, daß ihm da was an Kragn gehn kann, der hat mich an-
gestiert hat mich der, richtig gegrinst hat der, so wie das heißt,
daß Vorfreude die schönste Freude is, so hat der mich ange-
stiert, angegrinst, der war da ganz cool, der war freundlich
war der und hat mit so einer Klammer ausgeholt und sich gedacht – ich hab richtig gesehn auf dem seim Hirn, was der sich
denkt – hat der sich gedacht, der is richtig, der kleine,
schwächliche Scheißer, der kommt mir grade recht, der is
richtig, dem hau ich jetz aufn Latz, daß der in zwei Monatn
noch ein krankn Zapfn im Hirn hat, so hau ich dem jetzt eins
über die Rübe, det war wie so ne Momentaufnahme war det,
wie ein Foto, wie der so über mir mich angrinst und sein Aus-
schwung nimmt mit seim Knüppl und drauf will auf mich, ich
wollt ihm ja zuerst zwischn die Beine durch, der hatte, also der
war ja groß, der war ja schon schön viel größer wie ich, da hab
ich dem zwischn die Beene durch wolln, wie der sich grad auf-
richtet und auszieht mit seim Knüppl und mit seim Grinsn und
sich grad streckt und grad den ganzn Bauch frei macht, richtig
rausstreckt, weißte, wie im Kino, wo die fettn Opas mit die
Colts die Wampe vorschieben, so hat der ausgezogen und die
Wampe frei gelegt, ich hab den Gürtel gesehn, wo der Baller-
mann dran baumelt, und hab gedacht, dat gibts doch nicht, det
gibts nicht, der hält mich nicht fürn denkendes Wesn, der hält
mich fürn Arschloch hält mich der, der kommt nich auf die
Idee, daß ich dem eins verpasse, der denkt sich, son blödes

Vieh, das rennt mir zwischn die Beene durch wien Köter, und wenn ich die zu mache und mir den Kerl grapsche, dann hält der still, dann duckt sich der, denn macht der den Buckl ganz rund, damit es nich so weh tut, und denn verdresch ich den, der wollt mich vielleicht mitm Kopf zwischn die Beene nehm, ich weiß nich, was der wollte, bloß der war sicher, der war so irre sicher war der, der war voll drauf, daß ich ein kleines blödes Tierchen bin, das er bloß grapschen muß und drauf, und ich seh det, wie er so auszieht mit seim Knüppl, und denk mir, Mann, wie weit zieht der noch aus, willste mir den Schädel zerdellern damit, wat willste denn, und der zieht und zieht aus, und der Bauch, der kommt so frei und ich seh den Gürtel um den Bauch, und da blitzt das auf in mir, das blitzt einfach auf, das denkt so wie n Blitz in mir, rin in den Bauch, rin in die Wampe, rin in den Bullen, rin mit allem, für wat du stehst, mit allem was du bist, mit deim ganzen Gewichte, mit deine Überzeugungen, mit deim Ärger, mit dem Frust, rin, brutal rin einfach, rin hau, rin – *kleine Pause* ich hab ihn getroffen, ich hab in die Eier getroffen, dat ich es bimmeln gehört habe, so hab ich getroffen, ich hab ein rein gesetzt in seine Hose, dat er bloß leise geschnappt hat, pief hat det gemacht, der hat so jeschnaubt, der hat so Luft verloren und gleich wieder nachgezogen hat der, so wie ne Luftmatratze, wo de drauf sitzt in de Langune und denn zieht dir einer den Stoppel raus, pief hat det gemacht, und dann hat er nachgezogen seine Luft und geschaut hat der, der hat mich angeschaut, det war unvergeßlich, der hatte doch gegrinst, mich angegrinst, na Ratte, gleich tritt ich dir in Leib, hatte mir der zugegrinst, und jetz, wie ich ihm die Eier angedonnert hatte, is der ganz ernst geworden, der is ganz ernst geworden, der hat geschaut, als wenn er sagen tät, aber entschuldigen Se schon, det war nicht abgemacht, daß Sie mir, det war nicht vorgesehen, Sie halten sich ja nicht an die Spielregeln, halten Sie sich nicht, wer sind Sie eigentlich, der hätt mich eiskalt gesiezt, wenn der was sagen hätt können, der hätt das gebracht, der hatte plötzlich die richtige Achtung vor mir, der war ganz anjetan von mir, hatt ich dat Gefühl, der hat sich heruntergebeugt, hat sich mit der freien Hand an die Eier gelangt und geguckt, wie son überraschter Wichser, dem man die Bettdecke wegzieht, der war begeistert von mir als Partner – nee ehrlich –, auch wenn der nich begeistert war, vorher war der so richtig von Mensch zu Tier gegen mich, und wie der eins zwischn die Beine hatte, wie der begriffen hatte, Mann, det muß ein denkender Mensch sein, das kann kein Scheißdreck alleine sein, das kann kein Haufen Mist mit Klamotten sein, das kann bloß ein Mensch sein, da war der ganz entzückt von mir. *Kleine Pause.* Ich denke mir, du kannst noch einmal entzückt sein und setze eines nach, nich in die Eier, sondern drüber, so ein bißchen drüber setz ich was, und weil der schon im Sinkn is, treff ich ihn so in den hübschen kleinen Bauch hinein, das macht ploing, wie so ein Faß, das voll ist, wenn de dat anstößt, det macht auch ploing, so macht der, und jetz sagt der auch was, der sagt jetz »Schweinemensch« zu mir, Schweinemensch sagt der, nur einfach so, und wie er redet, braucht er Luft und japst nochmal und will doch nochmal sein Knüppel hochziehn, ich denk, hör doch auf, laß das doch, aber der zieht sein Knüppl wieder hoch, so, wie wenn er sagn tät, das stimmt nich, ich träum das, was ich in die Wampe geballert gekriegt hab, das is bloß ein totaler Traum, und das Schwein is auch kein Mensch nicht, oder so, das hat zu quieken, aber nich mir in die Wampe zu hauen, das tut der nich, das kann der nich, das kann der nich tun, das hat dem ganz brutal seine Theorie kaputt jemacht, dat so ein Untermensch – Unterschwein sowas tut. *Kleine Pause.* Ja, da hab ich denn keine Wahl gehabt, hab ich nochmal ploing in Wanst gegeben, einfach satt grade, guter Ton das, brutal, aber gut. Ja, und dann hat der voll Stoff kapiert und den Umfaller markiert, Knüppel runter, Hände vorn Wanst, Mama und Papa und in die Knie und ganz friedlich zur Seite. So is das gewesn. Richtig in die Reihe gekriegt hab ich das erst später, daß der sich nicht genug sehn hat können, daß ich was tu, daß ihm da einer aufmischt, einer wie ich, son Schweinemensch ebn. Dem, wo seine Ehre ein Fremdwort is. Men Olla hat imma jesagt, daß det die einzige Sprache is, die ich vastehen tu. Aber det is die Sprache, die jeder Mensch verstehen tut. Man kann fast allet mit mir machen, da bin ick nich so, aba wenn mir eener det Motorrad umschmeißt – und det hat der absichtlich getan – denn setzt es bei mir aus. Dazu steh ich och, weil der Mensch, der braucht was, wo ihm keena dran kommt, wo er der Chef is, er ganz allene. Det sollt jeder Mensch sowas habn, denn könnte jeda sagn: hoppla, jetz kommste mir keen Schritt mehr näha, weil is meines, wo du jetz deine Griffl dran hast. Und det müßte jeder vastehn, denn wär det einfach uf de Welt. Kindaeinfach. Det ich jetz denn vorbestraft sein werde, is mir ne Ehre, det is wie en Ritterschlag, weil ich weiß nämlich, warum ich det haben tun müssn. Det Motorrad schmeißt mir keena um, det bin nämlich ich, det Motorrad, und dem tut keena wat zuleide. Nee. Bestimmt nich.

Verschnaufpause

Zwei Zerstörte, Müde, Erschöpfte, sind sich gegenüber. Sie sprechen langsam, sie atmen schwer, sie brauchen eine Pause.

FRAU Ja?

MANN Nix.

FRAU Warum redn mir nicht mehr zusammen?

MANN Hab nix zum redn.

FRAU Warst ein anständiger Mensch und ein guter Mann.

MANN Warst keine schlechte Frau.

FRAU Hast dich sehr verändert, das kann ich dir verläßlich sagn.

MANN Du auch.

FRAU Bist UNS entglitten.

MANN Du auch.

FRAU Mit allem bist zu mir gekommen, mit jedem Scheißdreck, und hast dich ausgeweint.

MANN Weinen is Weiberarbeit.

FRAU Bin ich nie kommen?

MANN Man erinnert sich.

FRAU Das war schön. Und ich hab dich lassn. Ob dir im Betrieb einer was antan hat, obst dich in der Trambahn geärgert hast –

MANN *nickt.*

FRAU – ob dich jemand bei irgendeinem Kauf beschissn hat, oder obst ein zu teures Benzin tankt hast. So klein hat das Problem gar ned sein können, daßd ned zu mir kommen bist damit. Das war schön.

MANN Es hat sich alles verändert.

FRAU Alles?

MANN Ned?

FRAU Doch.

Pause

MANN Lüge, oder?

FRAU Lüge. Mir sind alles Eingesperrte, Vergitterte. Mir unterscheidn uns doch ned viel von die Menschnaffn im Tierpark. Mir ham ein Klo und ein Bad.

MANN Und die Miete.

FRAU Nur wenige ham Ausgang. Mir alle, die das tägliche Brot mit Arbeit verdienen.

MANN Ein Schreibtisch, hinter dem man sitzt und unkündbar ist.

Pause

MANN Redn die Menschnaffen miteinander?

FRAU Manchmal steht man davor und denkt: die sind zärtlich miteinander. Sie sind zärtlich, die sind eingsperrt, aber sie sind zärtlich.

MANN Redn sie mit einander?

FRAU *weiß es nicht.*

MANN Oder verachtet der Eingesperrte den Eingesperrten?

FRAU Artgenossen.

MANN Eben, eingesperrt.

FRAU Mit den gleichen Abschürfungen wegen dem Beton auf dem Fell. Der gleiche Geruch von Würdelosigkeit, von Gitter, von Verzweiflung.

MANN Kannibalismus. Eine beliebte Sünde der Tiere.

FRAU Man will keinen, dem es genauso geht wie einem selbst.

MANN Man haßt ihn. Er erinnert einen an einen selbst.

FRAU Zerfleischn mir uns nicht gegenseitig, sondern leben mir nebeneinander. Wie Nachbarn wenigstens, die sich nix in Weg legn.

MANN Will keinen Nachbarn. Er sieht mich.

Pause

MANN Will nicht gesehn werdn in der Scheiße.

FRAU *nickt.*

MANN Und wenn ich wen seh, dem es genauso geht, schau ich lieber weg und bin still.

FRAU Wer allein is, is schwach.

MANN Sind mir nicht allein, vorher und nachher?

FRAU Wann?

MANN Im Bauch und im Sarg.

FRAU *nach einer kleinen Pause:* Jaja, aber ich mein dazwischn. *Kleine Pause.* Dazwischn mein ich. *Leise, ruhig, zart:* Vor ein paar Tag hab ich furchtbar gfrorn in einem Traum.

MANN Weilst dich immer abdeckst.

FRAU Ich hab mir denkt, ich muß es dir sagn, daß mir ein Feuer machen. Aber du warst ned da.

MANN Wo war ich?

FRAU *lächelt.* Ich bin im Schrebergartn vom Papa gstandn, hab gfrorn und in den Himmel gschaut. Der Gartn war noch viel kleiner, wie er in Wirklichkeit war, bevor er an die Bahn wegn die Neubauten zurück gegeben hat werden müssen. Es war kahl und kalt, und dann is mir ein Wort eingefallen, und ich hab es ganz fest denkt. Üppigkeit hat das Wort gheißen. Das hat mir im Traum gfallen. Üppigkeit.

MANN Warum?

FRAU Was weiß ich? Üppigkeit ebn, Sommer, Wärme, Gelächter, Farben. Und dann seh ich am Himmel gelbe Flugzeuge auf mich zukommen, kurze, dicke Flugzeuge, ganz gelb mit braune Untersätz unter die Flügel. Und ich denk mir noch, was schleppen denn die mit sich? Und plötzlich ham die Flugzeuge die braunen Untersätz, die sie mitgschleppt ham, abgeworfen.

MANN Bombn.

FRAU Laß mich erzähln, sonst krieg ich es nimmer zam. Hinter dem Garten waren riesengroße weiße Felder, so wie man sich Sibirien vorstellt. Die braunen Untersätz sind heruntergfallen auf die Felder. Man hat gsehn, wie sie aufschlagen und etwas Buntes aufwirbeln. Das hat mich interessiert.

MANN Keine Angst?

FRAU Bin kein solcher Angsthas wie du einer bist.

MANN Genau.

FRAU Zumindest in dem Traum nicht. Ich bin über den Zaun gstiegen, hab mir den Rock dabei zerrissen, aber das hat mir nix ausgmacht. Ich hab mir denkt: Macht nix, da muß ich jetzt hin, zerrissen oder ned. Ich bin glaufen, und dann hab ich es schon von weitem gesehen: das waren Blumenbomben, die die Flugzeuge abgworfen haben.

MANN Was?

FRAU Blumenbomben warn das. Wo die braunen Untersätz im Schnee aufgschlagen sind, da sind sie zersprungen, und in weitem Umkreis der Aufschlagstelle war es ganz bunt und hell und dampfig, und die schönsten Blumen, wo es bloß im Treibhaus gibt, die haben sehr üppig geblüht. So üppig, daß die Blumen direkt wieder aus die Blumen heraus gschossen sind und sich vermehrt haben ununterbrochen und so die

Blumenfleck immer größer wordn sind im Schnee. Ich hab mir denkt: das is der Frühling, auf den mir so lang warten, und weil er nicht kommt, helfen sie uns. Die Behälter, die braunen, sind noch rumglegen, zersprungen, und aus ihnen hat die Pracht grad so heraus gedrängt. Viele Blumeninseln warn das im Schnee. Dann bin ich glaufn und dann is mir kalt wordn im Schnee, und ich hab mir denkt, das is eine Hilfsaktion, das machen die, damit mir nicht erfrirn.

MANN Wer die?

FRAU Das weiß ich ned. Die ebn. Du mußt bloß schnell hinkommen, hab ich mir denkt, dann macht es nix mehr, daß du bloß einen dünnen Rock anhast, der wo zerrissen is.

MANN Bloß den Rock?

FRAU Eine dünne Bluse schon auch. Aber keine Strümpfe, bloß Sandalen. Die Blumeninseln warn ganz nah, und ich bin glaufen, aber wie es so is im Traum, bin ich schlecht vorwärts kommen. Ich bin immer tiefer im Schnee eingsunken und die Füß sind schwer wordn. Und gfrorn hab ich wie ein Schneider.

MANN Hättst einen Schneepflug braucht, der voraus fahrt, oder eine Fräse sogar.

Kleine Pause

FRAU *lächelt.* Ich war nicht allein. Überall sind welche gesessen, weil sie nicht mehr weiter kommen sind, und manche haben sogar ein Feuer machen wollen, weil ein Wind kommen is, der eisig war. Ich hab mir denkt, die spinnen ja, jetzt bin ich gleich da, da werd ich mich im Schneegestöber ned hinsetzn, daß ich erfrier. Es war aber doch ein weiter Weg, und ich hab mir denkt, das war eine optische Täuschung, die Nähe, du mußt durchhalten. Und ich bin weiter. Und dann hat einer, der schon daghockt is auf dem Weg wie einer, der wo gleich erfriert, so steif und weiß schon, der hat zu mir gsagt: das is eine Falle, das is der Feind, das is die neueste Art der Kriegsführung, die wollen, daß wir alle aus unsere Häuser heraus laufen, weil mir auf die Blumeninseln wollen, weil die warm und schön sind. Aber in Wirklichkeit erfriern mir unterwegs, weil mir nicht hinkommen und zurück auch kein Weg mehr führt.

MANN War ich immer noch nicht da?

FRAU Ich glaub ned. *Kleine Pause.* Ich laß mich ned abhalten, hab ich mir denkt, das is wie beim Schwimmen, man muß bloß durchhalten, dann kommt man hin.

MANN Und dann?

FRAU Dann hat es mir zwischn die Beine wehtan. Ich hab mir denkt, was kann das sein?

MANN Spannend.

FRAU Blöd, aber logisch. Ich hab hinglangt, und da war was Hartes. Ich hab es mir nicht anschaun können zuerst, weil ich denkt hab, wenn ich den Rock heb und nachschau, dann hab ich noch kälter. Des Rätsels Lösung: ich hab unterwegs meine Tage kriegt, und weil es so kalt war und ich keine Binde ghabt hab, is es einfach außer glaufen und sofort gfrorn. Drum hab ich einen dicken roten Eiszapfen zwischen die Schenkel kriegt. Der is immer größer wordn, und ich hab ihn an mir hinunterwachsen gspürt.

MANN Warst du jung im Traum?

FRAU *nickt.* Der hat mir noch gfehlt, hab ich mir denkt, der muß weg. Ich hab dann mein Rock hoch tan und die Unterhosn herunter, und da war er.

MANN War niemand in der Näh, der dich nackert hätt sehen können?

FRAU Doch, es is sogar jemand kommen, hat es sich angschaut und gsagt: das haben mir gleich, und mit dem Fuß ein paar mal drauf getretn und dann is der rote Zapfn abbrochn von mir.

MANN Wer war der Jemand?

FRAU Jemand, der auch am Erfriern war und schnell weiter is. Mehr hab ich auf den nicht aufpaßt mitten im Schneetreiben.

MANN Und dann?

FRAU Bin ich weiter.

MANN Bist hinkommen?

FRAU Nein, weil es zu weit war. Aber wärmer is es dann trotzdem wordn.

MANN Vielleicht hat dich jemand zudeckt?

FRAU Kann sein.

Pause

FRAU Und jetzt?

MANN Die Träume gegen die Kälte. *Lächelt.*

FRAU Weiterleben? Zwischen Eis und Benzin?

MANN *schaut.*

FRAU Will nicht verbrennen und nicht erfriern.
MANN *nickt, schnell.* Wer will das schon?
Pause

ENDE

Das Tagebuch
28. 8. 82 – 4. 9. 83

28.8.82

Gestern angefangen, das vorhandene Material für das Stück BAUERNSTERBEN zu sammeln – der Anfang der letzten Phase eines Stücks: der eigentliche Beginn der Niederschrift.

Geschichte im Aufriß:
Es geht los, wies schon dasteht und in seiner Bildhaftigkeit sicher auch gut ist: Mit dem kaputten Hof, in jeder Beziehung so, wie es dargestellt ist, dann fahren sie weg und kommen nach München.

1.) vorhandene Szene

2.) Fahrt nach München (Salz streuen am Rand mit einem Bauern, der sich wehrt, währenddessen wird es Winter)

dazu eine lange Kolonne von Bomben, die irgendwo stationiert werden sollen; Frage: Friedensbewegung reinbringen, Widerstand, »wen bewachts denn ihr – höchstens mei Schand und mei Armut?«

3.) dazwischen das Gespräch mit der Mutter, meiner Mutter, oder vielleicht Einkehr in einer Kapelle, wo man Brotzeit macht, und da redet man mit der Hl. Maria Mutter Gottes über den Tod, Verkalken, Tante Stanzi etc. – Mutter

4.) nach München kommen und die Fackel vor dem Arbeitsamt . . . Ende des 1. AKTES

Jetzt muß der Einzug und das Reinschmeißen kommen in die Welt in Neuperlach, in den Siemens, in das Badezimmer, ins Kino, ins Café…

die Modeschickse, mit der er bumst

die Geschichte der Schwester, die zu Tode kommt im Verlauf des Stückes, aber ich weiß noch nicht wie und warum

Der zweite Akt muß jedenfalls mit Glück, mit Dafürsein, mit Faschismus geradezu enden…

Der dritte Akt müßte die Wende sein, und jetzt ist eben noch einiges nicht ganz klar: sie haben sich alles angeschafft, was man braucht – und können es nun nicht bezahlen, und müssen deshalb raus, oder gibt es eine innere Krise, eben die Identitätsverluste, die sie dazu bringen, ihre Wohnung in eine Steinzeitbehausung zurückzuverwandeln, zu sprechen aufzuhören, Schafe zu züchten etc., und dabei werden sie dann von den andern vernichtet und vertrieben...

Vierter Akt: leben als streetpeople, leben vor dem Schlachthof, die kranke Schwester mitziehen, vertrieben werden überall, der Viehwaggon auf dem Bahnhof, der Tod der Schwester, sie nicht an ein Bestattungsinstitut ausliefern, auf den Schultern wegtragen, weiterschleppen, vertrieben werden, die Befreiung der krebsverseuchten Beagles, das Ende auf der Autobahn, die Sehnsucht nach andern, das Gewehr, der Ruf nach Solidarität, nach den Grünen, wenn man so will, die langsame Heimkehr vielleicht, den Weg nicht mehr finden, dann die Heimat sehen, zurückkehren, oder dieser individuelle Tod, ihr habt mir alles genommen, aber ich habe euch einen individuellen Tod abgetrotzt, weil ihr mich zu Tode gehetzt habt...

so ungefähr soll es laufen so ungefähr.

10.9.82

Zum Stück:

Nach dem gestrigen »Überfall« der Gemeinde auf den hintern Teil des Anwesens Weiterspinnen des Stückfadens:

er kommt zurück, mit seiner toten Schwester, mit seinen Beagles, er kommt nach Hause zurück, er denkt sich, heim, ich muß heim, ich muß...

aber er findet kein Heim mehr, keine Felder, kein Haus, er findet – Beton, riesige saurierähnliche Baufahrzeuge etc.

er wirft sich auf den Boden, hält ihn fest, küßt ihn, kratzt sich mit den Fingernägeln wund am Beton: »ich hab dich nicht hergebn, ich war es nicht, Bodn, ich hab dich nicht verkauft« – aber der Hof ist zwangsversteigert worden, und man hat eine Militärbase gebaut (Autobahn, obwohl Militär ist besser...)

Wie endet es aber?

Gestern also die Baufahrzeuge hinten, an meiner schwachen Stelle in Kirchberg – ich dachte, ich werde wahnsinnig vor Wut – es war ein ganz schlimmer, wirklich schwerer Eingriff in mich, ich war wie erledigt, wie vergewaltigt, zertrümmert, zerstört –

ich hab die Polizei gerufen, ich hab mit der Gemeinde geredet – aber es ist hinten schon wieder ein Meter mehr weg,

und die Straße ist breiter geworden, und ich bin unterlegen, und ich hab geschwollene Lymphknoten im Leistenbereich, daß ich gar nicht hinfassen kann, und mein Herz tut mir weh, und ich eß kaum und hab gestern viel zuviel geraucht, und der ganze Tag war kaputt, es war alles schrecklich –
wirklich.

Heute erhol ich mich vielleicht allmählich, aber es war wie ein Angriff mit Bomben und Granaten, ich war fix und fertig, ich hätte die Hände zum Schützen der Erde verwenden können – woher kommt diese panische Angst, Erde zu verlieren? Bei mir, der ein Miet-Spießer-Wohnungsbübchen ist?

Ich weiß es nicht, aber es hat mich schrecklich fertig gemacht – nun hab ich den Anwalt also eingeschaltet, einstweilige Verfügung und Prozeß gegen die Gemeinde, jetzt, wo das überstanden ist, gehts vielleicht besser – ich weiß es nicht.

Für das Stück aber: wenn es zu diesem Ende kommt, wies oben steht, daß er nichts mehr vorfindet, dann darf das Stück damit nicht zu Ende sein, dann muß es weiter gehen: er zündet die Fahrzeuge an, er wehrt sich, aus dieser Situation heraus muß er zur ganz persönlichen Gegenwehr greifen, oder sich vor die Baufahrzeuge legen: Hilfe schreien, Hilfe, da sind doch andere, da muß doch außer mir noch wer sein! Hilfe.

usw. – es darf jedenfalls nicht ganz desperat enden, ohne jeden Ausweg, ich find ja am besten, wenns mit einer Gewalt-legitimation endet, wenn der Staat und die Gesellschaft einem das Wasser vollkommen abgräbt, dann darf man sich wehren, im Rudel oder individuell, und zwar wehren und jeden Träger dieser Gesellschaft treffen (ein bißchen Mondscheinknecht!)

Unseld hat wegen dem Roman immer noch nicht geschrieben, aber er will einen es-Band machen »Frühe Stücke – Frühe Prosa«. Und jetzt sitz ich in der Klemme: will ich »das Frühe« überhaupt raus lassen, raus geben? Ich hab irgendwie Angst davor und Lust dazu. Komisch…, obwohl ich es vorgeschlagen hatte!

10.9.82 (abends)

Kann man sich im Lauf eines Tages erholen? Gestern fix und fertig und heute abend schon wieder besser? – Na ja, ich war den ganzen Tag in der Sonne, hab eben den Spiegel gelesen und bin dort dauernd auf „meine" Themen gestoßen, Roman und letztes Stück und jetzt geplantes Stück: als Dichter bin ich mitten drin in der Wirklichkeit, aber als politischer Mensch bin ich weit draußen: Künstler für den Frieden ist morgen, das Riesenfest, und ich bin nicht dabei. Irgendwie tut es mir schon weh, daß ich so vollkommen draußen bin aus der Politik. Aber was – ehrlich gesagt – hätt ich wirklich bei so einer Veranstaltung tun können: ein Viertelstündchen lesen im »Literaten-Café«, dankbar sein, wenn 20 oder 30 Zuhörer sich herablassen, mir zuzuhören, daß ich ihnen was vorlese, weil sie zu faul und vor allem viel zu uninteressiert sind, selber zu lesen?! Das ist auch Scheiße.

Ich will mit meinem neuen Stück und mit dem 3. Teil des Romans reagieren auf die Umwelt, deren Zeichen wirklich hochinteressant sind, als Politiker bin ich vorbei, obwohl ich 36 bin, und viele haben überhaupt erst richtig angefangen nach 50 – gibts.

In der rechten Leiste hab ich zwei stark geschwollene Lymphdrüsen und eine im Schenkel, weiß nicht, was es ist, ist auch die Haut drüber rötlich – immer noch die Angst vorm Krebs, aber momentan kann ich zu gar keinem Doktor gehen, ich hab einfach keinen, und der H. hält mich höchstens für verrückt. Also hoff ich, daß es von den Aufregungen des letzten Tages gekommen ist und schnell wieder weg geht.

Heute habe ich überhaupt nichts geraucht (weils gestern zuviel war), und abmagern wollen A. und ich auch ein bißl.

Vielleicht gehts, heute war schönes Wetter, den ganzen Tag »krank« auf der Terrasse gelegen…

14.9.82

Hab heute ein neues Stück angefangen, einfach so aus der hohlen Hand heraus, fast 13 Seiten hingeschrieben, also sehr viel. Die Geschichte mit dem arbeitslosen Ehepaar, das den Weihnachtsbaum schmückt – sollte mal sein, daß sie Angst haben vor Entlassung, und dann wieder, daß sie schon entlassen sind oder er ist, sollte jedenfalls ein ganz stilles, ein ganz trauriges Stück werden.

Dann wollt ich weiter gehen und da drüber schreiben, daß die beiden still und schön alles machen und daß sie dann still und leise den Gashahn aufdrehen und Selbstmord machen.

Aber beides sind eben Lösungen, die halt schön stilvoll und Theater heute-gerecht sind.

Tatsächlich hinken sie doch hinter der Wirklichkeit unendlich weit her: hab grad einen der letzten Spiegel in der Hand gehabt: der ganze dicke Spiegel ist eigentlich voll von Menschen, Organisationen und Parteien, die sich wehren, ihre Rechte verteidigen, und zwar von den ziemlich hoch oben angesiedelten Green-Peace-Leuten, die sicher sowas wie eine Elite sind, bis zu kleinen bayrischen Dörfern, in denen sich der Widerstand zeigt und wo die Leute nicht mehr bereit sind, mit der CSU zu marschieren, weil sie Angst haben vor Atomkraftwerken etc. Speziell durch die Grünen, durch diese Partei scheinen die Menschen überhaupt mehr Mut zu kriegen, oder sich bewußter zu werden, daß man wieder mehr Mut haben könnte. Also in diese Zeit, die voll des Kampfes ist, ein Stück zu stellen, wo sich ein älteres Ehepaar unterm Weihnachtsbaum das Leben nimmt, weil sie nicht weiter wissen, das ist einfach Scheiße. Da hinkt die Kunst hinter den einfachsten und normalsten Gegebenheiten des Lebens her, sie hinkt hinter der Zeit her, ja sie macht sich schuldig, indem sie so tut, als tät gar nichts gehen in der Wirklichkeit, und dabei geht soviel.

Also die erlesenen Farcen von S. und B. und die Seelenwandelhallen von H. usw. als »Antwort« der Literatur auf eine Massenbewegung, die Frieden durchsetzen will, die sich engagiert und abmüht! Ich weiß noch nicht genau, ob ich wirklich ein Stück in dieser Richtung durchsetzen kann, hinkriegen kann, aber ich hätt gern eines, damit ich Anschluß krieg an die Leute, die was tun – denn die tun ja wirklich was, und mir gelingt es nicht mal, ihnen zu helfen, indem ich in der Kunst von ihnen Notiz nehm. Sie tun was, und wir in der Kunst malen schwarz, und wenn sie gesiegt haben, sind wir traurig, denn wir haben doch schon ein sooo schönes, trauriges Stück über den letzten Wal geschrieben in Gottes Meeresfluten, und da kommen die her und es wird nichts draus. Darf doch nicht sein. Ich würde gern ein Stück machen, das das unterstützt, was ich gut find: die Grünen, die Green Peace, die Bürgerinitiativen, die – ja da gibts schon einige Beispiele, einiges auch noch nicht.

Es ist die Frage nach dem Wehren – und natürlich hab ich mit dem arbeitslosen Ehepaar, das so ziemlich vor der Rente steht, das keine Freunde hat usw., keine Verbände, wos drin ist, Vereine, wo man was tun kann (diese Isoliertheit ist allerdings sicher nicht unüblich!); nicht so einfach, was zu finden – wo sollen die hin? Sollen sie bloß den heimlichen, öffentlichen Selbstmord tun? – Ich find, sie sollen lieber am Leben bleiben, sollen sich wehren und sollen sich denken: wenn wir erwischt werden, dann haben wir uns wenigstens gewehrt. Und wenn ich was zum Wehren finde für diese Menschen, die es wirklich nicht leicht haben, dann müßt es doch auch möglich sein, daß andere sich dran ein Beispiel nehmen.

Ich bin jedenfalls an dem Stück dran.

17.9.82

Grade ist das Jahresheft von »Theater heute« gekommen: es ist schon gespenstisch mit der Theaterszene.

Da war grade ein Spiegel heraus gekommen, der zur Hälfte nur aus Widerstand bestand, wirklich! Titel: Green Peace, dann in Schwandorf, also mitten in Bayern, Kampf gegen eine Wiederaufbereitungsanlage, Kampf in Hessen gegen ein AKW, Kampf in Landshut gegen OHU 2, dann Auswirkungen der technischen Revolution/Computer: Wie erfahren es die Leute am Arbeitsplatz, inzwischen 2 Mill. Unterschriften unter dem Krefelder Appell, dann 1,5 Mill. unter dem Friedensaufruf der Gewerkschaften, 100 000 bei »Künstler für den Frieden« in Bochum, Ansteigen der Friedensbewegung in den USA, dann die wachsende Arbeitslosigkeit in der EG, und und und – und im Jahresheft von »Theater heute«: nichts davon, keine Zeile, kein Satz, gar nichts.

»Theater heute« und das heutige Theater sind derart entpolitisiert, daß es schon gar nicht mehr zu beschreiben ist: das Innerste von Innen aus dem Innern.

S. hat wieder mal das Stück des Jahres geschrieben: Opas Endzeitpessimismus, schnittig und schön geschrieben, wieder Einsamkeit und Wehrlosigkeit und Verzweiflung und und und

Und draußen in der Welt wehren sich die Menschen immer mehr, sprießen Bürgerinitiativen aus dem Boden wie Schwammerl nach dem warmen Regen, ziehen die Grünen in alle Parlamente ein, tut sich da was, dort was, überall.

Bloß das Theater ist still und badet vor sich hin...

Alles Scheiße.

Muß unbedingt das Stück schreiben, von der totalen Depression zur Wehrhaftigkeit: das Theater muß mit so einem Stück wieder Anschluß an die Wirklichkeit finden, die viel mutiger und kämpferischer ist, als die Theaterleute das wollen. Dieses Scheiß-Endzeit-Gesindel, das sich einen Dreck darum schert, was wirklich passiert in der Wirklichkeit!

Die nur an ihren eigenen Fürzen und Duftnoten interessierten Bühnenkünstler. Mein Gott –

Will mit dem Stück auch mehr zeigen als bisher: nicht bloß, daß sie sich nach Stückschluß wehren werden, sondern das Wehren mit einbeziehen, Auswirkungen zeigen, Niedergeschlagenwerden zeigen, aber auch: das bringt was, das bringt Leben, das bringt Lust, das macht Freude.

Und was mich am meisten ärgert momentan: Der Geschichtspessimismus der Theaterkünstler ist *gar nicht* berechtigt, die Menschen wehren sich tatsächlich in nie gehabtem Maße.

Aber die Ignoranz des Theaters nimmt es nicht wahr, es paßt nicht ins heimelige Endzeitkonzept der Herrn und Damen Theatermacher/schreiber/spieler.

Die wollen nicht gestört werden beim stilvollen, ästhetischen Untergehen, was brauchen die die Wirklichkeit, sie sind die Wirklichkeit, wenn sie in weißen Anzügen einsam und verwirrt durch die Ausstellung stolpern (hat Brasch richtig gesagt!). Geschichtlich gesehen ist das Theater der Jetztzeit weit hinter der Wirklichkeit zurück. Es interessiert sich gar nicht mehr für das, was draußen passiert.

Könnte es sonst tatsächlich ein von allem realen Widerstand gereinigtes Jahresheft geben?

Nein, das könnte es nicht.

Ich scheiß auf diese Art von Theater und auf diese Art von »Theater heute«.

17.9. (nachmittags)

Grade hat B.H. von der ZEIT angerufen, Schmidt hat die FDP-Minister rausgeschmissen, und die FDP-Minister haben zur gleichen Zeit ihren Rücktritt erklärt. Aus also.

Erst jetzt merk ich, daß ich bewußt – zumindest in der Erinnerung – politisch keine CDU-CSU-Bundesregierung erlebt hab. Bis 69 hab ich wenig mit Politik am Hut gehabt.

Für mich war/ist SPD/FDP am Ruder Normalzustand. So normal vielleicht, daß ich 72 nie auf die Idee gekommen wär, der SPD beizutreten, sondern viel radikaler mich entschieden hab.

Entschieden aber auch auf ein bißl Brand-Scheel-Ostpolitik-Kurs.

Schließlich komm ich aus einem Haus, in dem die »Ostzone« noch in den siebziger Jahren keine DDR war.

80 hab ich mein radikales Engagement zurückgezogen, weil ich das Gefühl hatte, Schmidt/Genscher müssen unbedingt durch – gegen Strauß und Co. Das hat meine damalige Partei nicht verstanden, daß mir da das Hemd näher war als die Hose.

Inzwischen hat es nichts genützt.

Bin ich erschrocken? Bin ich verwirrt? Bin ich unglücklich oder sonst was Trauriges?

Ich merk, schon das Schreiben dieser Zeilen für die ZEIT fällt mir eigentlich schwer, ich tät wohl, hätt ich die Nachricht nicht verbunden mit einem Schreibantrag bekommen, das machen, was ich heut schon den ganzen Tag gemacht hab: Holz hacken und mich über das gegenwärtige Theater ärgern…

Dabei hängt das natürlich zusammen: ich glaub schon lang nicht mehr an einen Sinn bei den Bonner Parteien. Und Unterschiede seh ich auch kaum noch. Dabei hab ich die Unterschiedslosigkeit grade bei meinen frühern Genossen so beklagt. Und wenn ich dran denk, daß in Bayern kein Haus besetzt ist und in Berlin immer noch dreißig oder vierzig: der bayrische Weg, Knüppel raus und drauf auf die, die protestieren… wenn das jetzt Bonner Allgemeingut wird?

Trotzdem: eigentlich ist mir der Regierungsscheiß gleich, ich hab an diese Kräfte nichts mehr geknüpft. Schon lang nicht mehr. Ich identifiziere mich mit den Bürgerinitiativen, mit denen vom Krefelder Appell, mit denen, die unter dem Motto »Künstler für den Frieden« in Bochum waren, mit denen, die was tun, ohne Bonner Parteien... Ich will in Bayern die Grünen nicht bloß wählen, sondern auch sonst unterstützen. Ich kann mich mit ihnen mehr identifizieren, als ich mich jemals mit der DKP identifizieren konnte. Ich denke dran, Mitglied zu werden, aktiv zu sein. Tu es deshalb nicht, weil ich irgendwie Angst hab, ob ich denen so einen verkrachten Kommunisten zumuten kann, der zwar – meiner Meinung nach – unter DKP-Einfluß bloß einmal wirklichen Scheiß geschrieben hat, aber da in einem Bereich, wos die Grünen angeht: Landwirtschaft in der DDR, 74. Schäme mich heut noch, wenn ich es lese. Dabei hat mich die Industrialisierung der Landwirtschaft damals angekotzt, 14 Tage war ich dort, hätt vier Wochen bleiben sollen, und bin fluchtartig wieder weg. Geschrieben hab ich Lob. Ein dunkler Punkt.

Nochmal: ich hab keine Angst, ich glaub, überall, wo ich mitmachen will/könnte, spielt das Bonner Parteienkarussell keine Rolle. Die gehen mich nichts an.

Trotzdem: die bayrische Linie in der BRD – gegen Bürger – da hab ich Angst vor bürgerkriegsähnlichen Zuständen, Reagan in den USA und Strauß in Bonn, da hab ich Angst um den Weltfrieden, mehr als bisher bei Schmidt. Wir werden also atomares Schlachtfeld werden, wenn den Bürgerkrieg die Polizisten und der Bundesgrenzschutz gewinnen.

Vor einem Abgleiten in den Faschismus hab ich keine Angst. Warum weiß ich nicht. Mehr Angst vor einem Atomkrieg. Meine alte Wunschvorstellung, so simpel und so schwer zugleich: Ein Nichtangriffspakt der beiden deutschen Staaten, daß Deutsche nicht auf Deutsche schießen, so einfach, so logisch. In den USA will man es umgekehrt: vor allem Deutsche sollen auf Deutsche ballern, wenns in Europa los geht.

Angst auch vor meinen Landsleuten: in der Depression wächst der Hang, alles auf eine Karte zu setzen: wieviele Arbeitslose und andere, die in diesem Staat ein Schattendasein führen, würden nicht lieber heut als morgen einen Zug an die Front besteigen? Bloß raus aus dem aussichtslosen Trübsinn der Gegenwart. Lieber rein ins blitzende Licht der Atombombenexplosionen?!

Doch, ich hab Angst vor den Deutschen, hier mehr wie

drüben. Die unsern kenn ich besser.

Als Ernst Jünger den Goethepreis bekommen hat, hab ich
ein Gedicht angefangen und nicht fertig gemacht.
Ich glaube, du bist braun geworden
bittere Republik,
wenn man dich auf der Zunge
zergehen läßt, schmeckst du
mein Vaterland
nach mon chérie
und Scheiße.
Da spricht doch einer, der
laut FAZ der einzge sein soll,
derzeit lebend von europäischem Geist bei uns,
davon,
die Judenverfolgung sei auch im
volkswirtschaftlichen Sinn schädlich gewesen,
weil, wenn er an die ungeheuren Mengen
von Wagen, von Güterzügen, Truppen
und so weiter denke, die dafür benötigt wurden,
das sei doch irrsinnig gewesen.
Der solches heute denkt,
kriegt einen Goethe-Preis,
in Anbetracht, daß er als Dichter zwar,
die Nazis mitbereitet,
sich später aber abgewandt davon.
Der gleiche sagt, weil ihm
in unserm Land die Freiheit fehlt,
auf Fragen, nach der ihm abhanden
gekommenen Freiheit:
Zum Beispiel dürfen Sie heute nicht sagen:
»Ich bin Faschist.« Dann sind Sie schon
gleich der Unterste.
Mein Gott, ich glaube, du bist bitterbraun
geworden, geliebtes Vaterland
und schmeckst nach mon chérie
und Scheiße.

Nein, mit dem Ende der Koalition ist nicht ein einziger
meiner Träume beendet, meine politischen Wünsche sind im
Bundestag nie behandelt worden. Ich setze auf die Friedensbewegung, ich setze auf die Kernkraftgegner, auf die Natur-

schützer, auf die, die wie ich begriffen haben, daß man was tun muß, selber und schnell. Und wenn der Staat nach rechts driftet, mehr als er das in den letzten Jahren sowieso getan hat, dann sind die Grenzen deutlicher, die Ziele, die man erreichen will, das, was man nicht haben will, deutlicher, und wenn einem an die Gurgel gegriffen wird, dann ist es naheliegend, sich zu wehren, mehr, als wenn einem bloß mit dem Griff an die Gurgel gedroht wird.

In der DKP hats mal zwischen mir und höheren Genossen eine Auseinandersetzung gegeben.

Über die Unterschiede zwischen SPD und CDU/CSU: wollen sie nicht beide die gleichen Waffen, sind sie also nicht letztlich gleich, haben die Genossen gemeint, und ich hab gemeint, ja, nach Raketen schreien sie beide, aber den einen von der CDU/CSU trau ich es zu, daß sie auch abdrücken, denen von der SPD nicht. Über diesen Staat war und bin ich desillusioniert. Über mein Engagement bei der DKP bin ich *gründlich* desillusioniert. Aber bin ich insgesamt desillusioniert und am Ende? Ich wärs, wenns keine Friedensbewegung gäb, keine Bürgerinitiativen, keine Grünen. Und wer weiß, vielleicht findet die große SPD wieder zu sich zurück, erinnert sich nicht bloß ihrer Noskes, sondern auch ihrer Liebknechts, vielleicht rangiert sie die Riege Schmidt und Apel, die Macher, Pragmatiker aus und gibt anderen Leuten Platz, und vielleicht befreit von der Regierungsverantwortung kriegt die SPD wieder Mut, daß sie Lebensverantwortung, Friedens- und Freiheitsverantwortung tragen muß und daß die höher stehen als Rücksichten auf FDP und Nato etc.

Und vielleicht wird dann was aus Grünen und SPD? Wer ist denn so traurig über das Wahlergebnis in Hamburg: bloß die Kurzsichtigen. Da hätten SPD und GAL eine Mehrheit, der Wille der Hamburger hat gezeigt, wos lang gehen sollen: SPD und Grüne/Alternative haben die Mehrheit – Wählerauftrag wäre: einigt euch und regiert, fortschrittlich wohlgemerkt, sogar die CDU hat keinen ihrer Erzkonservativen geschickt, sondern einen Rechtsliberalen. Das Hamburger Klima vielleicht gut für das BRD-Klima des Jahres 84, das ist doch nichts zum Verzweifeln. Und dazwischen: Durchhalten und kämpfen, auch mit Widerstand, wenns sein muß, und hoffen, daß die Leute im Widerstand stärker und mehr werden.

Nein, das Ende der Koalition tut mir nicht weh und entmutigt mich nicht. Und trotzdem, ich will nicht lügen, der letzte Gedanke, der mir bei diesen Zeilen plötzlich einfällt, der paßt nicht zum Bild, denn er heißt: Ich hab noch nie einen Krieg erlebt, obwohl ich bald 37 werde. Und ich denk plötzlich, ob das so bleibt? Und hab doch Angst.

»Abgelehnter Zusatz zur ZEIT«:

Aber trotz aller schmerzhaften Trennung vom realen Sozialismus bzw. von der realen DKP – wenn der so kriegstüchtige Westen den realen Sozialismus angreifen würde, keine Sekunde würde ich zögern, mich an die Seite der Nationalen Volksarmee der DDR zu stellen. Nein, mit oder ohne Koalition, die Nato ist nicht mein Bündnis, die Freiheit, die die Nato verteidigt, ist nicht die, die ich meine.

Die Koalition hat die Ziele, die mich fasziniert haben und noch heute faszinieren, nicht vorwärts gebracht: Schluß mit dem Antikommunismus, geistige Aufklärung und Befreiung aus der bürgerlichen Demokratie, von der ich nicht viel halte, Abrüstung einseitig und sofort, Ökologie statt Wachstum, Neutralität der BRD, also raus aus der Nato, eiserner Kampf gegen Neo-Nazismus, und vor allem ein Ausgleich zwischen Nord und Süd, zwischen arm und reich. Ich verstehe sie alle, die, diesen wahnsinnigen Widerspruch spürend, nicht nichts tun wollten, konnten, und dann das Falsche getan haben, nämlich Einzelterror. Aber ich verstehe sie, ich achte ihre Verzweiflung, ich schätze ihren Mut. Gudrun Ensslin und Ulrike Meinhof – es steht in meinem neuen Roman und ich steh dazu – sind mir viel näher, viel lieber, viel persönlicher als Herr Rebmann und seine ganzen Verfassungsschützer zusammen.

Dies schreibend weiß ich, daß ich aus dem Makel der Verfassungsfeindschaft nie herausgekommen bin, im Sinne der Herren Strauß und Co. Und ich will da auch nicht raus, mein Rechts-, mein Freiheitsbegriff wird von der herrschenden Verfassungswirklichkeit nicht gedeckt.

Aber klar, in der neuen, zu erwartenden Konstellation wird mein Platz als Bürger dieses Landes noch enger werden. Meine Angst um Heimat – eine, die nicht atomstrahlt nämlich –, wird noch vaterlandsverräterischer erscheinen.

Ich hab Angst, auch vor meinen Landsleuten, die im neuen

Strom gern schwimmen, die in der Depression viel Bereitschaft zeigen, alles auf eine Karte zu setzen:...
etc.

18.9.82

Gute Tage, die derzeitigen Tage – auch wenn die Bonner Koalition geplatzt ist – hab ja gestern privat + für die ZEIT darüber geschrieben, was drüber zu schreiben war. Es stimmt einfach und mehr ist nicht drin.

Habe heute den Koreanischen Frühling fertig gemacht, also durchkorrigiert. Klar, das ist nicht die kämpferische Literatur, die die Welt verändert, die hilft keinen Krieg vermeiden usw. Aber es muß auch die Frage erlaubt sein, ob sich die Kunst überhaupt bloß mit der dreckigen Wirklichkeit auseinandersetzen muß oder ob sie nicht Recht und Pflicht hat, sich darüber zu erheben und auch mal ganz was anderes zu machen: ich hab kein besonders schlechtes Gewissen wegen der Erzählung.

Es muß sowas auch mal sein – auch ein S. ist gut, und wenn er bloß und immer nonsens macht.

Und die Erzählung – einfach so – ist gut.

Hab heut auch meine alte Schreibmaschine eingegossen, war zu schade zum Wegschmeißen.

21.9.82 (München)

Bin »erfolgreich«, was den Journalismus angeht: hab für die tz ein paar Zeilen in wenigen Minuten geschrieben (warum ist München sooo fad?!), hab, was den Kanzlersturz und Koalitionsende anlangt, der ZEIT zwei sehr private, vielleicht nicht üble Tagebuchnotizen gegeben (den beigefügten Zusatz wollte H. nicht mehr, war ihm zu leitartiklerisch!).

Jetzt fehlt noch, daß der Playboy über seinen Schatten springt und den Koreanischen Frühling druckt...

Dem Münchner Merkur hab ich ein 4-stündiges Interview gegeben – heute sprech ich mit den Kammerspielen wegen einer Inszenierung, und vorvorgestern war Landgraf da und hat die Tournee praktisch befestigt. Trotzdem fühl ich mich innerlich leer und öd – und weiß, was ich da aufzähl, das ist nur von regionaler und zeitlich sehr kurzer Bedeutung, das hält nicht.

Deshalb will ich heut – gleich nach der Kammerspielbesprechung – nach Kirchberg fahren und das Stück schreiben…

Es hätte wirklich einen Sinn und einen Nutzen:

1. *Akt*

Weihnachten – Vorweihnachten sogar noch, das fade, öde, schwerflüssige Resignieren (in allen Facetten) und dabei: die Frau ist *kein* Hausmütterchen, die hat auch gearbeitet, ist sie auch arbeitslos? Braucht man noch was.

Dann, aus dem heraus geboren, sowas wie einen Weihnachtssuizid – der dann aber nicht ausgeführt wird. Und ganz viel Politik rein! Und dann das Wehren, dann das dümmlich/kümmerliche Farbereinschütten in die BILD-Kästen (das beobachten vom Fenster aus z.B.), die reine helle Freude – und wie sich die helle Freude gleich auf die beiden auswirkt.

Traum auch davon, daß sie nicht ganz allein sind, daß sie in einem Mietshaus wie A. hier wohnen, daß man ein bißl mehr zeigen kann als wie bloß die beiden; daß man auch ihre Kinder zeigen kann, die groß und unheimlich/unmenschlich geworden sind? Warum? Nachdenken darüber und feststellen: die sind nicht anders wie mir *waren*. Die haben das von uns gelernt – ganz einfach.

2. *Akt*

(wobei die Akteinteilungen jetzt wirklich noch zufällig sind!) Es geht los mit dem Niedergeschlagenwerden, nicht die Polizei, nicht der große Prozeß, nicht die Öffentlichkeit, bloß die reine kapitalistische Gewalt siegt: die Zeitungsträger schlagen sie nieder. Kaputt – vielleicht mit zerhaunem Gebiß – im Bett, mal eine Nacht vollkommen allein, schon lang keine Rauferei mehr gewesen etc. – ein langes, ehrliches Gespräch, daß man Schmerzen hat, daß man sich aber sehr wohl fühlt, weil man halt was getan hat und weil man weiter was tun wird.

Wichtig dabei ist allerdings, daß wir dauernd eine politische Argumentation haben, und die muß deutlich geführt werden, und da darf ich mich eben nicht schämen, und da darf ich auch nicht nachgeben – die beiden sind nicht die gern gesehnen Opfer der westdeutschen Theaterkritik, die beiden müssen einen Durchblick haben, die beiden sind Proleten im besten Sinn des Wortes – SPDler, die den Niedergang der SPD schmerzlich gespürt haben, Gewerkschaftler, die den Niedergang schmerzlich gespürt haben, Menschen, die begriffen haben, daß es ihnen beschissener geht nach jeder Lohnrunde, Menschen, die sicher dafür sind, daß die Rüstung gekürzt wird, die wissen, wer warum die Rüstung will und was wer dran verdient usw.

Das Wissen und das Nichthandeln gehen doch sehr oft Hand in Hand. Es müssen ja nicht grade Hobby-Politiker sein, das macht so ein Stück fad, es müssen aber Menschen sein, die was durchschauen, sonst ist es auch nicht glaubwürdig, daß sie wirklich was tun.

Das Stück könnte so enden, verwundet, müde, zerschlagen im Bett, aber sicher – von innen heraus sicher nämlich –, daß man weiter gehen wird, daß man mehr tun wird, und wieder was.

Das Stück zu machen – schnell und mit der bewährten Dramaturgie – wär zumindest, ohne sich die Haxn auszureißen, ein wirklich politischer Vorgang, denn der Nicht-»Schluß« zwischen Theater und Wirklichkeit, wie er sich im »Theaterheute«-Jahresheft dokumentiert, ist natürlich wahr und klar. Und wenn man mit politischer Überzeugung ran geht, dann muß man so ein Stück machen.

Und wenn man so frei ist – wie ich es bin –, daß das Stück nicht einzig und allein dann politisch und politisch-richtig endet, wenns in der DKP mündet, dann muß man so ein Stück doch auch schreiben können.

Verwundung erkennen: der Tod, das Aufwachen, besser Wieder-Erweckt-Werden, und die herzliche bayrische Antwort: schaug uns doch o, warum soid an da Hergod an uns no oa Indaresse hom? Ziemlich christlich argumentieren sogar (selber Kommunion geben) und es unchristlich finden, auf den lieben Gott zu warten.

Und: Wenn mia, as Voik, wartn, bisma gfrogd wern, kena ma lang wartn.

sie: genau, bisma schwarz han.

er: em.

23.9.82

Wirklich nur ganz kurz: sitz grad beim Stück, es hat Schlag-
seite für »ihn« (zwei Szenen), geht aber so weiter.

Und jetzt mein Gedanke: sie sagt kaum was, im ganzen
Stück nicht – sie schweigt und handelt plötzlich (nachdem sie
auch rausfliegt?!) Und er muß mitmachen oder nicht. Kalt
schnell gut.

26.9.82

Bin am Stück immer noch dran, praktisch Tag und Nacht,
trinke und schlafe wenig, areite jede Nacht sehr gut. Es schält
sich auch immer mehr heraus: formal »Neues« wollt ich
immer, raus aus der Naturalismus-Ecke etc.

Jetzt, mit dem Thema, daß sich die Menschen wehren und
ich vor allem das Wehren zeige –

dabei hab ich mir festgelegt: es geht nicht um das »wie« und
den »Erfolg«, die »Sinnlosigkeit oder Sinnhaftigkeit« des
Wehrens, etc., nicht um das geschmäcklerische, besserwisse-
rische, kommunistische Naserümpfen über jede Form des
Wehrens, die nicht im Verband mit mindestens 100 000 andern passiert: es geht nur um eines, sich wehren, weil Wehren
den würdelosen Zustand beendet, *weil Wehren Würde gibt,*
und was ist Würde anderes als menschengerechtes Dasein.
Und wer sich nicht wehrt, der verliert sich, und damit das In-
strument, das ihm gegeben ist, Leben zu kriegen.

Und ich möchte die Martha hart und streng machen, ich
möchte auch, daß es eigentlich aus ist zwischen den beiden –
eine Szene noch, wo das ganz klar zum Ausdruck kommt,
vielleicht Weihnachten, er hat sich in seine große Rede gegen
das Vaterland verrannt und will sie als Lohn bumsen, und da
stößt sie ihn zurück, angeekelt fast.

Sie muß schweigen, nach dem Motto: jammern macht
schwach, und dann muß sie handeln, wenn sie rausgeschmissen worden ist.

Dabei kam ich auf eine Szene: er und sie irgendwo beim
Saufen, warum auch nicht mal zwischendurch?! – Und da muß
er auf dem Heimweg kotzen, und er kotzt in einen frisch ge-

füllten BILD-Zeitungsständer – und erst zufällig und dann
bewußt:

wir tun es bei andern auch –

es darf das aber nicht putzig, begütigend werden, es muß
hart und gefährlich sein, sie müssen auch irgendwann einsehen, daß der private Terror, den sie da ausüben, nicht paßt,
daß sie sich mit anderen zusammenschließen müssen (bin jetzt
schon gespannt, wen ich da vorschlage).

Klar ist auch: wenn ich die Leute einfach – wie früher Gewerkschaft oder DKP – wo reingehen lasse, dann ist das vollkommen undramatisch, und es nutzt auch nichts, ich muß das
Wehren schon bei den Menschen selber lassen, es darf ihnen
nicht durch welche Organisation auch immer entfremdet
werden/sein.

Und bei der Weihnachts-Chose muß natürlich auch ein
klarer politischer Blick rauskommen, da müssen Rüstung und
Rationalisierung z. B., ganz wichtig, rein, da muß Ausbeu-
tung (sie wartet auf den 15. Nov., 15. Febr., 15. Mai, 15.
Aug.: Kündigungstermin!) rein, da muß schon ein heller Kopf
hinter dem Ganzen stecken –

bei ihr muß das Erlebnis mit der Neukauf-Verkäuferin rein,
die ihren Stand Zeitung/Lotto hinter die Kasse verlegt bekommen hat. Sie hört, man müsse noch einsparen, hört, daß
das Lotto immer schlechter gehe, und wartet, lächelnd, unsicher, ein Mensch 1982 – der nicht weiß, was nächsten Monat
mit ihm passiert – wann is der nächste Kündigungstermin: 15.
Nov., »mal schaun, ob ich dabei bin« – und das ist die Realität
der freiheitlich-demokratischen Grundordnung!!!

Es muß auch klar werden, daß sie alles unterstützen, was
sich gegen die Gesellschaft richtet, in der sie leben, egal, was
wer tut – es muß eben in eine wirkliche Radikalität geführt
werden – und dann kommt irgendwie der Schluß – Zähne eingeschlagen, blutend im Bett, aber voll Wärme und Lust!

Es könnte auch ein Attentat sein, mir wär es egal, was ich sie
tun laß/bzw. was ihnen selber einfällt, es muß bloß klar sein,
und da denk ich auch ans Ausland, an Menschen, die die
Stücke in Situationen spielen, wo der Anschluß an die Guerilla
auf der Tagesordnung stehen muß – auch für solche Situationen muß das Stück geschrieben sein, also kein zärtlich wei-
ches Ende mit Augenzwinkern: »man muß sich vor allem in

sich selber ändern etc.«, das ist schon gut, aber nicht bei diesem Stück, es muß enden in Wehren, Bürgerinitiativen, Grüne – aber nicht als Partei, sondern als Lebensart, Widerstand gegen die ganze Atom:Müll:AKW:Raketen – da muß ich, glaub ich, aufpassen, daß ich da *nicht* drauf abfahre, sonst wird es beliebig – sie müssen sich gegen Konkreta wehren.

Zum Schluß: mit einem starken Inhalt macht es mir gar nichts aus, so zu schreiben, wie ich es in zehn guten Jahren gelernt hab: schlicht realistisch – ohne formale Mätzchen, hart am Menschen dran. Basta! So leicht gehts, wenn man weiß, über was man schreiben will! Und deshalb: ab der Mitte muß das Stück vom Sosein zum Anderswerden ansetzen, springen!

Hessenwahl: die Menschen wehren sich – immer mehr, auch mit dem Stimmzettel wohlgemerkt (wichtig fürs Stück?!) Keine Gewinne von CDU – eher Verluste, kaum Verluste der SPD (war ein Erdrutsch vorhergesagt!), FDP von Herrn Genscher in den Tod geritten, und die Grünen kräftig drin. Das ist wichtig, das tut gut: die Menschen in der BRD sind vielleicht ein bißl besser, als ich es mir letztlich vorstell! Obwohl natürlich mit Börner der *ganze* Atomstaat weiterhin auf der Tagesordnung steht! Also kein Jubel, bloß ein wenig Verschnaufen, Jubel aber zumindest insofern, als eine absolute Mehrheit von Dregger ganz was anderes bedeutet hätte!

30.9.82

(Früher Morgen): die ganze Nacht praktisch am Stück gesessen und festgestellt: eigentlich hab ich zwei Stücke geschrieben, die große 13seitige Weihnacht ist ein Einakter, die beiden Figuren passen überhaupt nicht ins Konzept des andern Stückes – leider, denke jetzt schon daran, es »Szenen zur Lage der Nation« zu nennen und bewußt Einakter draus zu machen.

Hat natürlich einen Nachteil, daß es dann kein großes schönes Lehr-Stück in Sachen Widerstand gibt, aber es wär eine freiere Form, die zulassen würde, daß man schneller arbeitet und auch mehr Themen rein nimmt –
weiß es noch nicht genau, jedenfalls passen die beiden Stücke nicht zusammen.

Und natürlich hab ich mich dem »Widerstand« eigentlich noch nicht genähert, ich schreib immer noch drum herum, und zeig vor allem, warum Menschen nichts tun –

komisch ist die Sache für mich privat, ich hab das MÜNCHNER KINDL 73 geschrieben, fast zehn Jahre später steh ich vor den gleichen ästhetischen und inhaltlichen Problemen/Forderungen, bloß daß es eben nicht mehr die DKP ist, sondern Widerstand an sich (das ist sowieso leichter, als etwas zu dramatisieren, was ja bloß als Gruppe funktioniert).

2. 10. 82

Verhandlungen in Sachen Fisch/Fleisch an den Münchner Kammerspielen – Bin jetzt bei den Schauspielern – gestern noch einmal Platonow gesehen – wirklich unheimlich schön, vor allem die Schauspielerführung stimmt – ist durchsichtig UND spannend zugleich.

Der für Edgar vorgeschlg. Mannteufel ist sehr gut, ein bißl altmodisch verzopft schaut er aus, ein bißl spießig auch, so ein Versöhnler als Student könnt er sein – jung ist er natürlich wie auch alle andern – ich will mich aber drauf einlassen und die Leute insgesamt jung haben – es ist sicher spannender und vielleicht auch besser! Fr. Walser seh ich heut abend nochmal – ich finds in jedem Fall gut, wenn sie mitmacht. Dann will ich – weils im Ensemble keinen dafür gibt – den Bierbichler für den Hermann kriegen, vielleicht gehts. Die Helga soll M. Baumgartner spielen, mehr ein kleiner Könner im Komödienstadl-Stil, aber ziemlich gut, kann was! Will das aber absichtlich machen/mischen, da könnt vielleicht was rausschauen.

Wenn ich daran denk, daß ich es inszeniere, dann ekelt mir jetzt schon vor allen Naturalismen, ich krieg einen richtigen Horror davor – also Bettdecke, und Kissen und Bett und Lämpchen und und und –

ich will davon nichts haben, wenn, will ich klinisch weiße Betten haben, Quader, durchsichtig und Decken und Kissen auch vollkommen durchsichtig, so daß die Menschen zugedeckt auch im Bett nackt und abgedeckt und durchsichtig sind, wie Skelette zwischen Häuten, dann will ich auch mit ganz viel Schminke arbeiten, also z. B. schon im ersten, den beiden »Ehebettenbildern«: nackte, durchsichtige Leiber/ besser Glieder, die uns sagen: wir zeigen euch nicht Möbel-Krügel und Betten-Ried, sondern wir haben am Menschen Interesse, und wir machen DURCHSICHTIG, was sonst immer undurchsichtig ist, also Bettdecken und Bettgestell – nackt dazwischen – das müßte auch auf die Spielweise abfärben, deren Naturalismus müßte unnatürlich/natürlich abgegrenzt sein, die Speichel-Spieler müßten wissen, wir wollen nicht bloß Speichel, wir wollen seine genaue Zusammensetzung, und wir wollen ihn isoliert sehen können, also LANGSAM, damit man Farbe, Dichte, Menge bestimmen kann. Wir wollen, müßte das Bühnenbild den Schauspielern sagen, auch nicht eure privaten Einfälle haben, also ein »bei mir wär das so« – »ich mach das auch immer so« – und andere Privatbeweise mehr. Nein, das Bühnenbild müßte so schonungslos durchsichtig sein, daß die Schauspieler erkennen: alles Private, was ich gebe – und er soll/sie soll es geben, es ist wichtig für meine Stücke! –, muß ich ebenfalls durchsichtig machen, ich muß es so lange aufhalten und kontrollieren können, bis wir es auf dem Seziermesser, unter der Lupe oder nach dem Kontrastmittelspritzen beobachtet haben. Aber das ist vorerst mal bloß die Idee für die Bühne: DURCHSICHTIG als *headline*.

Zu den Rollen: wenn Monika die Helga spielt, dann ist diese Helga eine kleine, graue Maus, die schon niedergewürgt ist, die vom Knopflöchermachen in die Küche geknebelt worden ist, ABER da die M. auch eine ganz widerständliche, böse, naiv-junge, ungebrochene Frau ist, kann ich mir vorstellen, daß die der Helga das gibt, was die Rolle braucht: Unzufriedenheit.

Und die Walser, die mit der Hübschheit kämpft, die ihr im Weg steht, die ist die Frustierte – grade beim Frühstück mit A. das Gespräch: warum will denn die Emmi nicht bumsen, sondern lieber schlafen, damit sie morgen »ihren Mann steht«? Bloß wegen der Firma? Bestimmt nicht, sie hat auch *keinen Bock aufs Ficken!* Sie ist frustriert, sie muß es einfach sein. Wie stelle ich schon mal rein äußerlich den Frust dar? (Schminke?)

Bierbichler wär ideal, der Bauernbub, der über Achternbusch zum Denker wird (Kürbiskern!), zur DKP will und nirgends ankommt.

Grade recht aber auch für einen Hermann: Schminke müßte sein: dauernd ein *hochroter/bluthochroter Kopf*, daß man während des Stücks schon immer denkt: der platzt, so arbeitet es in ihm, so treiben ihn die Winde um, geistig/seelisch, ein Blähmensch, der auch den Darm kaum geschlossen halten kann.

Der Edgar hat das Gegenteil, der hat die Tante-Bertl-Krankheit: Verstopfungen, kleine Geschwüre am Ausgang, Fettbäuchlein, an dem er aber leidet etc.

Sinn dieser ersten THEATEREINTRAGUNGEN ins Tagebuch (ich will sie während der kommenden Theaterarbeit kontinuierlich fortsetzen) ist es, mir selber einen Faden zu geben auf der Erkundung von Bühnenwirklichkeit – und heute befriedigt mich zumindest das durchsichtige Bett mit den durchsichtigen Plastik-Zudecken und dem Plastikgestell, durchsichtig und dazwischen Glieder, Leiber, die dem Zuschauer sagen: nix Naturalismus, nix Zudecken – vor eurem erlauchten Auge sollen unsere Spieler frei bis auf die Knochen sein, euch vorzuzeigen Menschliches ganz deutlich – und über den durchsichtigen Decken auf den durchsichtigen Kissen: grell geschminkte, überschminkte Köpfe, zu stark, zu viel, zu rübenhaft! Ich will es grell durchsichtig haben!

Vorgestern Premiere im Theater K: verheerende Kritiken, wieder mal bös und verlogen (komisch eigentlich, daß es da ohne Lüge nicht geht!) die SZ. (Tut gleich anfangs so, als würde ich längst nur noch auf kleinen Privatbühnen gespielt werden, sonst nirgends mehr – und sie wissen es natürlich besser!) Muß erst hingehen und die Lage analysieren. Es ist natürlich klar: der Naturalismus macht meine Stücke läppisch, sie bedürfen der *Utopie,* sie bedürfen der Übertreibung (Unsinn in der SZ beispielsweise: ich hätt dem Volk aufs Maul geschaut – ja denkste, das Volk spricht ganz anders, meine Stücke sind das Gegenteil von »aufs Maul schauen«, sie sind totale Konstruktion, aber das ist ja längst bekannt), sie brauchen – wo gefordert – die politische Konturierung (dahinter ist die Frage: wie entsteht denn politisches Denken in einem Kopf?) etc.

Das, was mal Anfang der siebziger Jahre gut und hart und richtig war, langt nicht mehr (aber schon Anfang 70 gab es die Kammerspiel/Heimarbeit und den Malersaal/Stallerhof und die Darmstadt/Männersache), *vorwärts*schreitend muß man dorthin *zurück.*

Wenn die Figuren nicht eine gewisse Monströsität bekommen, jene Monströsität, die der Autor ja angelegt hat mit seinen – eben alles andere als *einfachen* – verzinkten Dialogen, dann gibt es keinen Weg zur über das Vorhandene hinausweisenden Utopie der Wirklichkeit. Tatsache ist jedenfalls: mein langjähriges Anti-Interesse am Theater selbst ist geschwunden, mir macht das Zuschauen und Nachdenken über Theater wieder intellektuelles Vergnügen. Ich fühl tief innen, daß es gut ist, Theater zu *tun*. Es ist eine Welt in der Welt, auf die man Zugriff haben kann, wenn man sie und ihre Gesetze respektiert, und wenn man es tut, dann kann sie Welt rückspiegeln, vielfältig total, unendlich beinah in ihrem Gegenabdruck von Wirklichkeit.

3. 10. 82

Wie geht das Stück weiter? – Hatte gestern nacht so eine Vision (scheußliches Wort), sie spricht, plötzlich, von den Kindern in Beirut, von denen in Auschwitz und von dem Mädchen mit der Wespe aus ihrem Heimatort, allerdings war mir heut nacht klarer, wie das läuft, als jetzt – bloß fiel mir jetzt noch ein, daß es dann auch weiter gehen könnte, z. B. ist die Kirche auch schuld am Unverstand des Menschen, also lieber ein Kreuz zerbrechen als eine Kirche anzünden? Und dann Zeitungen versauen, und Versuchstiere, und von einem Panzer überrollt werden, und zum Schluß, warten, aber den direkten Anschlag schon vorbereiten, wenn die oben nicht hören auf die unten, dann muß man sich erkennbar und bemerkbar machen. usw.

Gestern auf der Wiesn und im Theater – Wiesn: für Fisch/Fleisch – das Rucki-Zucki-Lied als Einführung (wer macht warum wie mit und wer nicht?!) – und dann, wie lang es dauert, bis jemand vom Klo, das er nicht findet, in einem offenen vollen Zelt zurückkommt!!! – Vor allem sehr langsam, sehr sehr langsam das Bild.

Dann im Theater Wendts Wie es euch gefällt – fast körperliche Beschwerden, weil es so furchtbar langsam war, als hätten sie alle Schlaftabletten genommen, alles zerfahren, ohne Tempo, ohne Temperament, wankten in der Pause, er-

schöpft, beinah krank und körperlich erledigt aus dem
Theater: wohlgemerkt, Pause ist nach 2 1/2 Stunden.

Gestern auf der Wiesn bißl was getrunken, und da wir nachmittags draußen waren, nachmittags – das schlägt vielleicht
durch, das verändert einen vielleicht, das macht vielleicht
einen Scheißkopf und einen Glasblick und ein mieses Ge-
samtsein – nein, wenn ich auch noch nach viel Sehnsucht hab,
dieses Bier und tagsüber – nie mehr, es ist schrecklich!

6. 10. 82

Auf der Hütte – der Holzschuppen ist zusammengefallen –
also muß das Dach erneuert werden. Es ist nicht einfach, sich
auf die Hütte einzulassen, aber wenn man es tut, wird man
wirklich »reich« belohnt, es ist schon wunderbar hier. A. ist
auch glücklich hier.

Weder das Stück noch der Roman gehen wirklich weiter,
aber ich hab trotzdem das Gefühl, daß ich ziemlich fleißig bin,
denn ich schreib viel – wenns auch nicht richtig zusammen
paßt.

An mir nagt ein bißl, daß ich mir so untätig vorkomm, politisch, ich bin jetzt leider ein richtiger Dichter! Würde schon
lieber Reden halten, Wahlkämpfe führen etc. was TUN/nicht
bloß was SCHREIBEN. Andererseits die ganzen großen
Künstler – von Euripides bis Mozart, von Michelangelo bis
Berio, quer durch den Gemüsegarten der Kunst, sind es nicht
gerade diese Werke der Kunst, die auf der Schleimspur dieses
Planeten im Weltall die Stimme, die Zeichen des Menschlichen
bedeuten? Ist das geistige Bemühen um eine andere/bessere
Welt, das theoretische Erfinden/Ausformen einer andern
Welt mit Liebe, Würde und Größe kein politisches Tun, keine
kämpferische Auseinandersetzung mit den Faschisten/Kapi-
talisten/Technokraten/Funktionären etc.? Es muß auch eine
anerkannte Form der Auseinandersetzung sein – aber ich
denke eben an die gegerbten Rücken kleiner, verhungernder
Kinder, an die alten kleinen Gesichter verhungernder Säug-
linge in Kalkutta, ich denke an die Kinder in Beirut, die einige
Jahre Krieg und Elend erlebt haben, und dann hinausgetragen
wurden von ihren Müttern in das Gewehrfeuer der Falangi-

sten, aus einem Leben ohne Lachen, ohne Spielzeug, ohne Besitzstand (kindlicher Besitzstand, wie eifersüchtig wacht die kleine A. über ihre Puppenküche), ohne Wärme, aus der Hitze der Sonne hinein in die Kühle stählerner Morde –

Als DKP-Mann hatte ich weniger diese Gedanken, daß ich schreib und genüßlich nichts tu, da hatte ich mehr das Gefühl, ich stehe wirklich auf der Seite der Elenden, Kranken und Hungernden – aber es war die Seeligsprechung durch ein Parteibuch –

Immer wieder der Gedanke – der auch im Stück auftaucht – wenn nach dem Tod die Frage gestellt würde von einem Gott: was hast du getan, damit es anders/ besser wird – was würd ich sagen? Geschrieben? Ist das genug? Und getan, nichts.

Ich weiß nicht genau, aber es beschäftigt mich nach wie vor. Gut ist bloß, daß ich zumindest das Gefühl hab, den Wunsch zu tun MUSS ich in Literatur gießen, alles andere ist Unsinn. Siehe die Tatsachen: RAF ist tot, eingesperrt, zerstreut – zumindest: vollkommen ins kriminelle/reine *eigene* Überleben abgedrängt.

Der PLO hat nicht mal die gesamte arabische Welt geholfen, die Sowjets auch nicht, niemand – ich mit einem Gewehr in Beirut – gut, dann wär ich, wenn mein Einsatz wirklich einen Sinn gehabt hätt und nicht bloß feiges Hintenrumgerenne gewesen wär, jetzt tot, geändert hätt ich mit meinem Tod nichts – oder doch was, vielleicht ganz privat einfach den *Sinn meines Lebens?* Andererseits – ich bin vielleicht seit dem DKP-Austritt ein bißl ins Straucheln geraten, manchmal auch nach rechts in die Scheiße getreten – vermutlich. Aber muß es so bleiben, ich bin jung, eigentlich schon – und wenn ich auch vielleicht für immer mit der aktiven Politik Schluß mach/gemacht hab (kann es beim Hinschreiben selber nicht glauben!), wäre das vielleicht längere Leben eines Dichters, der sich zeitlebens an den Werten der Durchsetzung von Menschlichkeit, Frieden und Gerechtigkeit fest macht, der ein Leben lang versucht, das in Literatur zu gießen, und jetzt kommts: eben mit dem langen Atem, mit dem In-den-Dreck-Langen und In-die-Scheiße-Steigen *genauso*, wie mit dem richtigen Tun und Vorwärtsschreiten – wäre das nichts wert?

Gut ist jedenfalls, daß mich mein revolutionäres BEDÜRFNIS an die Seite meiner Literatur und nicht an die Seite alter Stalinisten und junger Funktionäre drängt, und wenn dieses Bedürfnis an der Seite der Literatur unbefriedigt bleibt/bleiben muß, verdammt, dann ist es immer noch die bessere/selbstbestimmtere/lustbetontere (ja auch!) Art des Untergangs, als wenn ich für einen SED-Staat die Lungen bläh, den ich in seiner realen Existenz eigentlich abstoßend find – obwohl er außenpolitisch auf dem richtigen Kurs ist (SU-Kurs und der *stimmt,* außenpolitisch, messerscharf) oder sein muß.

Ich brauch eine politische Heimat, in der Innen und Außen übereinstimmen, und bevor es die nicht gibt, brauch ich mich auch nicht ruinieren, indem ich mich einerseits verleugne und andererseits – auch nichts tu, was hab denn ich als DKPler schon groß getan? Nichts.

Es ist vielleicht wahr: an der Seite meiner Literatur kann ich auf lange Sicht mehr Menschen erreichen als durch den Zaun DKP hindurch.

Ich will auch gar nicht zurück, ich will wieder was machen (doch bei den Grünen?! – obwohl der Bahro ziemlich deutschnational und zugleich auch furchtbar utopistisch/blauäugig klang). Und eine politische Linie/Arbeit ohne Marx/Engels/Lenin/KPD kann ich mir kaum vorstellen. Ich bin im Dilemma, was das anbelangt.

Allerdings: die Grünen haben als Legitimation ihrer Träumereien den Erfolg bei den Menschen – die Leute sind utopieausgehungert, sie honorieren jede Erhebung des Arsches von der Scheiße, das ist gut. Es ist schwer, Souverän seiner selbst zu sein, Spur des Eignen nur in der eignen Literatur, aber es ist auch spannend – das ist klar.

Und ich hab nichts dagegen, daß man bei einer Partei ist/bleibt, ich find nicht, daß die Literatur als »Magd der Politik« ihre Unschuld verlöre, sondern im Gegenteil, ihre Kraft bekommt – aber wenn es einen auseinander reißt, so wie es mich in der DKP auseinandergerissen hat, dann muß man gehen/gehen dürfen.

Und wenn ich dran denk, daß jetzt – beim Generationswechsel in der DKP – *alle* von mir verachteten, jungen, allfährigen (SED-allfährig), aalglatten, scheußlichen Jung-Inspektoren der Revolution an die Macht der Partei gekommen sind, dann wäre mein Platz sowieso nicht mehr zu halten gewesen, leider wahr.

Ich habe diese Mischung aus SED-Speichelleckern und Jungbürokraten von gigantischen Ausmaßen, die nichts, aber nichts Eigenes haben/hatten, völlig ohne Probleme/Tiefen/ Unwägbarkeiten/Schwären/Träume waren/sind – verachtet, gehaßt sogar, weil sie mit mir so viel zu tun haben wie jeder beliebige überzeugte/110prozentige Finanzbeamte, egal ob er für Links oder Rechts die Groschen eintreibt – egal, ob er Revolutionsphrasen im zahnlosen Büroklammermund führt oder kalte Reaktion. Und das Problem: Polen – und was ist da los? Ich sage: ohne Opposition/linke Opposition, Selbstkritik als Tagesordnungspunkt, dauernde Revolution, direkte, enge Demokratie (Selbstverwaltung) – führt die leninistisch/stalinistische Partei- und Staatsform immer in die Reaktion, immer in die Eiszeit, immer in die Erstarrung, immer in neue, nach Revolution schreiende Zustände. Ob sich, laut Marx, dann in diese Widersprüche/Risse im gesellschaftlichen Gebälk wie das Moos, die Schwammerl oder der Schwamm die Rechten oder die Linken einnisten – das ist die andere Frage. Polen, eher *rechts*, aber eben *legitim*. Und weil legitim GEFÄHRLICH! Und wenn in den Rissen die Kirche/Klerus/kath. Abschaum seine Wurzeln runter zieht und das gesellschaftliche Gefüge zu sprengen versucht: es ist okay – laut Marx, gesellschaftliche Widersprüche sind Risse, in denen *alles* wachsen kann, Hitler und Lenin, Castro und Begin. Wichtig/innerlich wichtig (?) ist natürlich auch, daß ich heute zwar mit der Literatur, aber mit ihren Mitteln was tun will, also das *wie* neben dem *was* seine vollkommene Gleichberechtigung hat. Mich interessiert weder Literatur der Arbeitswelt, noch politische Lyrik, noch sonst was, ich will innerhalb der Kunst sein, weil ich glaube, es ist eins: revolutionäre Kunst ist revolutionäre Tat?
Weiß nicht genau . . .

14. 10. 82

Seit zehn Tagen auf der Hütte, der eigentliche Anlaß: der Holzschuppen ist zusammengebrochen, also das Dach eingefallen. Dadurch sah das Ganze so verwahrlost, so verlassen und ruiniert aus, daß ich Angst hatte. Deshalb haben wir uns ganz schnell entschlossen, rauszufahren und das Wichtigste zu machen: inzwischen steht ein neuer Schuppen mit einem blitzsauberen Dach, in den sogar der Unimog hinein paßt, dann ist das Dach vom »Haupthaus« mit Dachpappe neu gedeckt, ein paar Bäume sind gefällt etc.

Die Zeit ist unheimlich schnell vergangen hier, es ist wunderschön, den ganzen Tag draußen, dann abends einfach sitzen, gut essen, ein bißl lesen und MENSCH ÄRGERE DICH NICHT spielen, dann schlafen (oft sehr gut, ein paarmal wenig!).

Immer wieder die Versuchung, am Stück weiter zu machen, aber dann eben doch lieber draußen rumgetan, denke irgendwie, daß das Stück, soweit vorhanden, gut ist, aber es geht noch nicht richtig weiter – aber ich denk dran und fühl mich nicht schlecht dabei.

Gesundheitlich geht es mir gut bis auf ein paarmal, da hab ich das Gefühl, daß die Lunge schmerzt?! – Aber ich rauch wenig und will auch dieses eklige Asbestzeug für das »Haupthaus« nicht verwenden – es ist ein krebserzeugendes Zeug und stinkt noch nach Tagen mitten im Wald!

Im Stück wollte ich vor allem – im nächsten Akt – auf die Totalbedrohung des Willi eingehen, seine Auflösung, er spürt vom Hunger über die Bomben bis zur Verunreinigung der Flüsse etc. (diese Scheiß-Schlag-Worte!) alles in sich, er ist umstellt davon, er hat es *körperlich* – das muß man darstellen, und daß er so eingegraben ist in die Widersprüche, daß sie ihn zerreißen, daß er ihnen nicht mehr mit NORMALEM Verstand gegensteuern kann. Und da fällt mir noch was ein: wie undialektisch hab ich bisher das Wehren angegangen: es ist gleich »Gorleben«-richtig, glorios und heldentodhaft: zusammengeschlagen ohne Gebiß seh ich meinen Willi aufs Bett geschleimt, und sein Weib ist glücklich mit ihm – das ist eben waschecht idealistisch gedacht (und in der Kunst ist der Idealismus eben doch – alles in allem – Scheiße!) und vollkommen undialektisch, warum scheitert er nicht im Widerstand, scheißt sich an (tatsächlich), hat Schiß, kriegts nicht hin etc. oder andersrum gesagt: reine Stücklänge im Widerstand müßte genauso lang dauern/sein wie Darstellung des Wahnsinns. –

Das hört sich sicher etwas komisch/lächerlich an (grad bei einem alten Dichterhausdegen wie bei mir), wenn ich drauf komm, daß auch der Widerstand/das Positive dialektisch dargestellt werden muß/müßte. Ob ich da nicht wirklich bisher in einer Erlösungs- statt in einer Seinskategorie gedacht habe? Tiefes Elend/totale Depression/vor dem Suizid – dann der zündende Funke (Partei-Eintritt, Zivilcourage, »pro« Kind – übrigens bei Oberösterreich hab ich die Heilslehre schon sehr schön gebrochen!) etc., also die Erlösungsidee – dann sofort die Erlösung selbst, das kurze Positive/Spontaneität – aus/erledigt. Alle glücklich.

Ich glaube, daß das falsch ist, ich muß meinen Finger auf die Wunden des Fortschritts legen, ich muß auch die Lösungsgeschichte dialektisch sehen und nicht bloß die Katastrophen-Story.

Übrigens: Landtagswahlen – die Grünen sind nicht reingekommen, SPD behauptet, CSU ein rundes Prozent weniger! FDP raus, vergessen. Nicht das Übelste, auch wenns bei den Grünen Tränen gegeben haben soll, sie haben 4,6 Prozent gehabt und das im schwarzen, katholischen, Nazi-Bayern (zu oft noch), Alttestaments-Bayern. Das ist doch kein Grund zum Weinen. Aber ich bin eben schon ein altes politisches Schlachtpferd, finds schön, wenn die Jungen bei einem Mißerfolg des Augenblicks noch weinen.

(DKP zumeist bei 0,1 Prozent, praktisch nicht mehr existent, wenn man ehrlich ist.) Oder Klammer noch offen: wer/wie/was hat wohl diese Partei in einen Zustand des Nichtseins dermaßen gebracht, daß in jeder Bananendiktatur die KP stärker ist als in der BRD?! – Wäre des Nachdenkens wert, soll mir aber inzwischen wirklich gleichgültig sein – es waren nicht bloß Hitler und Adenauer, es waren auch 14 Jahre Mies/und Co.

Gestern nacht Böllings »Tagebuch« gelesen – wenn das die Wahrheit ist, dann gute Nacht liebes Deutschland, soviel Schüler-Lehrer-Mentalität, soviel – mir fehlt der rechte Vergleich. Eine Schulklasse die Herren Minister, Zensuren und Bravsein, dazwischen ein bißl Kabeljaufrage (als einzige politische Frage der letzten Wochen wohl von außen gestellt . . .) ansonsten: der schreibt dem ein Briefchen, Kanzler schwelgt in Abschiedsreden-Gedanken, Herr B. findet jeden seiner Sätze historisch, sie platzen vor Geschichtsträchtigkeit, jeder mit einem Jahrtausend/hundert schwanger und dabei: ein kleiner Haufen Pinsel, die nach dem Weg schnuppern und bloß in der eigenen Scheiße wühlen – Politik = Philosophie = Tat, weit gefehlt; ein paar Schüler und der Herr Lehrer, vollauf mit sich beschäftigt, brauchen die Welt nicht – fast wie auf dem Theater, ist S. doch der wirkliche Chronist der obern Zehntausend, sogar in der SPD.

Grass ist eingetreten »spontan« und redet im Spiegel einen Scheiß, der genau in diese SPD paßt.

Nein, an der politischen Front gibts nichts Neues.

Ich will jedenfalls nicht in die Politik zurück – in die praktische, wenn die Grünen mir einen »sichern« Bundestagsplatz anbieten würden, ich tät nein sagen: ich bin inzwischen gern Dichter/Künstler/*Leber* (von leben).

Mein Leben: Nach Paris vielleicht nochmal Hütte und dann das Fernsehen und dann die Tournee, und danach vielleicht Kammerspiele, und danach vielleicht Münchner Volkstheater (Gespräch mit H. war nicht uneben!) – also ich hab viel zu tun, wenn ich will. Mehr wohl, als jemals zuvor in meinem Leben.

So, und jetzt mach ich das Dach wirklich fertig!

25. 10. 82

Traurig-regnerischer Montag, wie so oft, bald November, kält draußen, finster schon tagsüber – das Leben eigentlich erst zu ertragen, wenns draußen wirklich dunkel geworden ist. Früher schon immer diese »Umstände« der beste und erste Grund, ein Gläschen runter zu spülen und dann wieder eins usw.

Hab immer noch den Saft neben mir, waren grade drei Tage in Paris, hab G. getroffen (er ist nicht mehr mit der reizenden J. zusammen), wurde konfrontiert mit meinen beiden letzten Paris-Besuchen, die so versoffen waren (vor allem der zweite, die Premiere des MM unter der Regie des unsympathischen G.), wo ich mich fast tot gesoffen hab, so tot jedenfalls, daß ich während der Premiere bewußtlos besoffen in meiner Wohnung irgendwo in Montmartre lag . . .

Diesmal war ich mit A. da, und obwohl es auch nicht besonders toll war, hab ich kaum getrunken, fast nichts. Es tut mir unheimlich gut, darüber kann es gar keinen Zweifel geben!

Wir hatten eine Einladung vom Theater, uns FEGEFEUER von der Fleißer anzusehen und am nächsten Tag darüber zu diskutieren. Die Inszenierung machte Hans Peter Cloos, den ich von seiner Rote-Rübe-Zeit her in bester Erinnerung hatte (was immer die gemacht haben, war zumindest spannend!). Diesmal in Paris ging es voll in die Hose: das »neue« Theater ist ein recht altes, man nimmt alles, was das moderne Theater anzubieten hat (ein bißl Pina Bausch, viel Video und eine »abstrakte« Musik), mischt es kräftig durch, arbeitet es äußerst perfekt und mit guten Schauspielern, und schon hat man das neue Theater (mit dem Ergebnis, daß man das Recht hat, aufs »alte« Theater, also Peter Stein, Strehler etc., vom gesicherten Sockel des wissenschaftlich-technischen Kunstfortschritts herunter schauen zu können . . .).

Nein, es war nicht gut – (die Frage, was es mit der Fleißer zu tun hatte, ist sowieso nicht zu stellen, weil die Antwort heißen müßte: gar nichts!) – es war sogar mißglückt und verstohlen/verklaut.

Trotzdem waren es zwei recht interessante Stunden, weils eben ästhetisch auf hoher Ebene erarbeitet worden ist und perfekt dargeboten (das kann dieser C. ja wirklich!). Ich hab trotzdem meine wirkliche Meinung in der Diskussion nicht gesagt, weil ich das Gefühl hatte, man muß solche Versuche um ein neues, weiterentwickeltes Theater unterstützen, man kann da nicht mit der Axt reinhauen, das ist reaktionär, das hilft bloß dem Gegner. Und gewisse, wenn auch sehr ferne Verbindungen gibts ja auch: ich such zumindest für eines der beiden Stücke, die ich derzeit schreib oder nicht schreib, vor allem BILDER, jenseits der Sprache immer wieder und vor allem BILDER – und das will/versucht/tut dieses Theater von C. ja auch. Er sagt selber, er kann sich Theater ohne Sprache gut vorstellen (es ist wohl auch in vielen Köpfen das eigentliche Endziel eines »befreiten« Inszenierens, obwohl es meist dazu denaturiert, daß eben ein Stück, das gut ist, als Vorwand für eine Inszenierung gewählt wird, die ein neues, aber schlechteres Stück als das »vorhandene« wird, so auch in Paris), und da müßte ich eben doch wieder an meine Anfänge anknüpfen. Es ist ja sicher nicht bloß böser Wille, wenn es eine Menge Menschen gibt, die meine frühen Stücke als die eigentlich revolutionären Stücke ansehen, weil es eben Bilder sind, weil eben wenig gesagt wird, weil sie eben am meisten mit den Mitteln arbeiten, die die Bühne außerhalb der Sprache noch hat. Insofern muß man in dieser Richtung schon weiter gehen, auch wenn die Ergebnisse bisher noch unter den bekannten andern Methoden, also vor allem der psychologisch/realistischen Menschendarstellung liegen.

Gestern abend sind wir also wieder hier in Kirchberg angekommen (wir waren letzte Woche auch noch in Lienz bei meiner Mutter – insgesamt ein guter Besuch!) – und ich warte eigentlich doch recht hart darauf, daß die Schauspielerei anfängt: der Lenz (Thomas Magdalena) und dann die Tournee. Diese Novembertage sind – auch zu zweit – für mich doch kaum zu ertragen, ich werde trübsinnig und müde, und tät mich am liebsten . . . ja wie immer halt.

Gesundheitlich gehts mir ganz gut, allerdings: ich rauch kaum Zigaretten, ich trink kaum Alkohol – das macht doch viel aus.

Morgen fahren wir wieder nach München – die Inszenierung an den Kammerspielen scheint nun wirklich sicher zu »werden« und schauen uns an O'Caseys Freudenfeuer für den Bischof – vor allem wegen der W., die ja die Emmi spielen soll. Wie immer an den Kammerspielen harte Arbeit: vier Stunden.

An dem Widerstandsstück hab ich – nach dem einen Tag/Nacht mit den elf Seiten – nicht weiter gearbeitet (waren auch auf der Hütte fast zwei Wochen, und da hab ich körperlich sehr hart gearbeitet!), aber doch gedacht: das, was vor allem hängen geblieben ist/sich eingeprägt hat, ist die Sache mit dem langsamen Widerstand, ist, daß ich das einfach beschreiben und nicht bloß benennen muß – und daß mir da auch was einfallen muß, daß ich da meiner Fantasie einen Raum lassen muß! (Ich glaub, meine Unfähigkeit, Widerstand/Wehren/Courage in ihrer Wirklichkeit darzustellen, hängt auch mit der langjährigen Bindung an die DKP zusammen, denn faktisch ist es doch so: wenn man eingetreten ist, hat man den großen revolutionären Sprung getan, den Rest tut dann die Partei, und man sagt »revolutionär« immer nur »Ja!«)

Aber die Widerstandsfrage ist natürlich komplexer und liegt auch tiefer, das ist klar. A. hat eine schlimme Erkältung – und ich hab sie noch nicht. Ob ich sie krieg? Wär ja erstaunlich, wenn nicht – wo ich doch immer alles einfang, was es überhaupt gibt . . .

Armut in der BRD: da verlangt einer seine Kontoauszüge am Bankschalter/es gibt keine/nichts hat sich bewegt auf seinem Konto/da hebt er verschämt 50 Mark ab mit dem Hinweis: soviel ist schon noch drauf//Einkauf im Supermarkt, weil A. ja krank ist: wie wahnsinnig teuer alles ist, und wie wenig die Leute einkaufen, und wie lang sie suchen, bis sie was nehmen!

Neues vom »Verlag«: Tübingen wird jetzt wohl die letzte vollkommen unaufgeführte Arbeit machen: Jumbo-track . . . Es freut mich insofern, als ich ungern etwas schreib, was dann überhaupt keinen Erfolg hat.

Zu den andern Sachen: vielleicht macht Augsburg die Walbertschen Kleinen Verhältnisse (hab nochmal ein bißl in dem Stück gelesen/es ist NICHT übel), vom Hause Suhrkamp hab ich immer noch keine Nachricht auf den 2. Teil vom Mondscheinknecht. Schlechter Umgangston.

Heute abend ist Ungleicher Lohn im Fernsehen mit mir als dem Herrn Müller. Aber die Spannung ist nicht mehr die gleiche, die früher mal war, es ist ganz lustig, aber auch irgendwo egal!

Inzwischen hat übrigens noch der Herr B. aus dem Resi angerufen, der ja der neue Intendant wird, jetzt hab ich die kuriose Sache, daß, nach 10 Jahren Schweigen, gleich alle drei großen Münchner Theater anrufen und was mit mir zu tun haben wollen (das 3. Volkstheater . . .)

Ja, es ist schon was Gutes, wenn man einen »Beruf« hat: jetzt hab ich bloß ein bißl was ins Tagebuch eingetragen, und schon fühl ich mich besser und leichter und fleißiger.

28. 10. 82

Anschmeißn, das Lebn in der Früh – (lächelt) schwer.
usw. ist aus dem neuen Stück – momentan schreib ich aber nicht eines, sondern drei Stücke – so scheint es mir jedenfalls. Grade gelesen eines: der 1. Akt (was ich in der langen Nacht geschrieben hab, die »13 Seiten« also) ist gut, aber es geht nicht weiter, und aus der innern Dynamik heraus kanns auch ir-

gendwie nicht weitergehen, es ist die Sache mit dem Mann, der sich vor einem Arbeitsamt aus »Protest« verbrannt hat. Dann hab ich noch die Weihnachtsgeschichte mit dem gestohlenen Armband, da paßt auch das eine nicht zum andern, eigentlich auch ein Einakter.

Eigentlich paßt mir das nicht, ich find Einakter formal langweilig – aber vielleicht sollt ich wirklich in der Situation, wie wir sie eben haben, FURCHT UND ELEND DER BRD schreiben?! Das müßten natürlich noch mehr Szenen werden, aber vielleicht hätt ich mehr Freiheit, wenn ich immer wieder von vorn anfangen könnt.

Vielleicht?!

29. 10. 82

Markiert sich doch immer mehr, der Plan einer Szenenfolge: FURCHT UND ELEND DER BRD – hab gestern schon einen kleinen Einakter über einen einfach feigen »Dichter« gemacht, der seine Angst vor Arbeitslosigkeit verbrämt in »Privatissimo« –

allerdings, wies eben leider in der letzten Zeit öfter so geht: gegen Ende läuft mir die Sache immer auseinander, ich weiß nicht warum. Trotzdem ist die Einaktersache vielleicht gut: man kann kurz und bündig auf so VIELES reagieren.

Denke seit einer Stunde an eine kurze Sequenz: Ausländerfeindlichkeit – ein zärtlicher Mono/Dialog beim Ficken zwischen einer Deutschen und einem Türken: alles okay, aber Kind, Kind will sie um Gottes willen keines von ihm – müssen aufpassen, paßt du auch wirklich auf etc. – aus Angst, dann ist sie gezeichnet, dann hat sie den Türkenbalg im Kinderwagen etc. Zum Ficken ist er recht, aber heiraten etc. NIE – also Rassentrennung wie in? – Südafrika – ist übertrieben, aber wir könnten solche Verhältnisse kriegen, die sind übrigens gar nicht sooo viel von oben gesteuert, die kommen ganz schön aus dem gesunden Volksempfinden (immer wieder: Hitler kam legal an die Macht, das ist eben wahr!). etc.

Wenn ich also die Szenen zusammen nehme:

1.) Der Intellektuelle, der nicht mitmacht, weil . . .
2.) Die Deutsche und der Türke –
3.) Das »gestohlene« Weihnachten –

4.) Der Verbrennungskünstler –
5.) Eine Art Wunschkonzert als Mann . . .
usw.

Da würde ich vielleicht doch was zusammen kriegen, was sich lohnte, und während ich das jetzt so hinschreib, denk ich mir, ob ich das einbetten könnt in das BAUERNSTERBEN, so wie es bisher läuft, mit all den Szenen etc., bloß daß die eben immer stehen bleiben und sich das Tableau anschauen (wirklich Kienholz) und dann weiter fahren, und zum Schluß sich verkriechen, heim wollen, oder sonst was?

Wäre es möglich, ein so großes Stück zu machen, zu bauen?

5.11.82

Das Wetter ist grau heute, obwohl der Herbst herrlich ist dieses Jahr, die Farben Blinden auffallen müßten und oft die Sonne scheint. Aber heut ist eben RICHTIGER November.

Bin schon um 10 etwa aufgestanden (weil ich die gestrige Nacht vollkommen durchgearbeitet hatte), und hab wieder mal festgestellt, wie froh ich doch bin, daß es A. gibt – alles ist eigentlich schön und zu ertragen, wenn sie da ist. Das ist schon sehr wichtig.

Will nun nochmal mit dem Stück anfangen, das ich eigentlich in Einakter aufteilen wollte, will es durchkämmen und die blöde Dramaturgie aufgeben, daß die Frau überhaupt nichts sagt und dann erst am Ende durch die große Aktion zur Hauptfigur wird.

Mag sein, daß die/der große Stumme (der damit eigentlich signalisiert, daß er alles weiß und schon dabei ist, einen weitern Schritt zu tun, sich nämlich zu wehren) in den Stücken der sowjetischen Revolution okay waren, aber heut ist diese Dramaturgie nicht mehr tauglich. Will die Frau mal ausstatten mit dem beharrlichen Kampf, mit dem normalen Kampf, vielleicht kann ich ihr ein bißl was von dem geben, daß es so hart ist und man sich nicht sicher ist, ob es sich auch lohnt etc., also die Dialektik des Kampfes IHR geben und ihn lassen – und dann müßt ich doch da hinein münden, daß er es falsch versteht und was klaut, und dann könnt sie ja sagen (wies sicher schon angelegt ist: so wars nicht gemeint . . .), was sie schon sagt, aber eben nicht so borniert, sondern klarer: gemeinsam muß man was tun, nicht bloß so lala.

Ich wills jedenfalls nochmal probieren, ob ich »durchkomm« und ein Stück zustande krieg, bevor ich es in Einakter aufteil.

Waren drei Tage in München, haben O'Caseys FREUDEN-FEUER FÜR DEN BISCHOF gesehen, irgendwie ein gutes, aber mißglücktes Stück, ich kanns nicht anders formulieren. Ziemlich gute Aufführung, wenn man die Schauspieler und den Langhoff so wertfrei nimmt, natürlich nichts dahinter, gar nichts, hübsches Theater, leider sonst nichts. Am nächsten Tag der Schrecken: Drexl spielt die Courage. Es war so langweilig, daß ich nicht wußte, wie die Zeit verbringen, hab mich dann an den reinen Text gehalten, er ist sentimental, und dauernd sagt eine Figur was, was man ihr nicht zutraut, wozu sie kein Recht hat, was nicht in ihrer Geschichte steht usw. Ich war enttäuscht. D. ist so blaß als Courage, wie ich mir nie gedacht hätt, daß eine solche Vollblutschauspielerin es sein könnte – weiß nicht, warum – Bühnenbild ist grau und hoch und öd, der Marketenderwagen ist ein Müllwagen, eigentlich ist er gar nichts, ein Eisenkarren, von dem man nicht weiß, wozu er benutzbar wär, wenn er im wirklichen Leben wär, alles stilisiert, »geistig«.

Brecht ist es nicht. Lustig, daß Brecht ein Stück geschrieben hat, das eben doch bloß im Revue/Operettenstil aufführbar ist.

Freu mich auf die Drehtage/Arbeit an der MAGDALENA, und ich mach auch gern die Tournee, bis jetzt noch.

Die Inszenierung an den Kammerspielen mach ich instinktiv nicht so gern, ich mag das Haus nicht, kann sein, es ändert sich. Weiß nicht!?

Andererseits würd ich das Stück auch mal gern unter solchen Spitzenbedingungen sehen/machen, damit man dann einfach sagen kann: das geht, wenn man eine Motivierung hat, oder: das geht eben nicht, das kann gar nicht gehen.

Für meinen Lebensweg sollte ich aber in den sauren Apfel beißen und mal was in München an so einem Superhaus machen. Einmal!

Gesundheitlich gehts mir nicht so gut, ich hab zwar wirklich A.s. Grippe nicht bekommen, aber ich hab mit dem Herz

Schwierigkeiten. Es tut einfach weh, ziemlich oft, und vielleicht war ich zu häufig in der Sauna – aber andererseits rauche ich keine Zigaretten mehr, trinke sehr wenig, lebe gesund (viele Spaziergänge?). Weiß nicht genau, was das soll.

9.11.82

Furunkel: das dicke, einmalige, gespenstische am Hals auf der ›kranken‹ Seite: es ist wiedergekommen, wächst wieder, und es gibt jetzt sogar eine Furunkelsalbe dafür . . .

Ich hoff gesundheitlich, daß auf die drei magern Jahre jetzt mal dreißig fette folgen. Vor zwei Jahren hab ich mir in den Daumen gesägt, vor anderthalb hab ich mich verbrannt, vor einem guten dreiviertel war die Krebssache, die gut ausging, die Zähne laufen dauernd dahin – müßt mal nachschauen im Tagebuch, wie es mit den ersten Kronen war, inzwischen hab ich bestimmt schon zwanzig. So ändern sich die Zeiten . . .

Habe grade die Zeitungsergüsse über einige karnickelhaft produzierende Kollegen gelesen (ein Großteil der Literatur ist bloß ein Problem des Schließmuskels!), Spiegel und Zeit, und wie groß sie halt doch letztlich sind, wenn auch unterschiedlich, und das blöde Fernsehen war von Rührung ganz hin . . . Das vor Augen, würd ich gern meine kleinen realen, bösen Szenen FURCHT UND ELEND DER BRD zu Ende schreiben . . . obwohl es schwer ist und nicht immer geht. Aber was ich bisher geschrieben hab, ist nach dem Lesen besser als beim Schreiben. Der ›Terrorist‹, der sich so in den Haß gegen seine Eltern redet, daß er sich praktisch, weil er dauernd sagt, daß er was und was anderes tut, in Zugzwang steigert und sich vor den Eltern abknallt, das ist noch schlecht geschrieben, müßte auch (ulkig die verschiedenen Gesetze der Dramaturgie!) ziemlich lang sein, könnte man aber sicher machen und dann wäre das ein guter Einakter – vielleicht müßte man überhaupt NUR Monologe nehmen, damit das *Prinzip* klar wird: die andern Figuren hätten natürlich auch was zu sagen, aber wir zeigen es euch hier ABSICHTLICH EINSEITIG, damit ihr es mehr zur Brust nehmen könnt/versteht.

Dazu käme in jedem Fall der Rüstungsarbeiter, der nach langem Kreisen dazu kommt zu sagen: alles Scheiße, was ich tu, solang ich nicht einfach hergeh und trotz 2 Millionen Arbeitsloser privat streik und keine einzige – was weiß ich – Waffe mehr bau . .

Und der Bauer, der merkt, wie sein saurer Boden durch den sauren Regen, der Wald und so weiter, daß eben alles in Arsch geht und sagt: das ist Gewalt, das ist glasklar Gewalt, was da von dem Kraftwerk ausgeht, das ist nicht Luft, da ist reine Gewalt in der Luft usw. und dann – für seine Verhältnisse ein großer Schritt – bei einer Bürgerinitiative mitmacht.

Man sieht: fast täglich werden die Themen mehr, und sie hätten den Vorteil, daß sie schnell zu spielen sind und ohne die gringste Mühe sofort auf den politischen Dollpunkt zu bringen sind/wären, daß immer nur ein Schauspieler dran wär, daß es keine schwierigen Bühnenbilder bräuchte, daß die Bühnen das auswählen könnten, wovon sie meinen, daß es gut ist. Ehrlich gesagt, bevor es nicht mindestens zehn Stunden Spieldauer mit 12 Szenen sind, geb ich keine Ruh, das Ding reizt mich inzwischen . . .

München, 16. 11. 82

Gestern die erste kalte Probe für MAGDALENA von Thoma. Ehrlich, wenn es wirklich gutes Ludwig-Thoma-Niveau wird (ein Niveau, das die Bühne auch bloß ein halbes Dutzend Mal erreichte in meiner Zeit), soll man zufrieden sein.

Heute Bühnenbildvorbesprechung mit H. an den Münchner Kammerspielen. (Es scheint nun ernst zu werden damit, daß ich dort inszeniere, ein Gedanke, der mir immer noch unheimlich ist).

Meine Vorstellung: reine, absolute, radikale . . . Innenräume, Frage: geht das?

Im zweiten Akt ist die Bühne am allerbreitesten und am allergrößten: offen und weit und leer und wund in der Mitte am – bereits üblichen – Stockbett die beiden »Delinquenten«.

Beide *fliehen* in der nächsten Szene in die Arme ihrer Frauen/Mütter – beide wollen schnell heim, sie rennen fast in die Bühnentiefe hinein oder heraus – wie man will, nicht zu Hause die Szenen spielen lassen, nix im Bett, AUF DER FLUCHT – deutlich, sichtbar, die Männer sind winterlich gekleidet, haben ihre Köfferchen, frieren, Mützen auf, die Frauen sind sommerlich angezogen . . . (Innenräume auch in der Kleidung und der sehr bedeutenden Maske!!!)

Will aber zum Schlußbild kommen, um die Vision voll zu machen: Erdloch, Unterschlupf, nicht Bunker, Erdloch – nach dem Atomkrieg spielt es, aber real: man erkundige sich, wie und wo es bei einem Darmaufblasen zu Verletzungen kommt, wie der, wie das ausschaut, etwas muß ja sein, weil es tödlich ist – es muß sehr schlimm aussehen – bei Hermann, und bei Edgar ebenfalls, wie schaut einer aus, der fast ertrunken, verhungert, erfroren wär? Es muß nach dem Atomkrieg sein – Emmi ist aufgedunsen, daß man meint, sie platzt gleich, die Schwangerschaft heißt: sie hat die ganze zukünftige Menschheit im Bauch . . . (kann man das sehen, indem es sich unter ihrem Kittel dauernd bewegt, Arme, Beine, das Hervordrängen der neuen Geschlechter, die ja TROTZDEM KOMMEN?)

und die Helga, die an einem kleinen Feuer was kocht, an einem ganz kleinen, das immer wieder auszugehen droht, das niemand wärmt, und niemand sättigt . . . Höhlenmenschen am Anfang . . .!?

Frage auch:

das Stück ist in der Mitte sentimental, weil die Helga nicht abtreibt, sondern bloß redet, und er, aus Rührung darüber, daß sie gerührt und lieb ist, redet auch bloß, und Weinen ist nicht weit usw.

warum tut Helga nicht aus Liebe, während der Mann weg ist, den Schritt, den sie tun wollte/will – und nachdem er es erfährt, wird das kritisiert durch ein riesiges Schweigen?

Das wär aber eine Stück-Änderung, die muß erst genau überlegt werden, es würde halt straffer werden – alles – härter und genauer?!

Zur Maske:

Überrealistisch, also mit Hilfsmitteln der Maskenbildner: der Schwellkopf, Rotschwell-Bluthochdruckschädel des Hermann, dem man schon von Anfang an ansieht, daß er mal platzen wird vor lauter Marx und Engels und Verklemmung und Pose und und und –

Das Muttertier Helga muß mit Frau B. hergestellt werden – blond, rötlich, rund, ausfransend an den Rändern, so Supermarkt-Einkaufstiere um halb neun vormittags (Kinder müssen dazu) – Edgar, der bläßlich edle, dumme, eitrig dünnäsige, picklige, aber mit Clearasil schon gereinigt, dünnwandig, blaß –

Emmi, die frigide Dunkle, dünn und dynamisch Getrimmte, die zuviel raucht, das sieht man ihrer Haut an, grünlichblaue Adern und schlaff unter der vielen sportlichen Geschäftsdynamik –

das soll »gemasket« werden, erkennbar als Kunstmittel, aber nicht als Larve, nicht als Versteck –, sondern als Entdeckmittel für die Figuren.

Erstaunlich ist, daß ich mich ab einem gewissen Fortlauf der Geschichte an die einzelnen Szenen nicht mehr erinnern kann, man müßte wohl annehmen, da liefe was verkehrt?

Muß das ausgeholzt werden –

es ist doch so:

beide sind zurück –

Helga hat – vermutlich in der neuen Fassung – abgetrieben – Emmi wird Filialleiterin – Edgar kündigt, nervt seine Frau halbtot –

kommt zu den andern, es gibt den großen Krach: Trennung – und dann das noch unbekannte Bild von – für mich ab jetzt Atomangriff – Schlamm und Blut und platzende Gedärme bei Hermann und bei Edgar? ersaufen erfrieren verhungern – wie stellt man das schnell und knapp dar?

Ende im Erdloch –

25.11.82

Gestern abend bei H. – die Tagebücher von Thomas Mann 18-21, ein dickes Buch. Ja, ja, die andern haben schon auch geschrieben, einfach um mit dem Schreiben sozusagen am Leben zu bleiben. Mir gehts ja auch so, eine Seite geschrieben, und schon ist der Tag besser/anders/erfüllt – wir sind jetzt seit 10 Tagen in München. Ich probier die Magdalena vom Thoma (den Lenz), und hab ansonsten dauernd was um die Ohren: so blöd sich das anhört: »Besprechungen«, »Unterhaltungen«, »Theater« etc. – Es ist die leere Wichtigkeit der Kulturbourgeoisie, zu der ich gehöre, wenn ich hier in München residiere – draußen auf dem Land fühl ich mich mehr wie ein König – irgendwie freier/sicherer/eigener.

Geschrieben hab ich einen Einakter wieder (also einen Monolog) über einen Funkmann, der radikal/arschig ein Hörspiel über eine soziale Auseinandersetzung (Agfa) fordert und zugleich abbügelt und nicht macht. Bei H. wird – wieder nach 11 Jahren – MICHIS BLUT probiert. Dort ist die Zeit – was meine Arbeit anbelangt – einfach stehen geblieben, dieses Stück ist das Einzige/Beste/ das ist es – und sonst nichts und mehr auch nicht. – Da waren sie – denke ich mir, als Erklärung – beteiligt, da haben sie in ihrer Erinnerung das Gefühl, mitgemacht zu haben und mitzumachen, deshalb haben sie das Stück für sich »beschlagnahmt« und lieben es und sind ganz eifersüchtig drauf – und das andere ist ihnen zu weit weg, zu viel Kommerz/Routine/was weiß ich – sie sagen es ja nicht offen, und der MONDSCHEINKNECHT SCHEINT ihnen auch nicht gut/sehr gut gefallen zu haben. Es ist ein großer Bogen von den Kammerspielen zurück zu MICHIS BLUT. Ein schöner auch.

29.11.82

Bin beim Proben für die MAGDALENA. Viel Zeitverlust, wenig Kunst und wenig Freude. Es läuft zäh und unengagiert – es ist eben Arbeit, wie man so sagt, schlichte Arbeit. Heute 4 Stunden warten, dann Kostümprobe vor der Kamera und dann – nichts getan den ganzen Tag, aber fertig, ausgelaugt, müde, erschöpft.

Immer mehr aber auch die Einsicht, daß man – ob man es will oder nicht – auch kürzer treten muß: könnte ich nicht in dieser Zeit jetzt, die ich praktisch »vergeude«, um eine Rolle zu spielen, die zwar schön ist, aber alles in allem doch unwichtig, könnte ich jetzt nicht an meinem so dringend notwendigen Einakterabend schreiben? Würde ich ihn nicht schreiben, fertig schreiben, wenn ich Zeit – komisch, wenn ich das schreibe – Zeit hätte . . . vielleicht auch wenn ich keine Frau hätte, die ich gern hab – würd ich diesen Einakterabend schreiben, wenn ich allein und müd und depressiv in Kirchberg wär, mir die Nächte um die Ohren schlagen würde und dann eben doch – immer wieder mal in der äußersten Anstrengung – schreiben würde, fertig schreiben, was schreiben, was tun . . .

Ich weiß es nicht genau, es geht mir eigentlich schon zu lange gut – ich erinnere mich nicht mehr so genau an die schlechte, schlimme Zeit . . . Vor einem Jahr sind wir auf die erste große Autoreise gegangen, diesen November hab ich alles in allem sehr gut verbracht, mit Arbeit, mit viel München, mit Familie sozusagen, mit A. – es war kein selbstmörderischer November, es war kein Schrecken, es war nicht düster, was hab ich eigentlich getan, will mal im Kalender nachschauen.

Ja, es stimmt schon, der Monat hat sich ver/zerbröselt – viel in München, hauptsächlich hier, viel Besprechungen an den Kammerspielen, aber auch Probe MICHIS BLUT bei H., dann eben die Proben, einmal Hütte etc.

Ich hab auch hier einen sehr schönen Einakter – glaub ich – geschrieben, den vom feig/radikalen BR-Hörfunkredakteur . . .

Aber es langt eben noch nicht, und ich hab wenig Lust zum fest und hart Dahintersein.

1.12.82

Neue Umgebung – hab die Maschine mitgenommen in den BR, sitz in meiner Solo- – schönes Wort – Sologarderobe, grad erster Durchlauf von der MAGDALENA – hab die Maschine einfach mal mitgenommen, wegen dem vielen Warten.

Grad Durchlauf, es ist gut, wenn man spürt, daß man was kann – ich hab noch ziemlich viel drauf? Woher eigentlich und warum? Schauspielschule, mein Gott, das ist zwanzig Jahre her! Es stimmt! 20 Jahre, und was hab ich da gelernt? Vielleicht doch was – komisch, aber ich bin jetzt hier unter den Profis auch einer, ich kann was, ich hab ein Handwerkszeug, das merk ich und das ist schön, wenn man es merkt. (Haben die Szenen jetzt durchgespielt, da merkt man noch mehr, ob es geht oder nicht.) Doch, es geht. Ich hab jetzt auch als Schauspieler (man soll sowas auch einfach mal festhalten, für einen selber!) das erreicht, was ich mal früher, beim Bauerntheater etwa mir als Spitze der Spitzen erträumte – sollte der BR mal die Thomasche MAGDALENA machen, dann könnt ich den Lenz . . . mein Gott, war das mal weit weg, die Wurzen bei XY-

Zimmermann waren Traum der Träume, aber sowas –

Ja, mein Leben rundet sich immer mehr, es stimmt – ferne Ziele, sehr ferne von früher, werden normale Wirklichkeit. Und sie werden berechtigterweise Wirklichkeit, weil ich als Lenz okay bin. Es stimmt, was ich bin und was ich mach.

Dabei trinke ich wieder mal nichts. Und nicht trinken, nichts trinken tut mir ja so gut, es ist herrlich. Wenn ich in den Spiegel schau – ich bin relativ jung, schlank und frisch und mager – die Trinkerei hat mich nicht zu einem Krüppel gemacht, wenig Falten bisher wegen der Sauferei. Nichts. Ich hab die Kurve rechtzeitig gekriegt! Bin gut aufgelegt heute, weil ich mich so wohl fühle, die Arbeit des Schauspielers macht mir heut Spaß – längeres Stück spielen ist schön – vielleicht, vielleicht, vielleicht wird die Tournee auch gut, ich könnt es mir fast vorstellen, daß Theaterspielen schön ist . . . Hab gestern mit dem RAF-Sympathie-Ein *Kater* (der »Kater« ist zu schön . . .)-akter angefangen und gemerkt, daß das eben doch nicht ganz so einfach ist, wie es mir oft vorkommt, sozusagen: wenn ich Zeit hätte . . . könnte ichs einfach hinschreiben.

Kanns nicht so einfach hinschreiben, es ist sehr kompliziert, und wenn man nicht vollkommen drin ist, dann gehts eben doch nicht, sondern rutscht einem links und rechts wieder hinaus. Mein Sympi beschimpft den Richter gleich zu Anfang, regt sich auf und agitiert, dabei sollt er still und sympathisch sein, das wär viel besser.

Gestern beim Zeitunglesen auf was gestoßen, das das Stück, das abgebrochene, vielleicht wieder retten könnte. Da gehts ja nach dem toten Jesulein eigentlich nicht mehr weiter, eigentlich nicht mehr aufwärts, und dramaturgisch stimmts auch nicht, wenn ich jetzt in diesem Zweipersonenstück die andern reinnehm: Friedensleut und Co. Aber es gibt jetzt Arbeitslose, die einen Hungerstreik machen, steht in der Zeitung von einem – aber es sind auf der ganzen Welt wohl mehr Verzweifelte – und das wäre doch was.

Wills jetzt nicht wieder hier im Tagebuch hinschreiben und dann doch nicht im Stück, jedenfalls da könnt es weiter gehen, weil die dramatische Kurve mit so einer Aktion nach oben ginge und eben nicht nach unten . . .

Ziemlich spät. A. war heut in Bonn, ich war also allein, hatte Zeit … Sicher ist: ich möcht nicht mehr allein leben, ganz sicher nicht mehr. Klar, man will mal eine andere bumsen, man hat mal genug vom Partner, ist gern mal allein usw.

Aber übrig bleibt: ich hab mit A. jemand gefunden, neben dem ich es aushalten kann, jetzt schon anderthalb Jahre, und sicher auch noch länger. Sie reizt mich immer noch, ich mag sie, ich komm gut mit ihr aus, sie mag oder liebt mich auch – wir sind schon eine ziemlich eingeschworene Gesellschaft. Es ist gut, wie es ist.

Wenn ich dran denk, wies früher mal war – und da komm ich zum Aufschreiben von zwei Gedanken für das »Türkenstück«:

Erde, die Liebe zur Erde, auf der Erde sitzen, die Natur, aus der man gewachsen ist, das Schwere, wenn man von den Gräbern der Ahnen weg muß, die Angst, wenn man weg muß davon, dann gehen sie als Niemand ins Jenseits, unerkannt und unbekannt etc. die Erde –

ich habs im Fernsehen gesehen, eine Sendung der Indianer . . . sanft wie der Schatten des Büffels im Winter.

Und das zweite: ich war lange hier allein, wie eingesperrt, aber ich hab auch niemand hereingelassen hier nach Kirchberg? Warum?

Unter anderm: ich war den Tieren treu, die hier waren, ich war den Tieren treu.

Apropos A. in Bonn – sie muß dort wegen der Tournee nach dem Rechten sehen – sie wird immer mehr meine »rechte literarische Hand« – sie ist fleißig, beinah ehrgeizig, wahnsinnig enttäuscht, wenn es nichts geworden ist, stolz wie ein Pfau, wenn ich zufrieden bin – und dann wieder total gleichgültig, wenn sie keinen Bock hat. Aber ich brauche sie notwendigst für meine Arbeit, sie ist eine Mischung aus Sekretär und persönlicher Referent, dem man vollständig trauen kann. Daß sie literarisch was versteht und mitarbeiten kann, ist wirklich toll. Ohne sie tät der Betrieb sich schon ziemlich schwer . . . nicht bloß mein »innerer«, der wirkliche Betrieb, meine Arbeit etc.

Der Lenz ist praktisch abgedreht. Es war eigentlich eine ganz schöne Arbeit – vor allem eine schöne Rolle in einem schönen Stück. Ich glaub, daß ich recht gut war, vielleicht sogar ziemlich gut bis sehr gut. Jetzt gehen dann die Proben für NICHT FISCH NICHT FLEISCH los. Ich geh eigentlich gern auf die Tournee, ich hoff, daß es zumindest eine spannende Erfahrung wird. Dann wird man weitersehen.

An den Kammerspielen ist es eigentlich nett. Ich sollte mich in keinem Fall vereinnahmen lassen, sonst werde ich »dumm«. Der Betrieb will sich öffnen, er hat immerhin Hube und Polt und Kroetz engagiert für die nächste Spielzeit – also, es soll was Modernes, was Neues, was Heutiges in den Spielplan rein, das ist ganz klar. Zugleich aber bestehen sie darauf, daß sie schon politisch sind. Ich hab den Spielplan und die Aufführungen z. B. als ziemlich unpolitisch (vornehm ausgedrückt) charakterisiert, danach hat der eine Dramaturg im Lauf des Gesprächs so oft den Terminus »politisch« in den Mund genommen, daß wir schon wieder darüber gelacht haben. Dabei sind sie eigentlich nett, aber ob sie es wollen oder nicht, zugeben oder nicht: Leute wie Wendt stehen doch an ihrer Spitze. Komisch, ich bin sicher, meine Stücke werden noch gespielt und diskutiert und bewegt, wenn Leute wie Wendt und Co. nicht einmal mehr den Theaterwissenschaftlern bekannt sind, das verfliegt – für heute ist es schon schwer, wenn die Unpolitischen auch noch politisch sein wollen . . . (Dorn kenne ich noch nicht, aber ich weiß, er kann inszenieren.)

Morgen wollen wir nach Neu-Ulm zu der Demonstration fahren (3. Jahrestag des verhängnisvollen NATO-Doppelbeschlusses!) – »vielleicht« wären die Herrn von den Kammerspielen ja sogar mitgefahren: heut haben sie angerufen, sie besprechen grade einen geplanten DON CARLOS, natürlich geht es ihnen vor allem um die politische Deutung – und da haben sie sich mit soviel Verve reingeredet, daß sie morgen keine Zeit haben zum Demonstrieren – ich find meinen Einakter vom Radikal-Privat-Sein in diesem Zusammenhang doch ganz wichtig . . .

Ich mag sie gern, die Leute von den Kammerspielen, aber sie sind weit, weit, weit hinter der Front – und wenn ich auch nicht ganz nah dran steh, bin ich sehr viel weiter dran als sie . . .

Wir müssen morgen ganz früh aufstehen, wenn wir rechtzeitig nach Neu-Ulm kommen wollen, um an der Demo mitzumachen, aber ich will es unbedingt tun – ich kann nicht bloß dazu aufrufen und dann daheim bleiben, zumindest nicht mit 36 Jahren – außerdem will ich auch drüber schreiben, mein Einakterabend soll da ran . . .

Irgendwie und -wo will ich ja auch wieder Politik machen – es ist einfach notwendig. Und es ist wahrscheinlich besser, draußen dabei zu sein, als mit dem wärmenden DKP-Parteibuch auf Bonze zu spielen.

Grade mit E. telefoniert, sie zieht sich von der DKP auch zurück – es ist so deprimierend, sagt sie, man ist so abgeschlossen, eingeschlossen, von den andern getrennt. Bei den Intellektuellen, Künstlern und vermutlich auch Wissenschaftlern in der DKP gibts sicher eine Krise . . . obs bei der Verankerung in der Arbeiterklasse auch eine gibt? – Ich weiß es nicht. Wahlzahlmäßig ja. Dabei: je schlimmer es im Kapitalismus geht, umso schlimmer wird die Lage des einzelnen und umso anziehender müßte doch grade für den Proleten der reale Sozialismus sein – stimmt aber wohl nicht. Im Zweifel tendiert der Prolet bei uns nach rechts und nicht nach links – das hat Geschichte.

Ich muß jedenfalls unbedingt meinen Einakterabend fertig machen – wenn nicht, dann versink ich in der Scheiße von Kunst und Kommerz.

Aber die Gefahr ist bei meinem Naturell gering . . .

12. 12. 82 (morgens)

Wir fahren also nach Neu-ULM, wir sind auf, und munter. Will doch was erleben vom populären Widerstand der breiten Massen. Kann doch sein, daß man darüber erst wirklich schreiben kann, wenn man es auch erlebt hat.

Grad zufällig in den Chiemgauer Gschichten geblättert. Komisch, meine alten Sachen sind meistens besser, als ich sie in Erinnerung hab – auch diese Geschichten sind teilweise spannend und das Vorwort sehr gut. Heute waren wir in einer Buchhandlung: ein neues Lexikon, ein normales – Kroetz steht drin. Ein komisches Gefühl, man kann sich nicht entziehen, kommt sich doch bedeutend vor, dabei: wieviele Arschlöcher stehen in den Lexika der Welt?! Es hängt wohl damit zusammen, wie und daß man als Kind das Lexikon gebraucht hat, mit welchem Respekt – und wenn man sich selber drin findet, hat man eben vor sich Respekt – – –

Gestern abend in der Uni bei Th. in seinem Kurs: MICHIS BLUT wurde gezeigt vor den Studenten, in einer viel zu langen »Fassung« – die halt zustande kommt, wenn man nach 10 Jahren probiert, das nochmal zu machen, was man vor zehn Jahren gemacht hat – es war nicht gar so gut, obwohl die Gertraude eine gute »Frau« war und ist, weil sie halt sehr sensibel spielen kann, und der Niko als Mann immer noch prima ist – obwohl ehrlich: ich hatte sie/es besser, lebendiger in Erinnerung. Nur: trotzdem – das Stück hat getragen, brav und zäh wie ein Maultier hat es uns gut eine Stunde (!) getragen. Erstaunlich . . . Vielleicht gehören in ein paar hundert Jahren – wenn wir uns nicht ausgerottet haben – ein paar von meinen Stücken einfach zur Theaterliteratur, weil sie unverwüstlich sind?! Schöner Gedanke eigentlich.

Vom 2. Teil des Romans höre ich gar nichts – von niemandem, dem ich ein MS gegeben hab, auch von den Sensiblen nicht (Hündebergs, Schmiedinger). Komisch, ist das mißlungen? Ist da was faul, oder ist es hart, zu hart, um was zu sagen?! Weiß nicht genau.

Grade auch das 1. Kapitel vom Mondscheinknecht gelesen: sehr gut eigentlich. Es stimmt einfach. Das Früher und Heute ist glaubwürdig verwoben. Die Sätze laufen von selber, die Bilder stehen und halten, was sie versprechen. Saubere, ehrliche Arbeit merkt man (ich).

Es geht schon dem Jahresende entgegen, kann allmählich schon Bilanz ziehen. Vor allem der 2. Teil vom Mondscheinknecht wurde geschrieben in diesem Jahr, das ist das wichtigste bis jetzt. Das Stück scheint zu gedeihen, und auch der Einakterabend könnte kommen – beides nicht mehr heuer, aber es ist angefangen, teilweise weitgehend geschrieben . . . das schaut nicht schlecht aus.

Schauspielerisch war es ein langsames Jahr: den Hermann im Hörspiel, vier Tage die »Ratte« im Tierpark und zum Schluß allerdings was Gutes und gut Gespieltes: den Lenz. Es geht also auch . . .

Inszeniert hab ich bloß das Hörspiel.

Artikel hab ich nicht viele geschrieben, aber sehr viel Tagebuch, was ja auch eine literarische Form ist . . .

War also fleißig, und es war ein sehr gutes Jahr in jedem Fall. Für das nächste Jahr sind die Weichen schon heuer gestellt: die Tournee und dann die Inszenierung an den Kammerspielen – das wären schon zwei Drittel des Jahres und dann die Stücke vielleicht fertig – wär genug. Und dann vielleicht wirklich nach Indien drei Monate, es wär schön, glaub ich . . .

Und vor allem noch: bin glücklich mit A. und unserm Zusammenleben, trotz allem Auf und Ab, das es auch gibt: bin sehr sehr glücklich und will 83 mit ihr so leben wie 82: eng zusammen. Es tut mir sehr, sehr gut! Trinken tu ich wenig, essen auch, bin leistungsfähig und dünn . . . Gesundheitlich war der Anfang mit dem Krebsverdacht übel, dann aber und vor allem jetzt gegen Ende gehts prima.

Auch – schon fast vergessen –: rauchen tu ich bloß noch Pfeife, hin und wieder eine Zigarre, keine Zigaretten mehr. Das tut mir sehr, sehr gut. Und heut war ich beim Zahnarzt, Zähne auch vollkommen gerichtet – wie neu der ganze Kerl!

Politisch seh ich die kommenden Jahre, oder das nächste als Wegkreuzung: in einen nuklearen Krieg oder nicht? Durchbrüche bei den Abrüstungsverhandlungen wären für uns in Europa das wichtigste. Sonst schaut es schlecht aus/Nord-Südgefälle wird immer schlimmer. Wie sagte auf einem der eitlen politikerallgemeinen Friedenstreffen ein Teilnehmer aus der Dritten Welt sinngemäß: ihr lamentiert vom Nuklearkrieg und vielleicht ein paar hundert Millionen Toten. Wenns so weiter geht wie bisher zwischen euch und uns (Industrieländern und Entwicklungsländern), sterben in den nächsten zwanzig Jahren eine Milliarde Menschen an Hunger, Kälte, Arbeitslosigkeit und Krankheit . . .

Verrückte Welt, elende Welt. Ich bin sicher, wir haben die schlechteste Welt, die man sich vorstellen kann. Es hätte auf einem Planspiel nicht schlechter gemacht werden können: die Welt ächzt in ihren Widersprüchen – und wenn ich auch nicht glaub, daß ein Nuklearkrieg die Menschheit ausrotten wird (es gibt Teile in der Welt mit sooo vielen Menschen, die überleben werden, und vielleicht, wenn WIR endlich tot sind, auch die verbleibenden Ressourcen der Welt nutzen können und eine ganz neue Kultur haben werden, vielleicht eine bessere, humanere, lockerere . . .) – von Goethe bis Kroetz und vom Abendland wird nichts mehr übrig sein. Meine Konsequenz: höchster Einsatz für Frieden und Abrüstung als Mensch und Künstler! Überall dabei sein, wo es gegen Rüstung und Hunger geht, im Schreiben und Leben. Und politisch: die Grünen unterstützen, weiter unterstützen und nach wie vor unterstützen, nicht die SPD, die jetzt in der Opposition wieder sich links gebärdet und, wenn sie dran wäre, nach rechts driftet. Die Grünen sind mehr Zukunft und mehr Sicherheit für Treue zu dem, was sie vor den Wahlen sagen. Vielleicht auch den Grünen beitreten?! – Kann sein, aber gut überlegen, weil wenn ich da dann wieder austret in ein paar Jahren, ist es ganz vorbei mit mir und ich bin bloß noch ein Arschloch . . .

Muß ja nicht sein.

Finanziell geht es gut, die Steuern drücken, aber ich kann zahlen und das Geld insgesamt ist mir nicht mehr so wichtig. Und meine Stücke werden gespielt: Fisch-Fleisch war an 4. Stelle der meistgespielten Stücke überhaupt im letzten Spielzeit-Jahr! Ein großer Erfolg!!!

Sollte der Einakterabend fertig werden, wird er ein Erfolg, und das Hungerstück »Brot« (?) auch. Da bin ich sicher.

Also: es geht gut, ging gut 82, wenn 83 so ähnlich weiter geht, bin ich sehrsehrsehr zufrieden.

Ich bin in der Mitte meines Lebens, und beginne mich zu finden, nicht, wie Dante, zu verlieren. War vielleicht zu lang verloren vorher.

Nachrichtenmagazin
DER SPIEGEL

Betr: Gespräch mit Kurt Rebmann Nr. 1/83 – Leserbrief

Wenn man genau hinhört, was der schwäbische law-and-order Mann von sich gibt, welche fantastischen Geistesverrenkungen er vollführt, um das Notwehrrecht der Polizei am eigenen Bild zu etablieren, ohne eine Sekunde an das wirkliche Notwehrrecht der Menschen gegen Rüstungswahnsinn, Umweltmord und Atomstaat zu denken, geschweige an das Notwehrrecht des Mannes/der Frau, den der sensible, fotoscheue Polizist grade niederknüppelt, dann muß man das Ganze schon zweimal lesen, weil man zuerst das Gefühl hat, da redet ein türkischer General.
Daß es bei uns Menschen gibt, deren demokratische Grundstrukturen leider aus einer andern deutschen Zeit stammen, weiß ich, aber daß manche von ihnen so forsch und laut mit dem Grundgesetz unter den Schuhen Polizeistaat statt Rechtsstaat propagieren – und das tut Rebmanns »ultima ratio« praktisch in jeder seiner Äußerungen –, wird noch lang dafür sorgen, daß meine Distanz zu diesem unserm Land usw. sehr deutlich bleibt.

Freundliche Grüße
aus Bayern von

5. 1. 83

Brief gestern noch abgeschickt. Wollte es an sich nicht tun, weil ich das Gefühl hatte, es ist sowieso sinnlos, niemand druckt – grade von mir – so einen leider wahren Brief ab, gerichtet gegen eine der Heiligen Kühe unserer Republik – den Generalbundesanwalt, der doch an vorderster Front im Kampfe gegen die bösen Terroristen vor allem von links (wie auch anders!) steht. Aber warum nicht, ich kann ja verfolgen, ob gedruckt wird, oder nicht... schlecht ist der Brief nicht, und wichtig wär er auch.

Ansonsten stecken wir in den Proben, Gott sei Dank, daß ich/wir eine Arbeit haben. Es ist sehr still wieder mal, kaum ein Anruf, obwohl ich sssoooo viel zu tun hab/hätte, vor allem Streit mit dem Schriftstellerverband, die Vorbereitung von drei (!) neuen Büchern von mir:
Roman Fortsetzung
Frühe Stücke/Frühe Prosa
Band mit Materialien...

Ein anderes: Die Tiroler Elegien hab ich angefangen durchzuarbeiten, sie sind viel besser, scheint mir inzwischen, als damals, als ich versucht hab, praktisch alles wegzuschneiden/streichen (mit Schere und Filzstift). Jetzt laß ich mehr Luft, und das ist besser.

Die Proben sind anstrengend, aber auch schön. Es macht irgendwie Spaß, mehr Spaß als beim Fernsehen, weil eben doch Zusammenhänge sind, weil man eine ganze Rolle und nicht bloß Teile spielt, weil man selber das meiste machen kann, nicht erst die Figur/der Film durch Schnitt und Musik bestimmt werden. Die Theaterarbeit ist weniger entfremdet. Der 1. Akt steht praktisch... Morgen gehts in die Umschulungsszene – schwer, weil sooo lang, und literarisch nicht immer gut. Obwohl das natürlich Absicht des Autors ist. Das Stück selbst finde ich gut, besser, als ich es in Erinnerung hatte, etwa die Oktoberfest-Szene, höchstens als Abrunder, Füller für den 1. Akt gedacht, die hat schon Horvath-Niveau. Jeder Satz sagt was über die Figur, und ganz desperat das Ganze, aber gut.

24.1.83 in Bad Godesberg

Wir sind gestern abend angekommen. Hier. Wir stehen auf dem Theaterparkplatz, haben die Erlaubnis. Sind im Wohnwagen – es ist wohl besser als in einem Hotel.

Bin heute ziemlich deprimiert – kommt alles zusammen. Alles... Hab einige Zeit nichts mehr notiert: Also, wir waren in München, haben in Garching im Bürgerhaus ganz gute Proben gehabt, praktisch jeden Tag, und an einem Wochenende sind wir nach Kirchberg gefahren. Dann war am 20. die letzte Probe, und dann sind wir wieder nach K. und haben dort noch alles gepackt, und ich hab das Büro fertig gemacht, und dann sind wir vorgestern los, bis zur Hütte, haben da die Nacht verbracht und gestern dann in ca. 8 Stunden hier herauf. Es ist ganz gut gegangen.

Die heutige Probe ist schlimm gewesen, ziemlich schlecht – und es liegt nicht bloß an der Umstellung und auch nicht bloß am Reisetag usw. – wir sind überhaupt noch nicht gut: ICH STELLE SCHMERZLICH FEST WIE SCHWER ES IST WIRKLICHEN REALISMUS ZU MACHEN.

Was heißt machen: andeuten gelingt uns bereits nicht.

Ich hab den Dreh auch noch nicht raus. Was ist der Hermann? Ich will ihn hart, so hart und unbeweglich, daß er dann eben von den andern zerbrochen wird/werden kann. Ich müßte introvertierter sein, leiser auch, glaub ich, ich müßt immer denken, immer unter Strom stehen. Ich glaub, daß ich schon mal ziemlich nah dran war, aber dann hab ich es wieder verloren. (Vielleicht hängt es auch mit der Lesung zusammen, die ich am 17. gemacht hab: aus den Einaktern – sie sind gut angekommen, war ein guter Erfolg die Lesung, auch wenn ich selber nicht so ganz zufrieden war...)

Ich muß mir für die Figur noch irgendwas überlegen, ich weiß noch nicht genau was, aber es muß was Eigenes sein. Es muß auch eine Haltung von Besserwisserei sein – er durchschaut die andern alle immer, ob es der Edgar ist, die Firma, der Chef – die Frau, er fühlt sich von allen hintergangen und will alles durchschauen. Er hat auch für alles Erklärungen, aber das ist nur die eine Seite, die andere ist eben auch ganz solides Klassenbewußtsein, das fällt mir sehr schwer, das zu spielen, einfach solides Klassenbewußtsein ohne Wenn und Aber. Das hat er nämlich, wenn er vom Lodenfrei spricht und davon, woher der das Geld hat. Ich weiß selber nicht genau, wie es gehen muß, aber ich hab diese Figur nicht halb so gut wie den Lenz.

Gestern hab ich auch getrunken, nicht gar so viel, einen guten Liter Wein, aber ich bin heut ziemlich fertig gewesen deshalb. Der Alkohol ist eigentlich überhaupt bloß Scheiße, wenn man es ganz genau nimmt, ist er sonst nichts. Komisch, und immer wieder fall ich mal drauf rein...

Wenn die Premiere war und ich mich gut oder besser fühl in der Rolle, dann will ich was tun, will es einfach ausnutzen. Ar-

beit hab ich genug dabei:
    der Einakterabend sollte fertig werden
    das kurze Stück Weihnachtstod
    das Hungerstreikstück
    der 3.Teil vom Mondscheinknecht
    das Bauernsterbenstück
    Tiroler Elegien
    Tja, es wär genug zu tun.
Warten wir mal ab, jetzt sind wir erst einen Tag da, und
morgen sieht man weiter – an der ersten Stelle steht vorerst die
Rolle, weil ich auch für mich ganz persönlich was hinkriegen
will, was so gut ist, daß ich es wirklich 86 Mal spielen will,
wenn ich schon muß.
    Drei Tage nüchtern will ich ab sofort sein. Obwohl ich das
Gefühl hab, es sollten zehn oder mehr Tage werden, weil es so
nicht weiter geht, oder schon geht, aber einfach zu blöd ist.

27.2.83

Mein Geburtstag war ein echter Tag voll Leben, mit sehr
schönem Beginn, sanften Momenten (z.B. mein langer, ein-
samer Aufenthalt nach der Vorstellung auf der Bühne und im
Zuschauerraum: jetzt bin ich doch zurückgekehrt an den Anfang!!! – das gute Gefühl, daß ich wirklich noch spielen kann
auf der Bühne, daß ich trage, halte, ankomme – daß der Schauspieler nicht verlernt, sondern ziemlich gut beherrscht ist),
dann einem massiven Besäufnis, das ich heut noch in den Knochen spür, und dann die unvergeßliche Auseinandersetzung,
die Schlägerei zwischen A. und mir, am Rande mit der L. Es ist
schon komisch, wenn man sich vorstellt, welche Aggressivität
man in sich hat, denn ich hätt sie ja am liebsten, mitten im
Kampfe, einfach kaputt geschlagen, das stimmt einfach, und
sie mich wohl auch, dann die Scherben, der ganze Müll um
einen rum beim Aufwachen, und dann schon nach dem Aufwachen die Sehnsucht nach dem Geliebten, einfach die Sehnsucht, der Ärger, die Wut, der Haß auch, verraucht, die Sehnsucht sofort wieder da, und dann kommt sie, und man ver-
söhnt sich, man will, kaum zusammen, wieder ineinander,
man kommt gleich ineinander, man hat sich wieder, wunder-

bares Gefühl – tief und echt, nachdem man dem Geliebten mit ganzer Kraft in die Fresse geschlagen hat. Versöhnung hält noch an – aber: man kann sich ja nicht immer, wenn die Beziehung müde wird, in die Fresse schlagen, daß man nach dem Suff nicht mehr genau weiß, ob der andere nicht im Krankenhaus ist – das geht ja nicht (immer jedenfalls nicht!!!), aber gut tut es, sich hin und wieder zu prügeln, es reinigt, es erlöst, es macht klar, und man schlägt die Beziehung gesund – sofern es eine ist, die was aushält, das ist klar – aber die unsere ist, alles in allem, nach genau 20 Monaten immer noch bärenstark!

Trotzdem: der Mensch als Tier, diese Rückfälle wie Aufschreie, die – einzig noch! – den Wahnsinn, in dem man lebt, erträglich machen. Tierisches Verhalten als Ventil, Abreaktion gegen Selbstmord und Verzweiflung. Darüber schreiben, eine Mischung aus Bär und Eichhörnchen am Schreibtisch. Tatzen auf den Tasten und losbrüllen? Ja.

28.2.83

Mit Worten: der Februar ist vorbei in ein paar Stunden. Wir sind schon fünf Wochen da, ich mach viele Erfahrungen, ändere oft mehrmals an einem Tag die Meinung über das Problem Volkstheater/episches Theater, Politik oder/und Poesie, Frau etc.

Es tut sich einiges in mir, auch wenn ich kaum dazu komm, es aufzuschreiben. Die Tage vergehen so schnell...

Unsere Aufführung »hält« – sogar nach meinem Geburtstag hat sie gehalten, wir kommen prima an.

Und inzwischen denke ich auch oft: die Leute, denen es zu wenig ausgestellt, zugespitzt, zu harmlos, zu normal ist – was wollen die wirklich? Uns fehlt für unsere Inszenierung doch bloß das richtige Publikum – wenn wir in Fabriken spielen würden, ich bin sicher, wir könnten mit der Wirkung unserer Aufführung sehr zufrieden sein, die Menschen würden sie verstehen, nachvollziehen können, Stellung dazu/dagegen beziehen etc. Wir spielen menschliche Menschen, menschliche Konflikte, wir haben das, was unter Menschen stattfindet, nicht ausgeklammert, sondern wir unterwerfen uns während der Aufführung den Bedingungen, unter denen die meisten

Menschen leben und leben müssen und die sie kennen. Vielleicht sind wir mit dieser Inszenierung weit weg von der reinen, hohen Kunst, aber sicher nahe an den Menschen dran, die es angeht (wir haben das Publikum, das wir eben haben, sowieso auf unserer Seite mit viel Applaus und Bravo und Sympathie) – Hab die Briefwahl erledigt: die Grünen mit beiden Stimmen – der Direktkandidat in meinem Wahlkreis der Grünen ist – die Rehmann Ruth. Das hat mir schon einen Schlag versetzt, jetzt haben mich solche Leute auch schon überholt, denn ich hab nicht mehr zustande gebracht als ein bißchen öffentliche Sympathie für die Grünen, mit Unterschrift unter Wahlaufruf und Plakette-Tragen – mehr nicht. Es ist mir zu wenig, eigentlich zu wenig. Ich merk es auch beim Schreiben/Schreiben-Wollen, daß mir die Tat fehlt. Nichts kann die Tat ersetzen, denke ich oft, die normale politische Tat/Arbeit – aber wo und wie und wann?

Die DKP ist doch ein größerer Klotz am Bein für meine Zukunft, als es mir selber oft scheint: In der Öffentlichkeit bin ich ein heimatloser oder gestrandeter Kommunist, und ich selber hab eben auch noch viele Verhaltensmuster einer straffen, harten Ideologie in mir, die eben in einer harten, straffen Partei zum Ausdruck kommt. Ich bin eigentlich kein Grüner, und ich merke es – außerdem habe ich das Gefühl, wenn ich dort einsteigen würde, dann wäre ich auch bloß sowas wie ein Trittbrettfahrer, einer, der auf einen fahrenden Zug aufspringt, einer, der sich einer Bewegung anschließt, die er nicht zum Rollen gebracht hat, etc.

Aber Probleme macht es mir, und ich kann mir ein längeres Leben eigentlich nicht vorstellen, ohne auch mal wieder direkt in die Politik einzusteigen. Ich merke aber, daß ich wirklich nicht genau weiß, was ich will und wie ich es will, ich merke es, daß mir eine andere Ideologie nachhängt, daß ich sie zwar abgeschaltet habe, daß sie aber die Leitungen noch belegt hat und daß ich mit den Alternativen, Grünen, Bunten etc. eigentlich nichts am Hut hab, weil ich denk: Politik ist Klassenkampf und braucht Waffen in jeder denkbaren Art und muß organisiert sein etc. – und das alles findet halt bei den Grünen – na ja – alternativ statt.

Weil wir soviel Theater haben und SIND, kommt der Wahlkampf (schon wegen der herrlichen Abwesenheit von Fernsehen und Funk) kaum vor. Ich denke es mir so, daß die CDU/CSU stärkste Kraft wird, die SPD folgt, die FDP leider wieder hinein kommt (wenn auch mit 5 Komma…) und die Grünen am unsichersten dran sind, leider. Es kann sein, daß die SPD denen die Stimmen abzieht, die sie brauchen würden, mit ihrem verlogenen, cleveren, linken, ökologischen Wahlkampf. Vielleicht drängen sie damit die Arbeiterschaft zur CDU und die Grünen unter die fünf Prozent. Wie auch immer, mir scheint, die Konservativen werden gewinnen. Ich hab bisher selten recht gehabt mit Prognosen, hoffentlich diesmal auch nicht! Aber ich geb es zu: diesmal beschäftigt es mich nur am Rande, das Theater frißt mich derzeit auf. Jeden Abend spielen (heute 25. Vorstellung!!!) bringt einen an den Rand dessen, was man leisten kann.

An wirkliches Schreiben ist nicht zu denken, ich komm aber mit dem OPUS I einigermaßen weiter, es könnte rechtzeitig Ende März zum Kopieren in Kirchberg fertig sein! Mehr zu tun, ist nicht drin – allerdings: ich lebe zur Zeit, voll und kräftig, und das WILL ich auch.

2.3.83

Immer diese Tiere – die einen verfolgen. Mich. Hab das Gedicht für den »Kollegen« gemacht. A. hat mich angestachelt.

Schönes Gefühl, so ein Gedicht. Ist irgendwie eine schnelle Form, kann gut reagieren damit.

Sollte vielleicht öfter Gedichte schreiben. Warum nicht? Will überhaupt, wenn es geht, wieder mehr schreiben, es tut mir gut, oder besser als die elenden Überlegungen, ob wir eine Produktion gemacht haben, die gut, mittel, gar nicht ankommt – bewegen tut sie nichts, das ist klar, in den Herzen der Menschen sicher nicht. Das weiß ich schon.

Ist Schreiben die direktere Form des Wirkens, des Einwirkens auf die Menschen? Kann sein.

Meine Leidenschaft für die Bühne läßt jedenfalls nach. Auf der Bühne ist alles zuerst mal possierlich, lieb und brav. Es ist eben nicht echt. Die Echtheit kann man nicht jeden Tag wieder herstellen. Auch daran krankt das Bühnenerlebnis. Nach rund 30 Vorstellungen verliert alles seinen Sinn, den wirklichen, das

Anliegen erlahmt. Man ist selber durch, weiter – die Fragen, die sich täglich stellen, können nicht abends auf der Bühne abgehandelt werden.

Die Tournee strengt mich sehr an, nach der Vorstellung bin ich meistens erschöpft, traurig, unglücklich. Es könnte sich – für einen längeren Zeitraum gesehen – hier auch ein langsamer Abschied von der Bühne ankündigen. Theater – die Abonnenten – die Räume – der Kunstanspruch – mit Kunst-Stücken kriegt man die Menschen nicht zum Denken, Leiden, Fühlen. Ich denk gern an meinen Roman – an das Schreiben. Das Theater ist traurig, fast tot?!

Welche Farbe hat der Tod?

Zur Erinnerung an die Tötung eines eingesperrten, zitternden wunderbar bunten – Lebens.

In einem kleinen, miesen Theaterstück –
so grau, trostlos, so elend –
bist du,
Papagei bunt.

In deinem Käfig – deinem? –
sitzt du und zitterst
auf deiner Stange – deiner? –
Bist krank.

Is erkältet, heißt es –
is zugig auf der Bühne, heißt es –
wird wohl krepieren? – Kann sein,
heißt es.

In ihrem kleinen, miesen Stück
wollen sie es bunt und fremd.
Deshalb haben sie dich – gekauft –
und zerren dich auf ihre Bühne.

Die Grauen, Elenden, die Stadttheaterlakaien,
die trübsinnig stumpfen Kunstproduzierer,

278

haben sich dich
unter ihre schmutzigen Nägel gerissen.

Wenn sie die Premiere – hinter sich haben –
mit dir als buntem Fleck – lebendig bunt –
werden sie sich mit fremden Federn
geschmückt haben.

Die Feigen. Ja, die Feigen –
weil selbst zu Farben zu feig sind sie –
Farben tragen braucht Mut –
ihr Farbkrüppel.

Sie machen mit dem kleinen miesen Stück
eine Tournee
durch elende, kleine, graue, deutsche Städte –
sie zerren dich mit sich.

Du wirst im zugigen Bus sein,
in kalten Hotelzimmern warten.
Aus dunklen, offenen Hinterbühnen
werden sie dich in die Hitze der Bühne reißen.

Du wirst bald tot sein.
Das wirst du nicht aushalten.
Was nützt es, wenn ich weine.
Und: Vögel sterben schnell. Schnell.

Denen, die dich »opfern« für ihre graue Kunst,
die Mausgrauen, Künstler –
nehmen ungerührt den Tod
ihres bunten Kollegen in Kauf –

Ich sage Euch, ihr Würdelosen,
ihr elenden grauen Buchstabenproduzierer –
ich wünsche Euch in eure leeren, kalten Augen
Farbenblindheit.

2.3.83 (abends)

Besonders starke, beinahe körperlich schmerzhafte Depression – ich bin so verzweifelt, das Theater – Theater? Mein Gott, wenn man nicht Gründgens heißt, die herrschende Gesellschaft als Konservativer gut findet, wie kann man dann Theater machen? Theaterleute sind doch bloß die Kasperl der Herrschenden. Es ist wahr. Ich fühle mich so gedemütigt. Nach jeder Vorstellung habe ich ein elendes, tiefes, verzweifeltes Leer-Sein in mir. Nach jeder Vorstellung.

Aber was stell ich mir denn vor? Daß Theater Revolutionen auslösen könnte? Was für ein Dummkopf bin ich, schreib 15 Jahre für Theater und – erstmals – mit dem Publikum konfrontiert für längere Zeit, verfalle ich in Trübsinn. Wie wenig man auf der Welt verändern kann. Ich denke oft: was für ein Scheinreich habe ich mir aufgebaut mit der Literatur, wie mächtig komm ich mir vor und was für ein Zwerg bin ich. Wäre es nicht besser, zu sterben, statt in diesem Wahn zu leben, man könne mit Literatur etwas verändern.

Die das Fernsehen haben und den Funk, die Zeitungen und die Illustrierten, die Filmproduzenten (die großen!), sie können »verändern«. Wie arm und sinnlos ist es, den MOND-SCHEINKNECHT zu schreiben und auf irgend etwas zu hoffen.

Oft bin ich schon so in der Defensive, daß ich denk: wie ist es mit der Malerei, van Gogh, seine Blumen: was hat das verändert? Wohl kaum was. Sind deshalb die Blumen sinnlos, die er malte? Warum sie malen, wenn man sie doch in natura sehen kann/könnte?

Soll ich aufhören, mich zu verteidigen, soll ich sagen: der malte Blumen – ich male Menschen, ich versuche, sie in ihrem Leid und in ihrer Freude zu malen, ich will gar nichts damit erreichen, als sie gemalt zu haben. Ich kann mich nicht mehr hinstellen und sagen: ich will mit meiner Literatur die Welt verändern – ich müßte dann eine andere Literatur schreiben – ich hab sie nie geschrieben, das hat nichts mit DKP zu tun, oder Politik, denn: HEIMARBEIT, STALLERHOF, WUNSCHKONZERT, OBERÖSTERREICH, MENSCH MEIER, NICHT FISCH NICHT FLEISCH – es ist eine Linie von Gemälden. Die Maler sterben aus, ein van Gogh wäre heute nicht mehr denkbar – ich glaube, auch die Menschen sterben aus, das Theater wird sterben, die

Literatur wird sterben, die Kunst wird sterben, und danach, nicht lang danach, werden die Menschen sterben. Das Prinzip Mensch neigt sich dem Ende zu. Wir können nicht mehr sehen, nicht mehr hören, nicht mehr fühlen, nicht mehr leiden. Ich weiß, daß der Kapitalismus daran schuld ist. Nur der Kapitalismus? Woher kommt der? Sind 100 000 Jahre Menschheitssystem schuld? Sind die Systeme nicht Produkt der Menschen – wie umgekehrt? Ich weiß, daß die Menschen sich unter Zwang deformieren. Ich weiß es. Aber ich werde älter, und je älter ich werde, umso feiger, scheuer und depressiver werde ich. Ich wachse meiner Bestimmung zu: Maler zu sein, getreuer Maler, Chronist der Leidenden, der Weinenden, der Untergehenden, der Vergessenen.

Denn auch mit Nicht Fisch Nicht Fleisch – was wollte ich denn anderes zeigen als den leidenden und den kämpfenden Menschen, getreulich seinem Abbild. (Die Erklärung ist viel zu kurz, sie greift nicht...).

Heute eine Diskussion mit zwei Schulklassen, schmählich und elend: die können weder zuhören, noch sind sie interessiert – nichts. Vollkommen sinnlos. Die Probleme gehen sie halt nichts an. Ginge sie eine Sonnenblume von van Gogh was an? Könnten sie was damit anfangen? Hätten sie die Kraft, Staat und Revolution von Lenin zu lesen?

Der Erfolg meiner Stücke steht in diametralem Gegensatz zu meinem Gefühl: der Erfolg ist groß, ich bin klein und hilflos.

Wer kann sagen, er hätte eine Sonnenblume gesehen, bevor er eine von van Gogh gemalte gesehen hat? Aber was nützt es, wenn die Menschen blind werden? Für wen noch malen, für wen schreiben?

Es werden weniger, das weiß ich. Wir werden reif für die Atombombe, immer reifer für sie.

7.3.83 Bonn im Wohnwagen

Grade die gestrige Handschrift »rein« geschrieben. Hin und wieder könnte man auch mit der Hand schreiben, es würde schon gehen, aber ich mag halt nicht so recht.

Die Wahl war spannend, es schaute so aus, als würden die

Grünen unter die 5 Prozent fallen, wenn auch knapp, die Schwarzen an 50 ran kommen und so die absolute Sitze-Mehrheit kriegen. Nun, das ist nicht passiert – es schaut so aus: CDU/CSU 49.0, SPD 38.3, FDP 6.7, Grüne 5.5. Sitze 245, 199, 33, 27 (+ 19 CDU/CSU, −27 SPD, − 20 FDP).

Also für die Reaktion eine satte Mehrheit, die Menschen – scheint mir – haben sich in der Mehrheit gedacht: gegn die Kapitalistn ko ma hoid aa ned regiern, de ham de Macht und zoagn as uns, etza wähln ma die Schwarzn, vielleicht kena ma dann die Kapitalistn wieda in Stimmung bringa und gnädig macha fia uns (z. B. Arbeit!!!).

Die Menschen haben Kohl und Co. den Aufschwung geglaubt, den die zwar nicht (überhaupt nicht!!) gebracht haben, aber für sich reklamieren. Vogel hat mit seinem Rundumundimmerichbinderbessere-Geschwätz seine Partei und die Grünen kleiner gekriegt, als es hätte sein müssen. Die Sozialdemokraten werden sich umschauen müssen, nach allen Seiten – die Zeit des Regierens wird für lange Zeit vorbei sein, der alte Wehner wird recht gehabt haben. Die Grünen sind drin, das ist der eigentliche Erfolg, obwohl dieses Sandkorn im Getriebe natürlich parlamentarisch zermahlen werden wird – wir könnten höchstens in Zukunft sowas wie Bürgerkriege kleinerer Art bekommen, aber die »Legitimation« für »Pershings« etc. hat der Kohl von dieser unsäglich blöden deutschen Bevölkerung (Bayern: 60,7 CSU, 28,2 SPD, 6 FDP 4,4 Grüne) erhalten.

Man denkt ans Exil, man denkt immer öfter daran, als daß man es als reinen Spaß abtun könnte: ich möchte, wenn die Rest-Deutschen in der BRD unbedingt eine neue Katastrophe haben wollen, nicht unbedingt dabei sein, soweit geht meine Liebe zum Vaterland und zu den Landsleuten nicht.

Die Pershing – vor allem die, weil die am schnellsten, am weitesten und am genauesten sind – machen unser Land einfach zum Schauplatz einer kommenden Auseinandersetzung, sie sind es eigentlich, die uns von den USA abkoppeln, weil wir vorgeschobener Posten sind, einer, den man halt aufgeben kann, wenn es sein muß, ohne daß im Mutterland Blut fließen muß. Trotzdem glaub ich – für die nächsten Jahre – nicht an einen europäischen Atomkrieg, einfach weil Europa zu klein ist, zu dicht ist, zu eng ist – hoffentlich lieg ich damit richtig.

Übrigens in der Zeitung: eine 200 Megatonnenbombe (zehntausendfache Wirkung der Hiroshima-Bombe) würde – Fallstudie England – zwei Drittel der Bevölkerung, also ca. 40 Millionen Menschen töten – eine Bombe! Eine bloß! Vielleicht wird es sozusagen die internationale, fast planetarische Gerechtigkeit erfordern, daß die reichen Kontinente, die jetzt auf Kosten der armen leben, sich auslöschen, dann werden eben Europa und Teile der USA und Teile um Japan etc. atomverseucht sein, und damit wird dann die Möglichkeit gegeben sein, daß Afrika, Lateinamerika, Indien etc. aufstehen und »leben«, blühen können. Ein gespenstischer Gedanke. Die »Atombombe« Hunger bedroht eine Milliarde bis zwei Milliarden Menschen, die Atombombe selber höchstens eine halbe Milliarde Menschen – Paris, Hamburg, Rom, Istanbul: Wüste, auf Jahrhunderte hinaus verseuchte Wüste, so wie wir heute die Ruinen der alten Griechen besuchen, mit Raumanzügen besuchbar von Touristen, stochern im radioaktiven Staub und Gestein: »Abendland« und den Stein umdrehen und weiterstolpern im Strahlenschutzanzug.

Dafür Leben, Universitäten, blühende Kultur etc. in Afrika, in – ich weiß die Namen der Hauptstädte nicht, die dann sein werden – ein sonderbarer Gedanke. Meine Sorge ist: die Waffentechnik ist der Denktechnik des Menschen voraus, deshalb kommt es immer wieder zur Katastrophe – wer weiß!

Aber die Wahlen zeigen natürlich, daß diese Art der Demokratie den Namen nicht verdient, die ist einfach lächerlich! Es ist bloß ein Anzeiger für die Entwicklung des Bewußtseins, mehr nicht. Gerecht ist diese Form der Demokratie nicht, ich hab das Gefühl, wir leben in der Steinzeit, die Kapitalisten sind gut gerüstet mit dieser bürgerlichen Demokratie, es geht immer einen Schritt vor und einen zurück, einen vor und einen zurück – – und sie stehen in der Mitte und müssen sich nicht bewegen und nichts riskieren. Und wenn man bedenkt: was für Zombies da wählen dürfen, sie laufen einem doch dauernd über den Weg, unfaßlich! Die ganzen Menschen z. B., die einfach keine Ahnung haben, die aber sicher mehr wie 20 Prozent der Bevölkerung ausmachen, all die Menschen, die man eben einfach und wirklich als dumm klassifizieren muß (egal ob durch Geburt oder Gesellschaft), die Medien, die den Kapitalisten gehören und die alles, alles beherrschen und die Köpfe faktisch besitzen und damit eben auch die Stimmzettel besitzen und die Kreuze machen lassen.

Mir ekelt vor diesem Land, ich sag es, mir ekelt vor euch West-Deutschen, mir ekelt vor dem Heimatlandl Bayern, mir graust es.

A. sagte gestern: und für dieses Volk schreibst du überhaupt noch! Keine Zeile schreibst du mehr für die…

Sie hätte recht, wenn die Wahlen freie wären, aber sie sind nicht frei, sie sind der Ausfluß des gesellschaftlichen Seins insgesamt, und da dieses Sein von den Kapitalisten mit den neuen und alten Medien immer mehr, immer totaler beherrscht wird (wir haben doch längst den Medien-Faschismus), werden die einzelnen Menschen immer mehr beherrscht, und ihr Wille wird immer unfreier, ihre Selbstbesinnung immer stumpfer, ihr *ich* immer »verkürzter« etc.

Das hab ich ja schon in vielen meiner Stücke darzustellen versucht, und nun – in dieser neuen, alten Zeit der Reaktion – wird Schreiben wieder leichter sein, vielleicht notwendiger, weil der Feind wieder und noch deutlicher ist/wird.

Das ist aber auch ein schwacher Trost, daß in Zeiten der Reaktion die fortschrittliche Literatur sich nicht um die Stoffe sorgen muß. Sie sind da, und werden da sein in den nächsten Jahren. Sofern wir noch da sind und nicht auswandern…

Will noch einen Kaffee trinken und weiter schreiben, obwohl ich das Blatt schon aus der Maschine gerissen hatte. Wir müssen heut nach Herne, werden dort übernachten (weil hier im Nebenbau der »Minna« die Preßlufthammer die Argumente führen – wird umgebaut), dann nach Luxemburg weiter, dann noch zwei Orte, dann noch zweimal hier in Bonn – die letzten beiden Male, und dann gehts schon »abwärts« – mit der Minna, dann ist Bonn schon Vergangenheit. Aber mal ehrlich: da ich weder Bundeskanzler bin noch werden könnte, ja nicht mal eine Bürgerinitiative habe/leite etc. – da ich gar nichts bin außer Künstler in einer schwierigen Zeit, bereue ich diese Tournee nicht, gar nicht – sie hat mich viel gelehrt, sie war gut zu mir: zu uns!

Meine literarische Arbeit geht nicht weiter – außer diesem Tagebuch schreib ich nichts. Komm einfach nicht dazu – obwohl ich eigentlich gern würde, aber es geht nicht. Die abendliche Vorstellung zieht eben doch die Kraft ab, und man kann sich nicht am Nachmittag im Hotelzimmer hinsetzen und wirklich arbeiten. Es sind auch immer wieder zu viele neue Eindrücke da, die man verarbeiten muß, und das geht auch nicht so reibungslos ab.

Lese zur Zeit – mehr angeekelt als erfreut – immer mal wieder in Th. Manns Tagebüchern 19-21, mein Gott, es ist kein Wunder, daß ich dessen Romane überhaupt nicht lesen kann, so ein verstockter, hölzerner, auch liberal-reaktionärer Großbürger, den an der Räterepublik vor allem ärgert, daß er ein paar Tage keine Zeitungen bekommt.

Dabei witzig eben auch die Analogien zu meinem Tagebuch: die Sorge um die Gesundheit, die Spaziergänge, das Geld etc. Lustig ist der Einblick, den man in eine andere Dichterwerkstätte gewinnt – das macht Spaß an dem Buch (machte es auch – noch mehr – bei Brecht!) – ich werde dieses »Werk« hier auch veröffentlichen irgendwann, ich glaub schon, vor allem auch, weil sich in so einer losen Folge doch ziemlich viel kristallisiert, mehr als man eigentlich für möglich hält.

So, jetzt hol ich mir ein paar Zeitungen, geh zum Duschen, und dann fahren wir wieder mal weg...

Will wenigstens bis zur Pause, wenn es geht, das OPUS 1 fertig haben, mit einem ziemlich rigorosen Streichen vor allem (bin bei den Auffächerungen!), anders gehts nicht!

Denke inzwischen auch an ein Vorwort, in dem Gestus: damals habe ich noch aus der Lust/Freude gearbeitet, hab das »Schöne« gesucht, heute bin ich lebenskrank, und kann mich nicht mehr zerfließen lassen in die Lust der Form, des Spiels, der Freude.

Welche Zeit ist da vergangen... das müßte das Vorwort leisten.

Ohne Vorwort ist es nichts, das ist mir schon klar.

Trotz mancher Streitereien: die A. wird wohl die Frau, die Frau der achtziger Jahre mindestens sein – es bekommt mir auch. Ich merke erst jetzt, da ich jemand hab, wie elend die Einsamkeit war/ist. Verstärkt wird dieses Gefühl dadurch, daß ich heut gar nicht mehr verstehen kann, wie ich mich so lang in einem Bauernkaff einsperren konnte – daß ich das nicht früher gemerkt hab, daß ich da raus muß, wenn ich nicht vorzeitig krepieren will. Das erscheint mir komisch/absurd, daß ich das nicht verstanden und früher geändert hab.

Aber ich mußte da wohl durch. Kann sein.

Kirchberg, Mai 1983

Im Prinzip jetzt fertig mit den frühen Sachen. Sonderbares Gefühl, nicht so, als würde man etwas Erledigtes, Altes »raus-lassen«, sondern etwas unmittelbar Geschriebenes.

Das Wiederentdecken, das Herausbringen dieser frühen Arbeiten setzt voraus: Beschäftigung mit ihnen, Sehnsucht nach Beschäftigung mit ihnen. Seit Jahren denke ich an meine Anfänge, seit Jahren habe ich ein schlechtes Gewissen (mir selber gegenüber), wenn ich an den Kroetz vor 1970 denke, weil ich ihn verleugnet hab.

In einem ehrlichen, schnellen Brief vom August 1982 an S. Unseld heißt es:

»Der Gedanke, meine so einseitig ›veröffentlichte‹ Vergangenheit zu verbessern, klarer die Wurzeln herauszustellen, die mich genährt und gemacht haben, dieses Verlangen hab ich schon sehr lang, und dann vergeht es wieder, und kaum dreh ich mich um, kehrt es erneut und verstärkt zurück.

Ich bin ja nicht bloß das ›Naturtalent‹, der ›Arbeiter-dichter‹, ›der Kraftfahrer, der Dramatiker geworden ist‹, der Mann, dem Inhalt alles, Form gar nichts ist, der Realist/Na-turalist, der Kommunist. Ich bin auch mit 15 auf die Schau-spielschule gekommen, ich hab auch 1966 schon Kagel, Cage, Berio, Ligeti gekannt, ich hab Joyce und Yeats und Beckett verehrt usw., es war doch alles viel komplexer und kompli-zierter, als es derzeit veröffentlicht ist.«

In jedem Dichterkopf sind sie drin: die »frühen Sachen«, die, auch wenn sie nicht die besten sind, für den Schreiber selbst einen tiefen, fast depressiv tiefen Stellenwert haben.

Wieviele Nächte habe ich damit verbracht, mir ohne Erfolg in Erinnerung zu rufen, was ich alles verbrannt habe. Immer wieder in Krisen der Schreiberei wollte ich zurück, ins Feuer greifen, rausreißen, packen, retten, was ich zwischen 1960 und 1971 (da zum letzten Mal!) in der Verzweiflung und im Suff verbrannt hatte.

Erfolgreich, aber leer und allein, depressiv, hatte ich den Drang zurück zur Wärme der frühen Arbeiten; ich hatte die fixe Idee: alles, was du jetzt sagst, ist nur ein kleiner Teil, ist falsch, ist zu wenig, irgendwann hast du dich mit dem gleichen Thema früher schon mal beschäftigt, und da hast du es genau und gründlich gesagt. Dann aber verbrannt und vergessen. Dieses Gefühl, »zufällig« auf dem richtigen Weg gewesen zu sein, zufällig diesen Weg vernichtet zu haben, und nun von den Überresten zu leben, trieb mich oft zur Verzweiflung, machte mich ungerecht gegenüber meiner Arbeit: mein Gott, diese simple realistisch-naturalistische Art zu schreiben, wenn du so weiter machst, dann wirst du wirklich ein Fernseh-Realismus-Spezialist. Seit dem Strammen Max, der im Frühjahr 1978 fertig war, hatte ich das Gefühl, in einer Sackgasse zu sein. Ich wußte auch, woran es liegen mußte:

»Ich habe die Kunst in einem langen Abschnitt meines Schreibens nur als Waffe begriffen gegen Ungerechtigkeit und Elend. Ich hab sie nach ihrer Wirkung bemessen und war ungeduldig, wenn die sich nicht gleich einstellte. Ich wollte einige Zeit viel lieber Politik als Kunst machen. Ich wollte ›direkt‹ eingreifen, kämpfen ›helfen‹; die Kunst schien ein Umweg zu sein.

Von diesem Standpunkt bin ich inzwischen wieder weg. Er ist zu sektiererisch. Freilich, was sind die, die ein hungerndes Volk beschreiben, gegen die, die Brot und Befreiung bringen? Aber diese Frage ist in sich undialektisch. Fortschrittliche, revolutionäre Kunst IST Brot und Waffe. Das zu begreifen habe ich lange gebraucht. Heute bin ich dabei, den formalen Aspekt in meiner Arbeit wieder in den Vordergrund zu stellen, denn ›schlechte Kunst‹ ist vielleicht gut gemeint, aber sie ist nicht Kunst, ist manchmal Waffe, aber nicht Kunst als Waffe. Das sind große Unterschiede. Das revolutionäre Kunstwerk muß den Bedingungen der sozialistischen Ästhetik genügen. Parteischreiberei, meinetwegen gut gemeint, mag ihren Wert haben, Kunst ist sie nicht.

Die manchmal notwendige Rückbesinnung auf höchste formale Qualität ist nicht Rückzug, sondern Auseinandersetzung mit der Wirklichkeit von Kunst. Zwar gibt es keine neue Form mit altem Inhalt, und reine Form ist nie revolutionär, aber andererseits kann der revolutionäre Inhalt auch nicht in alte formale Schläuche gegossen werden. Er braucht neue Möglichkeiten, radikale Ästhetik; künstlerisches Denken muß auch die Form als radikale Wirklichkeit annehmen, nicht nur als Vermittlung. Deshalb ist der formale Reifeprozeß des Künstlers wichtig. Der Umstand, daß dieser Reifeprozeß ihn periodenweise ganz auf sich selbst zurückwirft, möglicherweise für einige Zeit von den Bewegungen der Masse abschneidet, muß akzeptiert werden; Vollendung der individuellen Schaffenskraft bedeutet letztlich mehr Kampfkraft.

Der revolutionäre Weltprozeß wird immer komplizierter. Die Kunst kann ihn nur begleiten, wenn ihr adäquat komplizierte Darstellungsmethoden zur Verfügung stehen. Deshalb brauchen wir das radikale Formerlebnis in der sozialistischen Ästhetik.«

Diese Zeilen schrieb ich Wochen vor meinem Austritt aus der DKP (1980) für die Prager Redaktion der Zeitschrift »Probleme des Friedens und des Sozialismus«. Sie sind dort nie erschienen.

Vielleicht hat mich mehr als der politische Widerspruch der ästhetische auseinandergerissen? Ich begann mit den Manuskripten, die aus der Zeit vor 1970 übrig geblieben waren: reinschnüffeln, stöbern.

Das Ergebnis war zweischneidig. Einerseits Enttäuschung, weil doch vieles in der Erinnerung viel deutlicher, genauer, schärfer ist als auf dem alten Papier; andererseits fand ich Teile dessen, was mir Sehnsucht gemacht hatte nach früher: Schreiben als Freiheit, als Neugierde, als Wut und Lust, ohne Rücksicht auf Gott und die Welt, Moral und Moden, Gut und Böse.

Klar, das Politisch-Inhaltliche bleibt auf der Strecke, da ist kein Kroetz drin zu erkennen, aber ich selber, ich hab mich erkannt, ich hab einen Teil meines Fleißes wiedergesehen, meine berserkerhafte Arbeit. An dem kurzen Text Koreanischer Frühling habe ich verbissen ein Jahr (1969) gearbeitet. In die vorliegende Form wurde die Arbeit 1970 gebracht.

Der Roman Tiroler Elegien entstand im Sommer und Herbst 1967. Sonderbar: Ich wollte »in der Mitte des Lebens« zu meinen Anfängen zurück, deshalb kramte ich die alten Manuskripte heraus, und was beinhaltet die frühe Arbeit? Da schreibt einer einen Abschied, schreibt sich den Verlust von

Jugend, Träumen, Schmerzen und Schweinereien vom Leib, einer, der laut Text vielleicht so alt sein könnte, wie ich es jetzt bin. Dieses Manuskript wurde bearbeitet im Frühjahr 83.

Es hat im Original 157 Seiten, davon sind 50 Seiten nur Buchstabenspielerei, der Rest ist die Geschichte.

Die Stücke sind nach dem jeweiligen Original veröffentlicht: Als Zeus zum letzten Mal kam entstand 1966 in einer Reihe von andern absurden Stücken, darunter hauptsächlich Einakter, die wohl verbrannt sind.

Der Soldat ist die frühe Fassung (1968) des später an den Münchner Kammerspielen (71) uraufgeführten Stücks Hartnäckig.

Das Fragment In Memorandum G. O. entstand 1969 nach einem durch die Zeitungen bekannt gewordenen Kriminalfall. Außer dem vollständigen ersten Akt gibt es keine Texte dazu. Warum es Fragment geblieben ist, weiß ich nicht mehr.

Vielleicht, weil ich damals soviel Unterschiedliches nebeneinander geschrieben habe. Das Nebeneinander wurde immer weniger und hörte ganz auf. Das Bekannte entstand. Schau ich jetzt von der »richtigen« Arbeit auf die frühe Arbeit zurück, weiß ich zumindest: ich bin beide.

2. 7. 83

Es geht nicht bloß ums Theater – auch wenn man, eine Inszenierung machend, irgendwie welt-betriebsblind wird. Da wir aber hier in der Fliegenstraße keinen Fernseher haben, lesen wir – hauptsächlich ich – Zeitungen, ziemlich intensiv und viel und regelmäßig. Ich hol mir schon am Abend die des nächsten Tages und lese lang…

Ich bin also nicht schlecht informiert, und alles, was da in mir an Informationen zusammenläuft, heißt: wir stehen vor einem größern und mehreren kleinen Kriegen, in einer nie gehabten/oder für mich erinnerlichen Nähe – ja, wenn ich die Zeitungen lese, weiß ich: Krieg – in welcher Form auch immer, aber realer Krieg – ist zum Greifen nahe.

Die Amis rüsten unter ihrer Marionette Reagan (er ist und bleibt vor allem Lobbyist des kalifornischen Rüstungskapitals!) in einem Maße, das einfach dafür spricht, daß sie Krieg wollen – ihre maßlose Sucht nach Waffen, Waffen und wieder Waffen (alle ihre Gedanken kreisen in Wirklichkeit um NICHTS ANDERES!) sagt und heißt: sie kalkulieren mit der Gewalt, sie rechnen mit Krieg, und sie werden so lange rechnen, bis das gewünschte Ergebnis, Krieg, dabei heraus kommt.

Von »meinem« deutschen Volk – bin ich nicht ein deutscher Dichter? – bin ich zutiefst enttäuscht, ich merke erst allmählich, wie wahnsinnig tief diese Enttäuschung in mir klebt und mich demoralisiert: seit Kohl Kanzler ist, zuerst mit einem unwürdigen Streich, aber dann mit einer breiten Mehrheit (inzwischen laut Umfragen liegen CDU/CSU bei rund 50 Prozent der Stimmen) – ich muß mich hüten, zu denken: dieses deutsche Volk ist ein so unverbesserlicher, dummer, gewalttätiger Haufen, daß es geschichtlich logisch wäre, wenn es sich in der Hitze eines neuen Krieges wirklich bis zur Völkermarginalie vermindern würde – also ich hasse die Deutschen inzwischen fast – ein Gefühl, vor dem ich mich fürchte, das aber tief in mir drin ist – ich habe die »Wende« innerlich nicht verkraftet – wer sich freiwillig von den Herrn Strauß, Kohl, Zimmermann regieren läßt, was kann man für den noch anderes übrig haben als Verachtung? Wenn der Ausverkauf der deutschen – es sind ja gesamtdeutsche! – Interessen weitergeht, was heißt: Stationierung der 108 Pershing in der BRD – denn sie sind die Waffen, die die Amis in Europa brauchen –, dann ist ganz klar: wo immer auf der Welt es zu einer Auseinandersetzung zwischen Amis und Russen kommt: hautnah haben die Amis eine riesige Revolverkugel am Leib der Sowjets, das sind diese deutschen Pershing – also ob Südamerika, ob Golfregion, ob Naher Osten – das ist das Bedrohliche, wo auch IMMER – die Amis haben mit den »deutschen« Pershing den Finger aus nächster Nähe am Abzug – aus nächster Nähe am »Feind«, und von sich recht weit weg – sie werden natürlich keine Interkontinentalrakete zünden, wenn sie das gleiche mit einer Pershing von deutschem Boden aus erreichen können – nein, diese Raketen sind eindeutig gegen deutsche Interessen gerichtet, sie sind sogar Landesverrat, Hochverrat. Die, die ihre Stationierung betreiben und unterstützen, müßte man vor ein Grundgesetz-Gericht (wo sollte man das hernehmen?) stellen und einsperren. Damit müßte man dann rund die Hälfte der deutschen Bevölkerung einsperren – und hier komme ich zu dem Punkt meiner tiefen Niedergeschlagenheit: mir erscheint das alles so irrsinnig, daß ich das Gefühl hab, die Kunst ist dagegen real, wirklich, handlich, lohnend. Das ist schrecklich: Ergebnis davon wäre, daß man schreibt, künstlert, weil die Auseinandersetzung mit der Wirklichkeit nicht lohnt.

Ich will diesen schrecklichen, auf den Konflikt hinauslaufenden Eindruck nicht tiefer machen – aus fast jeder Zeitungsseite jeden Tages lese ich: es gibt bald wieder Krieg. Dabei wird nicht mal die Genugtuung bleiben zu sagen: ich habe es gewußt, denn das Papier wird den nächsten Krieg nicht überleben, wenn schon Stahlbeton in Nagasaki zu feinstem Staub zermahlen wurde... Es gibt zwei Zahlen aus der Zeitung der letzten Tage, die alles, wirklich ALLES sagen: im Zweiten Weltkrieg wurden rund 50 Megatonnen Sprengstoff verbraucht, am ersten Tag eines umfassenden Atomkrieges würden beide Seiten je 1000 Megatonnen zünden...

Andererseits glaube ich nicht daran, daß die Weltgeschichte sich plötzlich friedlich weiter entwickelt, das widerspricht jeder bisherigen Geschichte. Das heißt im Klartext: Wird sich dieser monströse, elende, furchterregende Staat USA von selber ausradieren? Bestimmt nicht; ist aber menschlicher Fortschritt möglich, ohne daß Amerika – wie es derzeit besteht, wirtschaftlich, militärisch, soziologisch – »aufhört«, in der Form zu sein, wie es ist?

Und zur Verständigung mit mir selbst: ich bin kein sooo großer Freund der Sowjets, die haben in ihrem Innern einen Gewaltstaat aufgebaut, von dem auch sie *freiwillig* nie mehr weg kommen. Aber, ganz einfach als Bürger des *Jahres 1983* gesprochen: nur ein Blinder, Tauber, Lahmer kann nicht sehen, hören und spüren, daß die reale Kriegsgefahr, daß die Bedrohung von Amerika ausgeht, so sicher, wie die Deutschen den Ersten und Zweiten Weltkrieg ausgelöst haben, werden die Amis den dritten und, wenn sie da nicht vollkommen zerstört sind, den vierten Weltkrieg auslösen – und wir EUROPA? – ich stelle mir vor: eine strahlende, in feinsten Staub aufgelöste große Wüstenfläche, ich stelle mir vor, im Winter paaren sich Schneeflocken mit atomaren Stäubchen, bilden bunte Kristalle, die Frühlingswinde reißen riesige Staubwolken auf, die Flüsse sind riesengroße, weil durch nichts mehr behinderte gelbweiße Adern, die Sommer sind lastend, klar und sehr heiß, der Herbst findet nichts, was er färben könnte – so geht es, vom ehemaligen Westrußland bis zur ehemals französischen Atlantikküste, und dauert viele Jahre lang, dann allmählich wachsen neue – strahlenimmune niedere, harte, graugrüne Unkrautplantagen heran, überziehen den Kontinent, geben langsam den Jahreszeiten wieder einen niedern Sinn, und dort, wo Prag, Paris und Rom lagen, blüht nach langer Zeit versuchsweise, waschhell und schwach, ein Ginsterbusch, langsam, mit der Geduld der Unendlichkeiten fängt die Natur wieder an, von Menschen gereinigt, nach Jahrtausenden –

Paris, London, Rom liegen jetzt in Afrika und Asien, manchmal, so fern wie früher von ATLANTIS, formen schwarze Lippen nachlässig jene Namen, von denen wir glaubten, sie wären der unvergängliche Schatz der abendländischen Kulturgeschichte... Michelangelo, Dürer, Picasso, Beethoven, Mozart, Goethe usw.

Einer sagt Venedig, lächelt und kann sich an nichts erinnern.

Möchte diese Vision gern für den Einakterabend haben (es gibt ja davon schon einen ersten Teil in den früheren Blättern des Tagebuchs) – ich will überhaupt, wenn möglich, einiges aus dem Tagebuch hineinnehmen in die Einakter, ich glaub, man muß dieses Stück aus Stücken möglichst sperrig, möglichst verzwickt und verkantet machen, darf sich nicht fürchten, unverständlich, verschwommen, springend zu sein – es bindet sich schon, keine Angst.

Ironie: diese Vision habend, diesen neuen Krieg ahnend, hab ich nichts Besseres zu tun, als zu schreiben/ich will es nicht rechtfertigen, denn ich spür, daß es nur eine innere Logik gibt: ich will zu dem, wo und was ich festhalten kann, wo man mich läßt und das ist meine Kunst, draußen hört niemand auf mich, bin ich niemand, nur in meiner Kunst kann ich regieren und vor allem reagieren...

Heute Samstag probenfrei gegeben, hab keine große Sehnsucht nach den Leuten.

Weil aber heute Samstag und frei ist, man also nichts zu tun hat tatsächlich, ergibt sich auch gleich der Gegenstreß: ich hab ja heut gar nichts zu tun, was tu ich denn dann? Man fällt in ein

Loch, und dieses Loch heißt Wochenende, ich werds aber schon rum bringen.

Gesundheitlich geht es mir, außer einem an- und abschwellenden Kehlkopfkrebs, der aber mit Stimme oder Schlucken gar nichts zu tun hat, sondern viel mehr – scheint mir – mit der Schilddrüse oder den Mandeln?, geht es mir gut bis sehr gut – kann eigentlich nicht klagen, esse gut und viel, aber bin nicht zu fett, schau gesund aus, hab ein bißl braun angesetzt und werde im Theater – noch – von den meisten gemocht. Die vielen Belastungen haben natürlich zur Folge, daß es mit dem Schreiben der Einakter nicht so recht voran geht, denn ich muß doch die meiste Kraft darauf verwenden, die Inszenierung hinzukriegen, und da bleibt dann an den meisten Tagen doch nichts mehr übrig für das Schreiben –

nun, das muß ja auch nicht sein, eigentlich, weil ich ja als Regisseur schon so gefordert bin, daß es nicht sinnlos ist, zu »sein« zur Zeit – und wie gesagt: was, anders als arbeiten, kann man denn tun? – Sicher, im Herbst sich beteiligen, unbedingt die Angst überwinden (wenn es geht) und sich beteiligen an den Protesten gegen die Stationierung, mit den vielen vielen andern (es sind ja doch bis 60 Prozent der Bevölkerung, die die Stationierung – isoliert gesehen – ablehnen, obwohl die CDU/CSU, die derzeit mehr als die Hälfte wählen würden, für die Stationierung ist. Einfache Erklärung: viele denken, die CDU/CSU gibt mir Arbeit und Raketen, das ist mir lieber wie keine Arbeit und keine Raketen!).

Die Friedenbewegung ist ja wirklich groß und bärenstark, scheint mir, das ist was sehr Gutes, auch wenn sie die Stationierung selber vielleicht nicht verhindern kann – weil die Amis die Raketen *hier* haben wollen und sonst gar nichts! –, ist jeder Protest ein Erfolg und kann auch für die Zukunft, vielleicht sogar die eines Krieges, etwas Gutes, weil Verhinderndes haben.

Am wenigsten interessiert mich übrigens die SPD – sie widerruft jetzt fast alles, was sie als Regierungspartei zugelassen, gefördert, zum Teil sogar erfunden hat – nein, sie ist unseriös, im Prisma der Geschichte gesehen keine wirklich eigenständige Kraft, sondern ein bedauernswerter Wurm, der sich windet, und winden heißt, nach beiden Seiten immer wieder mal den Arsch hinhalten...

So, das waren drei kräftige Tagebuchseiten, die haben mir gut getan, auch wenn ich dabei zwei Zigaretten geraucht habe und mir noch eine dritte genehmige: komisch, früher hab ich wie ein Schlot geraucht und mir weniger dabei gedacht, wenn ich heut ein paar Zigaretten rauch, denk ich mir insgeheim, ich würde den Lungenkrebs inhalieren. Meine Angst vor Krankheit hat schon was Krankhaftes bekommen, das will ich zugeben, indem ich es hinschreibe – und ich will es deshalb auch, wenn es geht, schaffen, daß ich erst im Frühjahr nächsten Jahres wieder zum Arzt gehe, ich will es aushalten, jetzt, die Zeit dazwischen.. . (Den Umstand, daß, wenn ich einen meiner gefürchteten Krebse hätte, mir wohl – meine relativ jungen Jahre berücksichtigt – kein Arzt helfen könnte, weil der Krebs die Jungen vollkommen ungehindert in wenigen Wochen zamfrißt – den Umstand will ich sowieso nicht bedenken!)

Nur noch einmal: ich glaube nicht an das Ende der Menschheit nach einem Atomkrieg, ich glaub ans Ende der Hauptteile der USA, der SU, die Ausradierung der größten Teile Europas – ich glaub an Afrika, auch an Asien als ÜBERLEBENDE... so schnell läßt sich die Natur einen Irrtum nicht korrigieren, und wenn man bedenkt, welche Probleme die Welt, die Menschen mit Hunger, Elend und Krankheit haben und was sie tun außer rüsten, weiß man: Der Irrtum sind *wir,* aber ein zäher vermutlich...

12.8.83

Es geht etwas besser als gestern. Hab heute eine Seite geschrieben, vom Einakterabend (mit dem BR-Hörspiel-Menschen, der den AGFA-Autor abwimmelt).

Sicher nichts Besonderes, eher was Kleines, aber immerhin, es WAR was – ein guter Satz pro Tag eben – das würde ja genügen.

Heute ziemlich viel Herzstechen, ich weiß gar nicht warum, bin mir eigentlich keiner Schuld bewußt, war sogar viel draußen, hab nachmittags gut geschlafen, hab nichts getrunken (will es 5 Tage aushalten – es ist *nicht* unnotwendig!).

Aber was kann man machen.

Hab heute wieder – besser denn je zuvor – eine Schaukel an den Querbalken der Hofeinfahrt montiert, und schon mindestens eine Stunde geschaukelt. Es ist schön und macht Spaß und erinnert mich an die alten Zeiten, die aber keine guten waren –

bloß –

das wird mir eben immer klarer: die alten Zeiten waren auch nicht schlechter als die jetzigen, nicht besser und nicht schlechter, und es wird so sicher auch das ganze Leben bleiben.

Das Glück – die Freiheit – der Erfolg – die Befriedigung – das alles sind nur Namen für verschiedene Prozesse, alles ist im Fluß, alles ist ein Prozeß, und in jedem Prozeß ist, während er sich ausprägt, bereits der Keim für seine Zerstörung, seine gegenläufige Entwicklung etc.

Ich neige immer mehr dazu, alles als Prozeß zu begreifen, vor allem die Dinge, die ich bisher immer ganz anders gesehen habe: *zum Beispiel die Literatur.*

Man meint nur, das wär was Festes, das wär was, das sich nicht mehr verändern würde, aber es stimmt nicht, die Literatur ist in einem fortwährenden Prozeß, und was man geschaffen hat, verändert sich mit einem – es steht nicht still – ein Satz ist nur ein Zeichen, mehr nicht, das Zeichen deute ich jeden Tag anders, zumindest in kleinen Teilen anders, deshalb, wenn ich heute meine frühen Sachen lese, weiß ich auch: ich bin in einem Prozeß im Leben, und ich liefere mich aus, während ich es bin –

während der Proben war es noch schlimmer: ich fühl es mit Händen und Füßen, daß Theater überhaupt nur ein Prozeß ist. Es gibt gar keinen vernünftigen Grund am so-und-so-vielten zu sagen: Premiere und nicht zwei Wochen früher oder später – die Premiere ist bloß sowas wie ein unnatürlicher Schlußpunkt, eine Zäsur, die mit der Arbeit und ihrem Verlaufe selber überhaupt nicht begründet werden kann, weil niemand wirklich weiß, warum man zu diesem und keinem andern Zeitpunkt den Prozeß, in den man sich eingelassen hat, herzeigt.

Das Prozeßhafte am Theater unterstreichen, festhalten und retten, soweit es geht, das sollte ich auch bei den letzten Proben nicht vergessen.

Die Premiere bloß als Unterbrechung der Arbeit betrachten, auch wenn an dem Tag dann das Letzte gegeben wird und es auch vorbei ist für mich.

Komisch: es reizt mich immer wieder hinzuschreiben: Theater ist ein Prozeß. Es ist klar und trotzdem für mich neu.

Auch: Premiere ist sowas wie der Tod. Erst an dem Tag, an dem ich sterbe, ist der Prozeß zum Stillstand gekommen. Premiere eben.

2.9.83

Ich hab inzwischen auch den MONDSCHEINKNECHT FORTSETZUNG bekommen, als Buch also, jetzt liegen beide meine Bücher vor mir. Es ist ein gutes, schönes, rundes Gefühl –

auch dann noch, wenn man bedenkt, daß Schreiben eigentlich heute bloß noch eine Rentnerbeschäftigung ist, daß der Schreibende auf die Gesellschaft kaum bis gar keinen Einfluß hat, daß man sich gar nicht klein genug in der Wirkung einschätzen kann – wirklich nicht klein genug, um an das ranzukommen, was man bedeutet: Nichts.

Ich habs mir gedacht, wie das Schreckliche mit dem Türken Kemal Altun durch den Sender ging:

ich setz mich halt hin und schreib ein Gedicht – und ich hab praktisch einen ganzen Tag dafür gebraucht, und ich hab hart gearbeitet, und ich hab echte, wirkliche und auch anstrengende *Trauerarbeit* geleistet – ich hab getan, was ich als Dichter eben tun kann: ein Gedicht machen.

Wird es in der Tagesschau verlesen? – Kommt es im Rundfunk als »Nachricht« – der bayrische Schriftsteller hat . . .

so wie: »der Bundeskanzler sagte . . .«

Kommt es in einer großen Illustrierten?

Kommt es wo?

Ich rechne mit gar nichts, ich hab mir sogar die Zeitungen ausgesucht, an die ich es schick, die »rechteste« ist die Frankfurter Rundschau, und die wird es nicht machen, vielleicht die UZ, aber sonst? Niemand, und wieder niemand, das ist sicher.

Also, es ist gar nicht so, daß so ein Gedicht KEINE Wirkung haben müßte, aber es gibt für Literatur keine Plattform mehr, das heißt, man kanns nicht mehr unters Volk bringen – ja, ich kanns für meine Einakter verwenden –

und da bin ich beim Abschluß meines heutigen Eintrags: EINAKTER ist schon der falsche Titel inzwischen, ich will was ganz andres: ich will ein DICHTERBILD der BRD und meiner GEFÜHLSLAGE VON DER BRD im Jahr 83! Ich will einen ganz subjektiven, großen, weiten Text, der letztlich an den Heine erinnern soll: DEUTSCHLAND EIN WINTERMÄRCHEN, und der alles sprengen soll, was es eben bisher gibt an Kategorien: Einakter, Zweiakter, Drama etc.

das interessiert mich eben nicht mehr, überhaupt nicht mehr, da will und muß ich raus, ich will die Teile, die ich schon hab an Drama, einfach und stationsmäßig verbinden mit Gedicht, Tagebuch, Prosa etc.

4.9.83

Ja, ich glaub schon, daß es mir in den letzten Wochen nicht allzu gut gegangen ist, aber glaub auch, daß es ein bißl das Ferienloch war, das ich eben doch gespürt hab: täglich die Menschen um mich rum, die Arbeit, die Inszenierung und dann plötzlich aus dem raus mitten hinein in den Bauernhof, das NICHTS, das Verlassen-Sein, das alte einsame Dichterleben etc. – das war nicht so gut, das hab ich nicht so einfach verkraftet. Ich find, daß man das auch verstehen kann und muß, vor sich selber . . .

Inzwischen gehts aber abwärts mit der elenden Unterbrechung der Arbeit, in vierzehn Tagen gehts wieder nach München zurück, und dann gehts los und weiter – vielleicht ist es auch das, was mir die Freiheit gibt, heute zu sagen: es geht mir ganz gut . . .

Obwohl ich die letzten Tage vor allem auch politische Depressionen hab: die »Russen« sollen irgendwo zwischen Korea und Japan über ihrem Territorium einen Jumbo mit 269 Menschen an Bord abgeschossen haben, von denen keiner überlebt hat. Die Nachricht selber hat mich tief getroffen, denn das ist es doch, was die alten, kalten Krieger im Westen wollen: Schaut her, der Russe ist kein Mensch, das System gehört nicht zu den zivilisierten etc. – die schießen eine unbewaffnete Maschine mit dreihundert Menschen vom Himmel, bloß weil das Ding ein bißl in ihrem Luftraum herum geflogen ist, sich verflogen hat, ergo wieder mal: Sowjetunion immer mehr gleich NS-Staat und daraus das Ergebnis: Friede mit dem NS-Staat hat dem Verbrechen der Nazis Vorschub geleistet, »Münchner Abkommen« etc. und ergo: aufrüsten, rüsten, vollkommen und ohne Gnade, und wenn es sein muß marschieren, also Atom-Krieg gegen dieses Unrechtssystem . . . Ich hab es schon oft in diesem Tagebuch in der letzten Zeit gesagt: ich hab das Gefühl, es ist ein depressives politisches Gefühl für ALTE Tage – daß wir ganz nah vor einem Atom-Krieg sind, daß wir am Abend eines einigermaßen friedlichen Zeitraums angelangt sind, ich fühl, ich spür förmlich, daß wir am Beginn eines großen Krieges stehen: deshalb ist es auch so sinnlos eigentlich, Literatur zu machen, so hoffnungslos, ein Gedicht zu schreiben, wer soll es noch lesen, wenn es keine Menschen mehr gibt, wenn wir ausradiert sind, wenn das Prinzip Mensch/Liebe/Hoffnung/Kultur vernichtet ist, versaftet und verdunstet im Atomfeuer? –

Und andererseits: ich weiß, daß ich hoffnungslos und einsam und ungelesen am Prinzip Mensch festhalte, daß ich an der menschlichen Kultur arbeite, an der jahrtausendelangen, daß ich auf der Seite der Schönheit, der Wahrheit, des Friedens und der Harmonie arbeite, und ich weiß, daß die andern, die am Gegenteil arbeiten, an der Vernichtung, der Dummheit, der Barbarei, dem Elend, am Prinzip des Antimenschen, daß die groß und möglicherweise unbesiegbar sein werden: ich sage es den Nachkommen (sofern es sie noch gibt) – ich hatte nur eine Möglichkeit des Widerstandes, das war mein Schreiben, und ich habe immer gedacht: ich muß das Menschliche aufrecht erhalten mit dem Schreiben. Ich muß anschreiben gegen das Inferno, es gibt keine andere Möglichkeit – mit einer Armee kann man die Welt nicht mehr verändern, heute, im Zeichen der Supermächte, geschweige mit einem Gewehr, auch nicht mit einem Gedicht, gut, aber es ist das, was ich am besten kann und was mir bleibt, wenn ich das Gefühl hab, das Prinzip Mensch ist vor dem Untergang.

edition suhrkamp. Neue Folge